· 基于综合实践活动的生涯教育系列丛书
· 重庆市普通高中化学课程创新基地（渝教基发［2022］1 号）成果
· 中共重庆市委教育工作委员会中小学校党建重点课题（24SKZXXDJ009）成果
· 重庆市教育科学“十四五”规划课题 2022 年度课题（K22YG110504）成果
· 重庆市合川区行知精品选修课程《中学生化学实验创新与实践》成果
· 重庆市首批中小学“支点”创新实验室成果

化学追梦人

西南大学附属中学化学竞赛之路

总主编◎欧　健　张　勇

主　编◎蒋邦龙　张文灿　吴丹丹

西南大学出版社
国家一级出版社　全国百佳图书出版单位

图书在版编目(CIP)数据
化学追梦人：西南大学附属中学化学竞赛之路 / 蒋邦龙, 张文灿, 吴丹丹主编. -- 重庆：西南大学出版社, 2025. 5. -- ISBN 978-7-5697-2757-9
Ⅰ. G634.83
中国国家版本馆CIP数据核字第2024CU2981号

化学追梦人——西南大学附属中学化学竞赛之路

HUAXUE ZHUIMENG REN——XINAN DAXUE FUSHU ZHONGXUE HUAXUE JINGSAI ZHI LU

主　编　蒋邦龙　张文灿　吴丹丹

策划编辑：王　宁　尤国琴
责任编辑：胡君梅
责任校对：张桂萍
装帧设计：闰江文化
排　　版：黄金红
出版发行：西南大学出版社（原西南师范大学出版社）
　　　　　地址：重庆市北碚区天生路2号
　　　　　邮编：400715
印　　刷：重庆新生代彩印技术有限公司
成品尺寸：185 mm×260 mm
印　　张：16.25
字　　数：308千字
版　　次：2025年5月　第1版
印　　次：2025年5月　第1次印刷
书　　号：ISBN 978-7-5697-2757-9
定　　价：60.80元

总序一

新高考改革，出发点就是让学生拥有自主选择、自我负责的学习权。此种导向要求中学进行育人方式的变革，为学生开设生涯教育的课程，给予学生人生规划的指导，引导学生认知自己，明确自己的兴趣、性格、优势、价值取向，让学生以此为基础认识外界，更好地为自己设立生涯目标，并根据已拥有的资源规划实现目标。“遇见最美的自己”——基于综合实践活动的生涯教育系列丛书，正是西南大学附属中学先于国家政策试点，通过不懈的实践探索，收获的基于综合实践活动推进生涯教育的特色研究成果。

如何通过生涯规划课程的学习引导学生学会自主选择，这一重要议题为我国教育改革与发展开拓了一个新的领域。“遇见最美的自己”——基于综合实践活动的生涯教育系列丛书，从实践的角度架构了基于综合实践活动的生涯教育的基本框架，为服务于学生生成发展的育人模式的构建、学校教育品质的提升和学校实践改革的推进提供了重要启示，研究具有开拓意义。

第一，该套文丛的目标定位和内容选择，是以“助学生找到人生方向”为根本宗旨，贯穿初高中，培养个体人生规划意识与技能，指导学生学会学习、学会选择，在充分认识自我和理解社会的基础上，平衡个人发展和社会发展的需求，初步设计合理的人生发展路径，促进个体生涯发展活动，提升生涯素养。

第二，文丛的设计与安排，坚守“学生是学习与发展的主体”这一根本理念，不仅初高中分阶段相互衔接，进行了一体化设计，更重要的是通过活动为学生搭建主动选择的平台，以研究性学习、社区服务、社会实践、研学旅行、设计制作、职业体验等综合实践活动为载体，引导学生在活动中明确人生奋斗目标并激发生涯学习动力，而不是简单地为学生提供品类繁多的“超市商品”让学生选择。

第三，学校还开发了《传统武术奠基康勇人生》《食育与健康生活》《生物实践与创意生活》《数学视角看生活经济》《水科技与可持续发展》《乡土地理和家国情怀》等配套文丛，结合校内外的学习实践和生活实践，将基于综合实践活动的生涯教育理论渗透到学科课程中，为学生生涯发展提供重要教育平台和资源，弥补学生社会经历缺乏、生活经验不足、实践体验机会太少等生涯教育短板，促进生涯教育过程性和动态性发展。主体文丛和辅助文丛相辅相助，将生涯教育和综合实践活动有效融合，让学生在沉浸式的体验中感知自己、认知职业、畅想未来。

第四，文丛贴近学生，语言平实生动，联系初高中生活学习实际，通俗易懂；图文并茂，既有趣味的活动设计，又有学生实践的光影记录，观之可亲。学生可从课堂内的探索活动、课堂外的校本实践中深刻体验生涯力量，还可在教师的引导下从活动链接中习得生涯领域的重要概念及理论，为未来的生涯发展做好积累。

总体而言，整套文丛以综合实践活动为基础，融入学科课程和劳动教育，以提升学生生涯规划能力为目的，不断强化适合生涯发展的认知能力、合作能力、创新能力、职业能力，力图帮助学生适应并服务于社会，获得终身学习、终身幸福的能力。

教书育人在细微处，学生成长在实践中。本套文丛的出版，将丰富生涯教育的承载形式，为中小学开展并落实基于综合实践活动的生涯教育提供可借鉴的案例，有效加强中学生生涯教育，促进学生全面发展、终身发展和个性发展。希望广大学生也可以像西南大学附属中学的学生一样“在最适合的时候遇见最美的自己”，希望更多的学校像西南大学附属中学一样“为学生一生的生涯幸福奠基，让他们成长为自己满意的样子”。

裴娣娜

（北京师范大学资深教授，博士生导师，当代教育名家，

中国课程与教学论领军人物，全国教学论专业委员会主任）

总序二

寒来暑往，西南大学附属中学在生涯教育这片热土上已躬耕二十余年。多年实践让我们相信，学校的课程、活动、校本读本都应回到问题的原点：什么是教育？

教育，是将自然人培养成社会人的过程，是帮助每一个孩子认识自己、发现自己，让他既能成长为自己心中最美的样子，又能符合国家、社会对人才的需求。

因此，我们希望实现这样一种生涯教育：让学生有智慧地参与综合实践活动，从活动中生发智慧；让学生有德性地参与综合实践活动，在活动中完善德性；让学生带着对美的追求参与到活动中，在活动中提升创造美的能力。一个拥有智慧与德性、能够欣赏美创造美的个体，定然能够在瞬息万变的世界里立定脚跟，也能够在喧喧嚷嚷中细心呵护一枝蔷薇。

秉持这样的理念，我们编写了"遇见最美的自己"——基于综合实践活动的生涯教育系列丛书，着力帮助学生更好地适应未来不同阶段的身份、角色。希望学习此书的孩子们，不必因为不懂自己、不明环境、不会选择而错失遇见最美自己的机会。请打开这些书，热情地投入到探索活动中，感知自己的心跳起伏，喜恶悲欣；细细品读每个生涯故事，观察他人的生活，触碰更多可能；更要在校本实践中交流碰撞，磨砺成长……这些书将是孩子们生涯成长路上的小伙伴，陪在身旁，给予力量。希望大家从此学会学习，学会选择，学会生活。

基于综合实践活动的生涯教育是为幸福人生奠基的教育。我相信，当每一个个体恰如其分地成长为自己所喜欢的样子，拥有人生幸福的能力，就同样能为他人带来幸福，为社会创造福祉，为国家幸福而不断奋斗！

欧健

（教育博士，正高级教师，西南大学附属中学党委书记）

序

应邀为《化学追梦人》作序，是一件令人高兴的事情。这并不是因为我擅长于写作，而恰恰是这一过程可以开拓我的视野，增长我的知识，丰盈我的文化，锻炼我的文笔，所以欣然应允。

化学作为近几百年来新兴的中心科学，它的发展离不开一代代化学人的开拓进取、奋力拼搏。可以实事求是地说，人类的一切活动都离不开化学，即使在远古时代，人们对大自然的认知还处于比较蒙昧的低下水平，也不妨碍人们自觉或不自觉地利用和发展化学知识。从近代来看，外国化学家对化学的确立作出了卓越的贡献，有很多化学巨匠的名字被我们所熟悉和铭记。虽然自19世纪末期我国化学家才真正从科学和理性的角度来了解和认识化学，但他们仍然为化学在我国的普及和推广做了大量细微而精致的工作，使得化学迅速跨越了文化和地域的壁垒，在我国生存、壮大和繁荣。

如果要从化学的发展史中抽提出一种精神，那就是化学人的情怀。这不禁让我想起：波义耳终身未娶，把自己的一生都奉献给了他所钟爱的自然科学；拉瓦锡为了推测大脑在脱离躯体供血后的功能存续时间，把生命的最后一刻留给了科学实验；普利斯特里为了捍卫他心中的真理而被迫远离故土，最后客死他乡；莫瓦桑为了制备氟单质，多次昏死在实验室里，在五十多岁时便遗憾地离开了人世……这些化学家平凡而伟大的情怀，时常深深地打动着我。因为，他们都在追逐人生的梦想，始终追求事实、捍卫真理，这与本书的主题“化学追梦人”是多么的吻合啊！

每个人都有自己所追逐的梦想，不管这个梦想是宏大还是渺小，它总是会激励着我们在并不平坦的道路上砥砺前行。有这样一群人，他们中的每一个人都为了实现一个共同的梦想奔忙着，数十年来奋斗不息、薪火相传。这群追梦的人就是西南大学附中化学教研室的老师们，他们共同打造了一个和谐、团结、奋进、创新的团队。就中学化学教学而言，有两个制高点：高考和竞赛，这不仅需要教师有广博而精深的专业素养，还需要他们有一种不畏困难、努力拼搏的精神。近二三十年来，他们在学科竞赛和高考等方面所取得的骄人成绩足以给他们带来很高的荣誉。而这种荣誉和成功的意义在于，不仅仅使参与其中的教师职业认同感和职业成就感得以提升，更重要的是为陆续加入本团队的老师们提供了良好的示范和引领作用，这就形成了一种无形的力量在推动学科教研室的建设。在可以预期的未来，一定可以看到有更多的优秀教师在本教研室源源不断地诞生和成长。

令人欣喜的是，从本书中还读到了颇多感动人心的内容。最后一个章节，是本校毕业的优秀化学学子们，怀着一颗感恩的心，从笔尖流露出对化学、对恩师、对学校的真情实感。他们都是化学的热爱者，是同学中的佼佼者，更是未来化学的希望！此时，我们不禁要感叹：教育是一种多么崇高的事业啊！因为它不仅仅让学生拥有了知识，训练了思维，提升了素养，更为学生的成长和终身发展打下了坚实的基础。最重要的是，它让学生成为一个学会珍惜、懂得感恩的人。这难道不是化学教育的魅力所在吗？难道不是化学所具有的育人价值吗？所以，任何一门学科只有把它放在宏观的、长远的，不仅仅局限于考试的高度，在学科的教育中才能真正地凸显其功能和作用。可喜可贺的是，西南大学附中的这一批化学追梦人做到了。

本书的科普性、可读性、趣味性，也是它所具有的重大特色。古人云：道不远人。真正深刻的道理是不需要深不可测的理论和艰深晦涩的语言进行说明的。此书中，化学家的故事笔触细腻、引人入胜；西南大学附中师生的情谊真实动人、情深意切。所以，我认为这是一本很有价值的学科参考图书，可供中学化学教育同行、师范高校的师生等参读，故郑重推荐。

谨此为序。

重庆市教育科学研究院

钱 胜

2020年5月

前言

十年树木，百年树人，教育的目的是为未来培养人才。党的二十大报告中明确提出，教育是国之大计、党之大计，育人的根本在于立德，要全面贯彻党的教育方针，落实立德树人根本任务，培养德智体美劳全面发展的社会主义建设者和接班人。

党的教育方针和教育思想在中学阶段的基础教育课程中起着重要的指导作用。它规定了教育目标和教育内容，是党和国家领导意志在基础教育领域的直接生动体现，在贯彻落实立德树人这一基本教育任务中始终发挥着重要的关键性作用。

化学作为一门自然科学，兼具基础性与实践性。从我国古代的陶瓷制造、火药使用、早期金属冶炼，到近现代新材料的研制、新一代药物的合成、新能源的研究开发，化学对整个人类的经济发展、人类生存条件的逐步改善以及社会的文明进步作出了卓越的贡献。有机合成、石油化工、化肥和染料、衣食住行……当下社会的许多物质基础均是由化学建立的，可以说化学科学是人类认识世界和不断改造世界的工具。发展到现在，化学已经成为材料科学、生命科学、环境科学、能源科学、信息科学和航空航天工程等现代科学技术的重要基础，同时自身的不断创新，也将引领许多相关科学领域的不断创新。

在悠悠历史长河中，我国古代的许多科技探索与化学息息相关，中国当代的化学家及其成就，在世界上也是有目共睹的。一代代化学人默默付出，其背后所展现的崇尚科学、严谨求实、大胆质疑、追求真理、勇于克服困难的坚毅品质，胸怀祖国、服务人民的爱国精神，以及勇攀高峰、敢为人先的创新精神，都值得当下青年学生学习和效仿。

在中学阶段培养广大学生的化学学习兴趣，用科学家的故事引导学生认识科学本质，传承科学精神；引导学生积极进行自我探索，了解化学学科的前沿知识、未来可从事的相关职业；引导学生合理进行生涯规划，可为将来社会培养更多的化学人才，为我国的基础建设添砖加瓦。

随着新一轮高考制度的改革，重庆在2018年也迎来了新高考的施行，这对现行的课程设置和教学方式都提出了新的挑战，在教学中如何培养学生的能力，培养什么样的能力值得我们思考。教育部考试中心发布的《中国高考评价体系说明》(以下简称《说明》)中，提出了“价值引领，素养导向，能力为重，知识为基”的高考评价新理念，这对我们的教学有很大的启发价值。《说明》中，也明确阐述高考的基本功能“培养终身学习能力，促进人的可持续发展”。

2020年1月，教育部印发了《关于在部分高校开展基础学科招生改革试点工作的意见》(以下简称《意见》)，也称“强基计划”，同时，原有高校自主招生方式不再使用。《意见》要求，在确保公平公正的前提下，积极探索多维度考核评价模式，逐步建立基础学科拔尖创新人才选拔培养的有效机制。强基计划同自主招生相比，选拔定位不同，突出了基础学科的支撑引领作用，要培养的是有志于服务国家重大战略需求且综合素质优秀或基础学科拔尖的学生。

2022年4月，教育部正式颁布了《义务教育化学课程标准(2022年版)》。新的课程标准指出，要充分发挥化学课程的育人功能，为党育人，为国育才，培养有理想、有本领、有担当的时代新人；化学课程要培养学生适应个人终身发展和社会发展所需要的必备品格、关键能力，树立为实现中华民族伟大复兴和推动社会进步而奋斗的崇高追求。

在新一轮义务教育课程改革、新高考改革、推行“强基计划”选拔人才的背景下，开展化学竞赛教学，是适应时代发展要求，培养化学拔尖人才的有力措施。化学竞赛的教学内容，不仅要求学生掌握更深层次的化学学科基本概念和原理，更要求学生能够深刻认识到化学科学的价值与内涵——人类的进步和发展是学科本质价值的体现，从而激发学生对化学的学习兴趣，树立以化学为专业和职业的理想。

围绕着立德树人的教育根本任务，在化学竞赛教学中发展学生的化学核心素养，西南大学附属中学化学竞赛教练团队共同合作，编写了本书以指导化学竞赛教学。本书分为三个篇章：第一篇章“逐梦之源：魅力化学面面观”，讲述了化学学科的发展过程，作为一门自然科学它所体现出来的魅力，是众多化学人逐梦的起点。第二篇章

“逐梦之光：科学大家代代传”，讲述了中外杰出科学家们的科研故事，鼓舞学生们学科学家之学，想科学家之想，传承科学家的精神，勇攀化学高峰，激发化学竞赛动力。第三篇章“逐梦之路：化学竞赛人人谈”，这部分展现了附中竞赛学生追求梦想的成长经历，回顾了竞赛教练精心培养拔尖创新人才的探索之路。

我国著名的现代化学家、教育家傅鹰先生曾说：“化学给人以知识，化学史给人以智慧。”站在历史的角度上纵观化学学科的发展历程和发展规律，从中可以学到许多重要的学科理论知识和学科研究方法。讲好科学家的故事，感悟化学家们严谨的推理过程、坚强的科学毅力和为追求真理永不言弃的决心，从而引导广大学生认识化学理论的建立过程和化学学科特有的思想方法，培养学生形成科学家们分析问题和解决问题的能力。结合二十余载附中优秀竞赛学子的成长经历，点燃学生的学习热情，激发学生树立鸿鹄之志，为学生化学学科核心观念的形成奠定基础，进一步培养学生的化学学科核心素养。

目录

PREFACE

第一篇章

逐梦之源：化学魅力面面观

呈现在我们眼前的，是一幅由种种联系和相互作用无穷无尽地交织起来的画面，其中没有任何东西是不动的和不变的，而一切都在运动、变化、产生和消失。

——恩格斯

引言

探大化之境,感变化之美。在漫长的人类历史发展进程中,人们认识、探索身边神奇的物质及其变化规律,再通过创造性的思维和艰辛的劳动归纳总结出了一门“神奇”的自然科学——化学。它的出现产生了巨大的社会影响,给人类创造了巨大的物质财富,极大地提高了人类的生活水平。

从远古时期开始,当我们的祖先对燃烧的火焰及其释放出的能量产生兴趣,或者开始思考自然界中岩石和颜料的色彩,或者尝试经过简单处理将植物当作药材来使用时,有意无意中,就已踏上了化学的探索之旅。人们对化学的认识,经历了一个漫长的过程。

一、化学的源流

(一)原始化学萌芽阶段

火,点燃了人类文明之光,是最早使用的化学实验手段。想象一下,在数万年前的某一天,雷火点燃了枯木,人们发现燃烧的火焰可以释放出温暖,烹饪食物,抵御野兽……此时开始意识到火的巨大威力。在熊熊烈火中,不仅可以使加工成型的陶土烧制成各种陶器,还可以冶炼各类矿石获得金属,人们在逐渐了解和充分利用这些物质发生化学变化的过程中,制得了一些对人类生存具有实际应用价值的产品。人们逐渐地掌握了制陶、冶金、酿酒、印染等多种化学工艺,这无疑为人类提供了更多的生活和生产资料。这些可看作是早期的化学萌芽。

瓷器的发明是中华民族对世界文明的伟大贡献。丝绸之路将东方的瓷器带向世界,在沟通交流中让世界认识了中国。陶瓷的原料包括黏土、石英、长石等,这些原料经过高温烧制后得到各种形状和颜色的陶瓷制品。陶器出现较早,人们无意间将泥土灼烧导致水分散失,颗粒间距缩小,形成质地紧密的、具有一定形状的器具,可以作为容器用来放置食物和水。但由于此类容器材质粗糙,存储的水容易发生渗漏,瓷器便应运而生。相较于陶器,瓷器所需的温度更高,而且对所用泥土材料有要求。在我国宋代,瓷器制作达到了一个鼎盛时期,一件完美瓷器的诞生,需要原料、温度、工艺的精准配合。例如,“天青色等烟雨”中的“天青色”的汝瓷,必须选用铁元素含量在2%以下的瓷石入釉,在高温低氧的条件下,才可能制得这种天青色。但是在当时,工匠们并不知晓其中的化学原理，只能从大量实践尝试中不断积累，这不仅成就了汝瓷珍贵的天青色，也反映出了化学人对工艺不断精进的探索精神。

酿造工艺在我国有着悠久的历史，它不仅是一门技术，更是一种文化。酿造工艺里包括原料的选取与处理、发酵与陈酿、蒸馏与精制等流程，其中都蕴含了不少的化学知识。例如，在选取酿酒原料时，需要考虑原料的成分和品质，如淀粉、糖分、蛋白质等；在发酵和陈酿过程中，要考虑温度与湿度是否能促进微生物的生长和代谢等重要条件。酿酒技术主要涉及淀粉的糖化和发酵，发酵时糖分会转化成酒精和二氧化碳，再经过蒸馏和精制，将酒精和其他挥发性物质从发酵液中分离出来，而精制则是通过物理方法进一步提纯酒精，去除杂质和异味，从而得到更加浓郁、香醇的酒体。这些技术在古代已经得到了广泛应用。

这个时期人们还处于化学实践活动的摸索状态，但为化学后续的发展提供了重要的推动力。

（二）古代化学时期

几千年来，人们对金属的渴望一直是推动应用化学发展的强大动力。人类的祖先，很早就掌握了近乎完美的冶炼技术。中国古代的铁器制造技术在汉代已经达到了相当高的水平，如汉代的钢铁兵器已经成为当时世界上最先进的武器之一。作为最早有明确历史记载的金属制品——青铜器，它可谓是我国最典型的传统工艺品。我国对于铜器的认识，早在殷商时期就开始了铜的冶炼。秦汉时期，据《淮南万毕术》记载："白青得铁，即化为铜也。"白青是一种矿石，含碱式碳酸铜，可用作冶炼的原料。唐宋时期，记载有"土绿红银法"，即用汞与少量水放于铁釜中加热沸腾，投入胆矾，铁锅里的铁将铜盐里的铜置换出来，生成汞铜合金。到了元明清时期，工艺更加成熟，可以批量生产铜，主要包括胆水浸铜、淋铜法等。

许多古代文明中都有关于"淘金"的记载，黄金具有夺目的色彩，优良的抗腐蚀性，可谓是财富的象征。在西方，铜、铁、锡等金属可作为制作农具、兵器、铠甲的原料，但黄金可以用来购买大量的锡、铜、铁，于是炼金术开始兴起。人们开始希望从含铅、锡等贱金属的矿石原料中获取金、银等贵金属，"点石成金"的梦想在欧洲大陆持续了几个世纪。

在我国，炼丹术也曾火热了千百年。封建统治者们出于对掌握权利的无限渴望，希望能长生不老。人们看到生物总会腐坏变质，但金属却永葆光泽，因此希望能通过服用含有金属的“灵丹妙药”来获得不朽之身。在中国的先秦时期,已经可以制造大规模的汞,也就是水银。秦始皇吃的仙丹里,汞含量严重超标。名扬四海的秦始皇兵马俑,在尚未发掘的区域现仍存在着大量水银。这些炼金师和炼丹术士终日以探寻“点石成金”和“长生不老”为己任,但最后仍旧竹篮打水一场空。

但是这一时期化学的发展并非全无所获,炼丹术士和炼金师们经过了大量的实验尝试后,对化学物质的处理方法都有了明显进步,发明了许多实验装置。化学 Chemistry 一词起源于 Alchemy,即炼金术,由此可见炼金术对整个化学发展历程影响巨大。炼金术士们先后发明了蒸馏器、烧杯、冷凝器和过滤装置等基础化学实验仪器,以及溶解、过滤、结晶、升华、蒸馏等化学实验操作方法。其中,波斯著名的炼金术士阿布·贝克尔·穆罕默德·伊本·扎卡里亚·拉齐(Abū Bakr Muhammad ibn Zakarīyyā al-Rāzī)在他的著作《秘典》中,详细地介绍了他使用的实验仪器和操作方法,包括坩埚、坩埚钳、波纹管、烧瓶、漏斗、研钵、水浴锅等。此书成为几个世纪以来炼金术士们极为推崇的实验室标准仪器手册,极大地推动了化学的发展。我国也在悠久的金属冶炼历史中,流传下来了一些实验装置。例如:殷周—秦汉时期,对于升华这一操作,有“丹鼎”“上下釜”;三国—隋朝时期,蒸馏操作对应有未济炉、水银蒸馏器;元明清时期,用马槽炉来进行加热。

随着蒸馏方法的广泛使用,越来越多的物质被分离出来,例如:酒精,从药草类中提取出的蒸馏物,它被尝试着作为药品使用,于是,化学开始逐步进入医药化学时期。药剂师在制备新药剂的过程中,对许多无机物的分离、提纯方法进行了研究,完成了一些合成实验,并通过实验重新总结出了这些物质的相关性质,留下了大量关于医学、化学的著作。前人在不断实验的过程中发现了许多物质间的化学变化,这些积累的经验为化学的进一步发展准备了丰富的素材。

(三)近代化学时期

过去的几千年,人们对于万物本源的追溯从未停止。2000 多年前,古希腊的哲学家恩培多克勒认为自然界中的万物都由四种基本元素组成——水、火、土、气,而四种元素的不同比例就构成了世间万物。西方的“四元素说”盛行了上千年,人们用这一理论解释了诸多自然现象。同时,在 2000 多年前的中国,也发展出了特有的认识世间万物的理论——“五行说”,认为这个世界是由金、木、水、火、土五种物质构成的,并且有相生相克的复杂关系。但是不管是西方还是古老的中国,化学的真相并未在这一系列的假说中揭开。

随着欧洲资本主义生产方式的诞生和工业革命的顺利进行，到了17世纪，炼金术由兴盛逐渐转向衰落，欧洲近代科学正在向传统观念发出巨大的挑战。

1661年，英国科学家罗伯特·波义耳(Robert Boyle)在其出版的《怀疑的化学家》一书中对“四元素说”提出了质疑，并首次提出了关于化学元素的较为科学的概念：“我认为元素是某种原始的、单一的物体，即完全没有掺杂的物体。它不能用任何其他物体造成，也不能彼此相互造成。”这样一来，元素就不可能只有四种。这篇文章被认为是化学脱离炼金术和药剂学，作为独立学科诞生的起点。同时，波义耳还是化学科学实验的重要奠基人，被称作近代化学的鼻祖。他一生中做了大量的实验，他用真空泵进行了燃烧和呼吸的研究，确认了空气参与了许多物质的燃烧；他发现了一些植物花瓣的浸出液遇到酸、碱会呈现不同的颜色，进而提取出了石蕊色素，并制成了石蕊试纸，石蕊试纸是最早使用的酸碱植物指示剂；此外，他在大量的实验中还发现某些物质之间的反应有着特征现象，由此总结出了如何检验含银离子、铜离子的盐类和检验盐酸、硫酸的方法。他把严密的实验方法引入了化学研究，强调了化学实验的重要性，为化学逐步发展成为一门实验科学打下了基础。

至此，传统的“四元素说”已经沿用了上千年，虽然波义耳的观点对其带来了巨大冲击，但它被彻底否定，还经历了一百多年。17世纪后半叶，人们在研究气体化学的进程中，兴起了“燃素说”，在当时，它的观点能很好地解释燃烧这一现象的本质。“燃素说”认为所有可燃物都含有燃素，燃素在燃烧过程中被释放到了大气里，可燃物放出燃素后成为灰烬。虽然我们现在知道“燃素说”的观点是不正确的，但在当时长达百年的时间里，化学家们都还是从燃素说的框架中去理解化学现象。

直到1775年法国化学家安托万-洛朗·德·拉瓦锡(Antoine-Laurent de Lavoisier)通过对氧气的研究，重新定义了元素：“元素是任何方法都不能分解的物质。”因而彻底摧毁了“四元素说”存在的基石。拉瓦锡先后对燃烧、金属灰、水的组成等一系列的实验进行了定量研究，建立了燃烧的氧化学说，推翻了统治化学界长达百年的“燃素说”，并确立了“质量守恒定律”。拉瓦锡用定量的方法详细考察化学现象，在化学领域引发了被称作“化学革命”的变革，近代化学由此产生。

随后，英国科学家约翰·道尔顿(John Dalton)通过大量实验发现了倍比定律——原子以整数比例的形式结合，首次把原子量的概念引入化学。1803年，道尔顿提出了化学界革命性的理论——“原子论”。原子论简单来说是这样的：元素由不可分的微粒原子组成,一种元素中的原子都是相同的,所以每种元素都有自己独有的原子质量,不同元素的原子都是不一样的,一种元素和另一种元素的原子结合起来,就形成了化合物。现在看来,他的理论中很多关键点都是正确的,这是人类从提出"四元素说"以来最为接近物质本源的化学理论。道尔顿在化学上的开创性地位可以与波义耳和拉瓦锡两位伟人比肩。

1811年,意大利化学家阿梅代奥·阿伏伽德罗(Amedeo Avogadro)发表了一篇关于分子量学说的论文,解释了氢气和氧气燃烧获得水蒸气这一实验时的气体体积变化,提出了分子学说。原子论和分子学说的提出,奠定了近代化学的基础。

随着一种又一种的新元素被人们发现,化学作为一门独立的学科,终于迎来了属于自己的春天。越来越多的科学家在研究已知的元素性质时,发现元素间似乎存在着某种关联,有一些化学元素的性质具有相似性和周期性。后来俄国化学家德米特里·伊万诺维奇·门捷列夫(Dmitri Ivanovich Mendeleev)改进了前人关于元素性质的总结,把元素按照原子量排列,提出了元素周期律。随着门捷列夫的元素周期律预言被一个个证实,化学家们对新元素的判断和找寻有了指引方向,各种新元素不断被发现和提纯,这一切都为现代化学的发展和进步奠定了坚实的理论基础。门捷列夫站在巨人的肩膀上,发现的元素周期律向我们揭示了一个真理:宇宙万物的存在并非来自神明,而是自然本身的规律使然,人们甚至可以依照规律去发现未知的世界。从此,化学进入了现代化的发展阶段。

(四)现代化学时期

进入20世纪,自然科学的发展引人注目,前半个世纪是以量子力学和相对论为代表的物理学革命,后半个世纪是始于DNA结构解析的分子生物学的兴起,以及随之而来的生命科学大发展所带来的生物学革命。在这一时期,科学相互融合渗透,化学的发展进程也随之突飞猛进。

20世纪初,量子论的发展使化学和物理学有了共同的语言,量子力学的逐渐成熟为化学理论的发展开辟了新的天地。以数学模型表达的量子力学的原子结构理论,使人们对原子内部结构的认识,无论在深度和广度上都达到了前所未有的水平。从20世纪30年代开始,逐渐建立起现代的分子结构理论。莱纳斯·卡尔·鲍林(Linus Carl Pauling)提出价键理论,与经典原子理论接近,为现代化学家所普遍接受和认同;休克尔(Hückel)等人提出分子轨道理论,对早期用于π电子体系,处理共轭分子体系起了重要作用;后来又发展提出了配位场理论。这些分子理论帮助我们更好地理解现代化学中价键的结构和本质。在20世纪,我们对物质的认识有了更加显著的进步,现在已经达到了可以观测和控制分子、原子的阶段。

同时,化学又向分子生物学和地质学等相关学科进行渗透,使得蛋白质、酶的结构问题得到逐步地研究和解决。20世纪50年代末,DNA和蛋白质序列被认为是生命系统的“钥匙”,到了20世纪60年代这一生物“密码”首度被揭开。随着现代化科学研究领域的不断扩展和深入,化学家们开始利用更加先进的现代化化学实验手段如红外光谱、核磁共振、色谱技术、质谱等研究“利器”,解析出了更多物质的结构,获得了许多重大突破。最近20年来,纳米技术方兴未艾,化学家们开始热衷于设计、制备和利用各种“分子工具”,如今的化学生物学已经朝这一方向大步迈进,并开始使用化学技术来改变、探索和理解蛋白质及其他构成生命的分子。与此同时,人们还在致力于研发新药物或者性能多样化的新型材料,发展到今天,化学已经逐步衍生出材料与结构化学、环境化学、生物化学、能源化学、大分子及超分子与纳米化学等一系列具有学科多样性和交叉特点的现代化学。

美国化学家、有机合成之父伍德沃德曾经说过,在上帝创造的世界旁边,化学家又创造了另一个世界,我们生活的世界就是由化学构成的。合成氨工艺的成功使得世界粮食产量成倍的提高,人类从整体上摆脱了饥饿的威胁;人工合成抗生素和研发各类新药,大大提高了人类的平均寿命,越来越多的疾病被攻克;合成橡胶、合成纤维、合成塑料等人工合成材料,出现在我们的日常生活、工业生产、基础建设、航空航天工程中。如此众多的化合物,都是由化学家创造的,这些成果对人类的经济发展、人类生存条件的改善以及社会的进步作出了巨大贡献。可以说,化学是推动人类社会可持续发展的重要力量,在应对能源危机、环境污染、突发公共卫生事件等人类面临的重大挑战中发挥着不可替代的作用。

二、未来的化学

未来化学是什么样的呢?21世纪的化学,宏观上将是研究和创建“绿色化”原理与技术的科学,微观上将是从原子水平上揭示和设计“分子”功能的科学。

(一)绿色化学

人类从化学的巨大进步中得到了各式各样的物质恩惠,然而科学技术的迅猛发展所面临的问题也越来越严峻。进入21世纪后,环境和生态问题进入人们的视野,绿色、环境友好成为新的时尚。绿色化学又称环境无害化学、环境友好化学或清洁化学,是指通过化学的技术和方法,减少或消除工业生产对环境的污染,以实现从源头上减少和消除工业生产对环境的污染。化学科学家们在实验室内寻找那些简单易得的原料,研究化学反应的历程,对目标功能分子进行简洁高效的绿色合成。

绿色化学强调防止污染优于治理污染,因此绿色化学在减少废弃物排放量方面有着重要的作用。它可通过使用自然能源,避免给环境造成负担,避免排放有害物质。例如,利用太阳能为目的的光触媒和氢能源的制造及储藏技术的开发。同时,绿色化学还提倡合理利用资源和能源,使原料尽可能全部转变到最终产品,提高原子的利用率,尽可能减少能源消耗。所谓原子利用率,是指期望产物的总质量与生成物的总质量之比。例如:以乙烯为原料生产环氧乙烷,环氧乙烷是一种有效的杀菌剂,被广泛应用于医院、手术室、病房和医疗器械的消毒,经典的生产方法就是氯代乙醇法,它包括两步反应,而现代石油化工采用银做催化剂,可一步完成。这两种方法的原子利用率也不尽相同,采用氯代乙醇法的原子利用率仅为25%,后者利用率达到100%,且后者步骤少,原料无毒无害,可见后者更符合绿色化学的要求。

总之,绿色化学致力于用化学的方法和技术减少或消除环境污染,是保护环境的重要手段之一。

(二)开发新能源

传统的化石燃料煤、石油、天然气是不可再生能源,且燃烧产生的二氧化碳会加剧温室效应,硫氧化物和氮氧化物会导致环境污染和气候变化。为此,开发和利用一种可再生的、对环境无害的新能源成为当务之急。自20世纪70年代开始,氢能就被人们特别关注,对它的各种讨论络绎不绝。众所周知,氢气作为一种高能燃料,燃烧产物除了水别无他物,与绝大多数现有能源产生的排放物相比,其清洁程度可想而知。但氢能至今没有大规模推广,还有很多关键技术问题没有解决,比如氢气如何大规模低成本地制取,氢气质量轻密度小易燃易爆,后期如何贮存及使用,这些都是面临的挑战。

目前,寻找到一种合适的储氢材料以形成一套可利用氢能的合理方案,是众多化学家们的研究方向。单就储氢材料来看，在未来，配合物骨架材料可能是个不错的选择，目前化学家们研发出来的一款由碳原子和锌原子组成的配合物骨架材料，氢气在该配合物骨架材料中的密度甚至比固态氢还要高。无论哪种储氢方案，要做到切实可行，需满足以下条件：具有可逆吸收和释放氢气的能力，能满足长周期运行的要求；储氢容量要高；储氢材料本身的安全性能也要高。虽然任务艰巨，但随着化学、物理学和材料科学的进步，相信“氢能时代”的到来指日可待。

（三）实现物质转化

化学是一门富有创造性的学科，化学家们不仅研究已有物质世界的各种客观规律，还努力设计和创造新物质。

随着现代工业的快速发展，能源紧缺，环境污染，都成为摆在我们面前亟待解决的问题。目前，我国是世界上年碳排放量最大的国家，在第七十五届联合国大会上我国提出在2060年前实现“碳中和”的目标。实现“碳中和”是复杂的系统工程，科学技术的重大进步是实现“碳中和”的重要保障。“碳中和”涉及多学科领域，最核心的科学问题就是物质转化和能量转换，因此，化学在实现“碳中和”过程中具有不可替代的作用。如何对二氧化碳进行有效的转化利用，是化学家在未来的研究方向。

值得一提的是，2021年，我国科学家成功创造了世界首例二氧化碳人工合成淀粉技术，为我们开启了空气成为粮食来源的崭新时代。其中，利用太阳能发电，催化电解水生成氢气，氢气在催化剂的作用下与二氧化碳反应生成甲醇，并通过后续10余步反应合成淀粉。这项惊人的创举不仅为解决全球食物短缺问题提供了新的可能性，也有效减少了二氧化碳排放量，代表着人类对于可持续发展的巨大进步。

从孩童时代开始，多数人都喜欢搭积木，希望通过简单的几何图形来搭建房子、汽车、机器人、宇宙飞船……今天，化学家们也是如此，他们在实验室中搭建出足球烯、碳纳米管、各类高分子等，只不过他们手中的积木是一个个的原子，他们希望将设计出来的分子，能应用到航天、交通、医药、计算机等各行各业中。在未来，随着化学化工的不断创新，相信会给人类带来更多有利于健康、有利于环境、有利于生态的各类产品。

三、结语

教育强则国家强，人才兴则民族兴。一代代化学家们，严谨求实、不畏艰难、刻苦钻研、勇于探索，在追求科学真理的道路上永不止步，正是有了他们，才有了化学科学对人类和社会发展、科技进步作出的重大贡献。大量的事实可以看出，化学作为一门中心学科，今后在促进自然资源开发与综合利用、保护全球生态环境、维护人类健康、加强军事国防等一系列关键问题上将持续发挥巨大的作用。

我国现在处于各方面飞速发展的时期，机遇与挑战并存，更需要广大青年学子心存信念、树立远大理想。希望今后有更多学子关注并投身于化学事业，传承着一辈又一辈杰出化学家的精神，为实现中华民族的伟大复兴贡献自己的力量！

参考文献

[1]教育部考试中心．中国高考评价体系说明[M]．北京：人民教育出版社，2019．

[2]中华人民共和国教育部．普通高中化学课程标准(2017年版)[M]．北京：人民教育出版社，2018．

[3]中华人民共和国教育部．义务教育化学课程标准(2022年版)[M]．北京：北京师范大学出版社，2022．

[4]德里克·B．罗威．化学之书[M]．杜凯，译．重庆：重庆大学出版社，2019．

[5]寇元．魅力化学[M]．北京：北京大学出版社，2010．

[6]何亚萍，杨承印，韩权，等．“课程思政”融入化学师范生培养之初探——以《化学发展史》为例[J]．西安文理学院学报(社会科学版)，2022，25(10)：87—91．

第二篇章

逐梦之光：科学大家代代传

化学给人以知识，化学史给人以智慧。

——傅鹰

化学的发展不是一蹴而就的,是人们在不断地探索中发展并取得进步的。其中,涌现出不少优秀科学家,他们发现了新的化学规律,创造了新的物质材料,开发了新的化工技术。正是无数化学科学家坚持不懈地努力,才使得化学获得日新月异的发展。他们对化学学科的热爱,对科研工作的坚守,都值得我们不断学习。在科学家精神的激励下,青少年更应该学好化学,勇攀化学高峰,为中国的科学发展贡献自己的力量。

诺贝尔奖的缔造者

我的理想是为人类过上更幸福的生活而发挥自己的作用。

——诺贝尔

诺贝尔奖获得者在世界上拥有极高的赞誉,但设立该奖项的是谁呢?他就是"炸药之王"阿尔弗雷德·贝恩哈德·诺贝尔(Alfred Bernhard Nobel)。

▶ 图1　诺贝尔

硝化甘油是一种烈性炸药,但难以安全引爆和储存。硝化甘油的不稳定性一直制约着它的用途,也让许多化学家丧生于其巨大的爆炸威力中,直到这位伟大的瑞典化学家——诺贝尔的出现,才终于驯服了这头不安定的巨兽,让其为人类所用,造福人类的生产生活。

挫折成长之路

1833年10月21日,一个小男孩诞生在瑞典斯德哥尔摩,父亲是伊曼纽尔·诺贝尔。伊曼纽尔是一个全才,在建筑学上有很高的造诣,同时也是发明家。但在阿尔弗雷德·诺贝尔出生时,家里发生了一次火灾,实验室和房子都变成了灰烬,伊曼纽尔背负了大量的债务。1937年,为了走出困境,伊曼纽尔去了俄国圣彼得堡寻找新的出路，而诺贝尔的母亲则独自带着儿子在瑞典生活。伊曼纽尔很快在俄国站稳了脚跟，建立了炸药工厂。1942年，9岁的诺贝尔跟随全家来到俄国的圣彼得堡定居。为了适应俄国的学习环境，克服语言障碍，小诺贝尔刻苦努力，短时间内就学会了俄语、德语和英语。掌握了语言之后，小诺贝尔对学习更加热爱，阅读了各方面的书籍，徜徉在有关机械、物理、化学等的知识海洋中。除了科学方面的兴趣，他对文学的兴趣也颇深，闲暇时还作诗自我欣赏。

伊曼纽尔除了研制炸药外，还有其他发明，比如"中央暖气热水管"。有这样的一位父亲，在这样的家庭中成长的诺贝尔从小就受到科学的熏陶，对研究发明有着浓厚的兴趣。随着年龄的增长，科学的种子慢慢地在小诺贝尔身上萌芽，他开始思考炸药方面的问题。有一次，小诺贝尔问在做科学研究的父亲："爸爸，既然炸药会炸死、炸伤我们人类，那为什么还要研究它？"父亲思考了一下，回答道："虽然炸药有时会给我们带来伤害，但大多数时候还是帮助了人类。我们只要合理地使用它，控制它安全地爆炸，就能让它只为我们服务，而不造成伤害。"小诺贝尔听完后有所启发，表示他以后也要像父亲一样研究炸药，让炸药听人类的命令。

诺贝尔慢慢地长大，不再停留于书本知识的学习，而是开始动手做实验。他经常偷偷从父亲的工厂带火药回家，用带回家的火药进行研究，把火药制成烟花、地雷等产品。很快父亲发现了诺贝尔的危险行为，担心诺贝尔有生命危险，从此禁止诺贝尔做火药实验。但诺贝尔并没有就此放弃，而是加强理论学习，在保障自身安全的情况下继续研究炸药，并总结出了自己的一条基本原理：火药包扎的松紧与爆炸强力成正比。诺贝尔迅速成长，16岁时就在炸药研究方面很有见解。

1850年，为了做好工厂里新产品的研究开发工作，父亲派诺贝尔去美国学习。在这一段时间里，诺贝尔跟瑞典籍的美国大发明家艾利克逊学习了许多有关各种机械的技术，掌握了热膨胀力的原理，此外还学习到许多新鲜的知识。当他返回俄国时已成长为一位精通德、英、法及俄语的学者，受过科学训练的化学家。

诺贝尔回家后就立即投入父亲创办的工厂工作。当时俄国正在与英法联军交战，使用了诺贝尔加工厂的水雷。水雷在战场上威力巨大，取得了显著的战果，这也吸引了外界的注意，其中有两位俄国的化学专家希宁和特拉浦博士。当这两位专家来到工厂后，父亲把诺贝尔介绍给他们认识，简单地寒暄后，两位专家将一小瓶让许多化学家丧命的硝化甘油交给诺贝尔。硝化甘油是1847年意大利化学家索布雷罗发明的一种烈性炸药，它是一种黄色的油状透明液体，极易在震动下发生爆炸，威力极大，但当时还没有谁能有效控制它的爆炸。此刻的诺贝尔并未闻风色变，早已从书本上得知硝化甘油的他，终于第一次见到了硝化甘油，心情激动，热血澎湃。此刻的他并不知晓硝化甘油会带给他什么样的改变。至此，诺贝尔和父亲开始对硝化甘油进行研究，从此诺贝尔走上了使其辉煌一生的炸药大王之路。

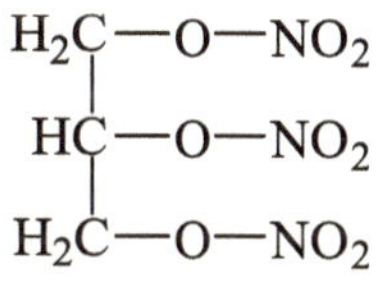

▶ 图2 硝化甘油的分子结构

继续创业之路

好景不长，1856年，俄国战败，炸药工厂破产，并且沙皇政府拒绝偿还欠款。伊曼纽尔灰心丧气，带着他最小的儿子回到瑞典老家，工厂里只剩下诺贝尔和他的两个哥哥处理债务。但伊曼纽尔和诺贝尔并没有放弃研究炸药，两边同时研究。伊曼纽尔很快研制出了威力是黑火药20倍的新炸药，并极力劝说诺贝尔回瑞典帮助自己。诺贝尔思考很久，决心回瑞典与父亲合作研究。1863年，经过许多次实验，诺贝尔取得了一些成效，发明了一种新型雷管，它安全且威力巨大，因此诺贝尔家在瑞典斯德哥尔摩郊外重新建立了火药工厂，开始制作硝化甘油炸弹。弟弟埃米尔也对炸药很感兴趣，经常在工厂里工作，做实验研究。不幸的是，1864年，工厂中的硝化甘油炸药发生了爆炸，这场严重的事故带走了诺贝尔的弟弟埃米尔·诺贝尔。

这次事故给诺贝尔家带来严重的伤害，父亲得知小儿子的死讯后突发脑溢血一病不起，母亲每天也愁眉苦脸，以泪洗面，诺贝尔也备受打击。但这一切没有打倒诺贝尔顽强的意志，经过一段时间调整，诺贝尔重新起航，立志研究出能安全引爆、储存并能大批量安全生产的硝化甘油炸药，以免这样的悲剧再次发生。

诺贝尔的实验依然是屡屡受挫。不光要突破技术上的难题，还要受到各种冷嘲热讽，但他从始至终都没有灰心丧气。失败乃成功之母，在经历了无数次的失败之后，诺贝尔将硝化甘油与炭粉、硝石、碳酸钙和硅藻土等混制而成，提高了它的稳定性，他最终将更安全的硝化甘油炸药制造出来了。但受硝化甘油此前经常爆炸的影响，诺贝尔的硝化甘油炸药无人问津。

辉煌胜利之路

为了将生产的硝化甘油炸药卖出去,诺贝尔邀请社会各界人士,亲自在他们面前演示硝化甘油炸药的安全性和稳定性。在诺贝尔的不断努力下,终于打消了人们的顾虑,得到了人们的认可,诺贝尔家的炸药恢复了声誉。

付出总有回报,一时间德国、法国、英国以及瑞典等多个国家都来采购诺贝尔的炸药。人们将它用于凿山挖井、开路挖河、铺路架桥等生产领域,有效地提高了生产的效率。诺贝尔家的企业不断发展壮大,后来诺贝尔将火药工厂搬迁到德国汉堡,没多久这座火药工厂就享誉全球。

德法战争爆发后,在战争中死去了很多无辜的人。诺贝尔听说了战争中因硝化甘油炸药所致的惨剧,又联想起当年因硝化甘油炸药死去的弟弟,内心非常自责和愧疚。他责备自己说:“都是我发明了硝化甘油炸药,导致了这么多人死亡,我是个罪人啊。”合作伙伴劝慰他说:“这不是你的问题,也不是硝化甘油炸药的问题,是使用方式的问题。如果不把炸药用于战争,就不会给人类带来痛苦。炸药的用途非常广,除了战争中使用,它还可以用来开矿、铺路、搞建筑,这些都是造福人类的事呀!”

在诺贝尔的一生中,他不但发明了硝化甘油炸药,还发明了汽车自动刹车装置、石油连续蒸馏法、气量计、水表、气压计等,为人类的科学进步作出了卓越的贡献。诺贝尔从小就喜爱文学,在工作之余喜爱阅读小说和诗词,对哲学研究更是情有独钟。这种在哲学方面的思考也使得他的思维逻辑更加严谨,推动了他的科学发明。诺贝尔还是一位非常精明的企业家,利用发明成果创办了企业。诺贝尔去世时遗留了3300多万克朗(约920万美元)的财产。

诺贝尔是一个伟大无私的人,他并没有将自己所有的财产留给后人,而是在他逝世的前一年立下遗嘱,将遗产设立为诺贝尔奖基金。基金每年的利息分为五份,用于奖励在物理、化学、生理或医学、文学及和平等五个方面作出重大贡献的人,这一奖项被命名为诺贝尔奖。从此,诺贝尔奖成为全世界最著名的奖项。

1896年12月10日,伟大的科学家诺贝尔去世,他有众多身份:化学家、发明家、工程师、文人、企业家。当然最重要的是他成功地使用硝化甘油制造炸药,被世人称之为“炸药大王”。另外他设立了著名的诺贝尔奖,推动了科技文化的进步。最后用一句话赞誉诺贝尔:“胸怀天下,腹拥万卷,化解宇宙之机,学冠天地之妙者也。”

参考文献

[1]徐如涛．你知道诺贝尔和诺贝尔奖吗?[J]．语文天地,2008(14):28．

[2]单灵辉．伟大的科学家诺贝尔[J]．发明与创新(学生版),2007(6):12—14．

[3]方圆．造福科学界的“炸药大王”阿尔弗雷德·诺贝尔[J]．科学家,2014(10):64—68．

[4]张志军．炸药大王诺贝尔的传奇人生[J]．科技创新与品牌,2008(11):58—61．

[5]马立强．未进校门亦能成才——【瑞典】诺贝尔(1833~1896年)[J]．科学大众(中学版),2009(6):10—11．

[6]左拉仁,和英慧．现代史上一笔最著名的遗产——诺贝尔奖[J]．物理通报,2005(8):55—56．

门捷列夫与元素周期表

天才就是这样，终身劳动，便成天才！

——门捷列夫

攀登科学高峰的路，是一条艰苦而又曲折的路。在这条路上有很多为了科学事业奉献终身的优秀学者，门捷列夫就是这样一位伟大的化学家，他的故事几乎家喻户晓。下面我们就来走近门捷列夫的生活，揭秘天才科学家传奇的人生。

生于平凡，忠于理想

▶ 图1　门捷列夫

门捷列夫，全名为德米特里·伊万诺维奇·门捷列夫（Dmitri Ivanovich Mendeleev）。1834年2月7日，一位化学伟人在俄国西伯利亚托博尔斯克降生，他便是门捷列夫。门捷列夫出身于书香门第，家里有十七个兄弟姐妹，他在家里排行十四。当他出生还不满一岁时，他的父亲双目突然失明，接着又丢掉了校长的职务。一家人靠着父亲微薄的退休金生活，实在难以维持生计，于是全家搬到了舅舅在一个小村庄经营的小型玻璃厂附近居住。小门捷列夫对工人们熔炼和加工玻璃的场景非常感兴趣，这段经历对他以后从事与烧杯、烧瓶打交道的化学研究产生很大影响。1841年秋，不满七周岁的门捷列夫和十几岁的哥哥一起考进市中学，在当地轰动一时。门捷列夫成为大家心目中的优秀学生。然而，不幸的是，门捷列夫13岁时父亲去世，14岁时舅舅的工厂遭遇火灾化为灰烬，母亲只好再次搬家，并将成年的女儿们嫁出去，让两个儿子参加工作。1849年春，门捷列夫中学毕业，母亲变卖家产，一心想让小儿子上大学。在父亲的一位朋友的帮助下，门捷列夫进入彼得堡师范学院学习。仅仅用了一年时间，门捷列夫就成为了那里的优等生。而后，门捷列夫的舅舅和母亲相继去世，他失去所有的经济支持。门捷列夫为了维持生计，不得不利用紧张的学习之余，撰写科学简评以获得少量稿费，这是他生活的唯一经济来源。即使生活如此艰苦，门捷列夫也从未放弃心中的理想。1856年，门捷列夫获得了化学高等学位，从此他的人生开启了新的篇章。1857年，他进入彼得堡大学担任副教授，开始从事科学研究。1859年，不满于现状的门捷列夫选择了继续深造，于是，他到了德国海德堡大学进行深造。1860年，门捷列夫参加了国际化学代表大会，该会议在德国西南部的卡尔斯鲁厄市召开。1865年，他获得了化学博士学位。1907年2月2日，这位传奇化学伟人在天空中陨落了，享年73岁。

精诚所至，金石为开

受到道尔顿提出的原子论的影响，许多化学家都把工作的重心放在了测定各种元素的原子量上。在化学家的不懈努力下，元素原子量与性质之间存在的联系逐渐崭露头角。

1829年，德国化学家德贝莱纳提出了“三元素组”观点，把当时已知的44种元素中的15种，分成5组，指出每组的三种元素性质相似，而且中间元素的原子量等于较轻和较重的两种元素原子量之和的一半。例如钙、锶、钡，性质相似，锶的原子量大约是钙和钡的原子量之和的一半。氯、溴、碘以及锂、钠、钾等元素也有类似的关系。

1862年，法国化学家尚古多提出一个“螺旋图”的分类方法。他将已知的62种元素按原子量的大小顺序标记在绕着圆柱体上升的螺旋线上，这样某些性质相近的元素恰好出现在同一母线上。他的螺旋图说明了化学元素性质的同期性。

1864年，德国化学家迈耶尔在他的《现代化学理论》一书中刊出一个“六元素表”。可惜他的表中只列出了已知元素的一半，但他已明确地指出：“在原子量的数值上具有一种规律性，这是毫无疑义的。”

1865年，英国化学家纽兰兹提出了“八音律”一说。他把当时已知的元素按原子量递增顺序排列在表中，发现元素的性质有周期性的重复，每到第八种元素就和第一种元素性质相近，就好像音乐中八度音音高不同但音名相同。

正是有了前人的积淀，门捷列夫通过坚持不懈地探索，于1869年2月先后发表了关于元素周期律的图表和论文。门捷列夫总结了之前化学研究者的经验，并做了大量的化学实验来验证，在对实验事实进行敏锐观察、严密分析、仔细对比的基础上，终于总结出关于元素周期律的全新见解，并开始着手编写第一个元素周期表。在论文中，他指出：

(1)按照原子量大小排列起来的元素，在性质上呈现明显的周期性。

（2）原子量的大小决定元素的特征。

（3）预料到许多未知元素的发现，例如类似铝和硅的原子量位于65~75之间。

（4）当我们知道了某些元素的同类元素后，有时可以修正该元素的原子量。

受到当时研究水平的限制，有些元素并未被发现，在元素周期律的指导下，门捷列夫预言应该存在性质类似硼、铝、硅的未知元素（门捷列夫给它们暂时命名为类硼、类铝和类硅，后来发现后正式命名为钪、镓、锗），并为其留下空位，还进一步指出当时人们对某些元素原子量的测定数值是有问题的。因此，他在编写元素周期表时并没有完全遵照当时的原子量数据。经过时间的考验，他的成果才得到证实和认可，人们皆为之震撼。元素周期律系统性地揭示了元素及其物质间的内在联系，具有里程碑意义，并衍生了重要的基础化学工具——元素周期表（图2）。门捷列夫在化学研究中的突出贡献和伟大功绩，值得世人传颂。元素周期律是门捷列夫用一生凝结的心血，更是为后来的化学研究新发现作出了重大贡献。

REIHEN	Gruppe I – R^2O	Gruppe II – RO	Gruppe III – R^2O^3	Gruppe IV RH^4 RO^2	Gruppe V RH^3 R^2O^5	Gruppe VI RH^2 RO^3	Gruppe VII RH R^2O^7	Gruppe VIII – RO^4
1	H=1							
2	Li=7	Be=9.4	B=11	C=12	N=14	O=16	F=19	
3	Na=23	Mg=24	Al=27.3	Si=28	P=31	S=32	Cl=35.5	
4	K=39	Ca=40	–=44	Ti=48	V=51	Cr=52	Mn=55	Fe=56, Co=59, Ni=59, Cu=63
5	(Cu=63)	Zn=65	–=68	–=72	As=75	Se=78	Br=80	
6	Rb=85	Sr=87	?Yt=88	Zr=90	Nb=94	Mo=96	–=100	Ru=104, Rh=104, Pd=106, Ag=108
7	(Ag=108)	Cd=112	In=113	Sn=118	Sb=122	Te=125	J=127	
8	Cs=133	Ba=137	?Di=138	?Ce=140	–	–	–	– – – –
9	(–)	–	–	–	–	–	–	
10	–	–	?Er=178	?La=180	Ta=182	W=184	–	Os=195, Ir=197, Pt=198, Au=199
11	(Au=199)	Hg=200	Tl=204	Pb=207	Bi=208	–	–	
12	–	–	–	Th=231	–	U=240	–	– – – –

▶ 图2　门捷列夫的短式周期表（1871年）

当然，门捷列夫的科研之路并不是毫无波澜，一马平川的。门捷列夫为了研究元素之间的关联，真是吃尽了苦头。在当时，各国的化学研究者为了找到元素之间的关联，了解其间的奥秘，进行了不懈的努力和艰辛的探索。然而，很多化学家虽然在一定角度叙述了元素间的某些内在联系，遗憾的是，他们却未能把所有元素作为整体来研究，没有将元素之间很好地联系起来，即使付出大量精力也没有找到元素科学普适性的分类原则。

年轻的学者门捷列夫不畏艰难，毅然投身于这项关于元素的艰难探索之路。门捷列夫将已知元素的主要性质和原子量记录在一张张小纸卡上，渴望能够找到每种元素之间的关联，并试图在元素之间复杂的特性里发现元素的共性。

为了在这项研究中有新的发现，1859年，不服输的门捷列夫决定去德国海德堡大学进行两年的科学学习来丰富自己的见识。两年中，他几乎将所有精力都花费在物理化学上，试图深入探索元素间的内在联系。1867年，门捷列夫为了在元素研究领域有新的思路和突破，他考察了许多化工厂和实验室，积攒自己在实践中的经验，拓宽了视野。这些经验的积攒是宝贵的，为他发现元素周期律奠定了实践基础。

学习结束后，门捷列夫又返回他熟悉的实验室，继续他的研究。他紧紧抓住元素的原子量与化学性质之间的相互关联，不放过每一个细节。1869年2月19日，这是一个伟大的时刻，门捷列夫终于领悟出了元素之间的内在联系。门捷列夫总结元素周期律时做了说明：无论单质还是化合物，它们的性质都应该与相应元素原子量的大小存在着某些周期性的内在联系，它们之间是存在依赖关系的。这在当时的人们看来简直是不可思议的。然而，实践证实了门捷列夫论断的正确性。

当然，由于受当时的研究水平和实验条件的局限，门捷列夫编制的元素周期表并不完整，这是门捷列夫觉得遗憾的地方。但门捷列夫在理论计算的基础上准确预留了多种未知元素该存在的位置，确定了相邻的其他元素。就在门捷列夫预言后的第四年，他的科学预言被法国化学家勒科克·德·布瓦博德兰（Lecoq de Boisbaudran）用光谱分析法证实。这一重大发现，充分证明了门捷列夫元素周期律是自然界本就存在的一条客观规律，使人们开始重新认识物质之间的内在关联，具有重大的研究意义。

呕心沥血，铸就辉煌

门捷列夫发现了元素周期律，这是历史性的伟大贡献，他的名字也因此被载入史册。恩格斯在《自然辩证法》一书中曾指出，门捷列夫不自觉地应用黑格尔的量转化为质的规律，完成了科学上的一个勋业，这个勋业可以和勒维列计算尚未知道的行星海王星的轨道勋业居于同等地位。

由于时代局限性，门捷列夫的元素周期表并不是完美无缺的，然而，门捷列夫在元素之间关联的研究贡献绝不可因此而被忽略。元素周期律是一个时代的伟大贡献，经过不断验证、发展和完善，在后来的化学研究中发挥着举足轻重的作用。门捷列夫不仅对化学做出了卓越贡献，他还广泛涉足气体定律、气象学、石油工业、农业化学、无烟火药、度量衡等诸多领域。他的研究成果对这些领域都有着或多或少不同程度的影响力。

门捷列夫的一生是辉煌的，他用尽一生追求理想，为了理想不懈地奋斗。正如他自己所说："什么是天才，终身劳动，便成天才！"

参考文献

[1]鲍·米·凯德洛夫．伟大发现的一天[M]．林永康，刘则渊，王续琨，等译．大连：大连理工大学出版社．2021.

[2]梦隐．致敬门捷列夫[J]．科学文化评论，2019，16(1)：126—128.

[3]斯米尔诺夫．门捷列夫传[M]．徐桃林，译．北京：海燕出版社，2004.

[4]格雷姆．俄罗斯和苏联科学简史[M]．叶式辉，黄一勤，译．上海：复旦大学出版社，2000.

[5]王程，白旭宁．化学学科核心素养和唯物辩证法的紧密联系[J]．中学化学教学参考，2019(1)：4—6.

[6]张学方，王少亭．元素周期律与周期表的研究[M]．北京：北京教育出版社，1998.

[7]陈德军．门捷列夫[M]．北京：中国少年儿童出版社，2005.

李比希与有机元素测量

你们应当首先为祖国和追求科学真理而努力,然后其余的东西就都属于你们的了。

——李比希对学生的勉励

▶ 图1　李比希

1803年5月12日,尤斯图斯·冯·李比希(Justus von Liebig)出生于德国达姆施塔特。李比希的父亲是当地颇负盛名的药剂师,在当地经营着盐和颜料生意;母亲有着先进的育儿理念。父亲有一间专门配制药剂的实验室,但是不允许小李比希随便进入,因而在小李比希心里,实验室里那些可以制备出神奇液体和膏药的瓶瓶罐罐充满着神秘色彩。小李比希对父亲的实验室是无比向往的,这也在他心中埋下了一颗热爱化学的种子。

李比希14岁时,通过父亲的引介,认识了皇家图书馆一名叫海斯的工作人员。李比希对知识的渴求深深地打动着海斯,于是,他给李比希推荐了很多优秀的自然科学书籍。李比希愉快地畅游在知识的海洋中,如痴如醉地阅读了许多自己热爱的化学书籍,为此他乐在其中,孜孜不倦。然而,在学校,李比希的学习却让父母很是担忧,他对学校的课程不感兴趣,对那些死记硬背的知识和语法公式提不起一点儿兴趣,觉得这些东西太枯燥,同有趣的化学知识相比简直索然无味。就这样,李比希成为了让老师头疼的“问题学生”。有一天,老师批评他:“像你这样的学生,以后能干什么?”李比希大声而坚定地回答:“我要当化学家!”同学们纷纷大笑起来。在当时的德国,化学是十分落后的,化学家的社会地位是非常低下的,所以同学们为李比希有这样的理想感到可笑和不解。但李比希对老师和同学们的嘲笑不以为然,他耳濡目染的生活环境,让他坚信化学可以为人类谋取巨大的福利。他一如既往地保持着对化学的热爱,并始终坚持着自己的研究。直到有一天,他把自己自制的炸药带到了学校,不小心引爆了,吓坏了老师和同学们。结果毫无悬念,他被学校开除了。

后来,李比希被父亲送到一家药店当学徒,他对这份工作非常满意,因为药店里有比父亲实验室里更多的药品和更完善的设备,他在阁楼里尽情地实验着和创造着。但是,好景不长,有一天,李比希将研磨过某种固体粉末的研杵不小心砸到装有炸药的弹壳上,意外再一次发生了,只听到“轰”的一声,接着李比希就失去了知觉。醒来后，他才发现阁楼发生了剧烈的爆炸，自己被炸到对面的墙边，满身灰土，阁楼的屋顶也被炸毁了。药房老板忍无可忍，将李比希辞退了。

然而父母对李比希并没有过多的责骂，更多的是为儿子将来做长远打算。富有远见的父亲认为李比希需要一个更大的平台去支撑他的发展，于是，他决定送李比希上大学深造。1820年，李比希陆续在波恩大学、艾尔兰根大学就读。当时德国学术界重视哲学和古典学术，在自然科学这一块是非常落后的，这让李比希心里还是有些许失望。后来又因为社团争端，大学对他提出诉讼，更加速了李比希的离开。于是，他从德国来到了法国巴黎。而在巴黎，李比希开启了他迎接黎明的人生。在这里，他结识了人生中的两个贵人——德国科学界泰斗亚历山大·冯·洪堡（Alexander von Humboldt）和法国化学家约瑟夫·路易·盖-吕萨克（Joseph Louis Gay-Lussac）。由于对雷酸盐的精确测定，洪堡对李比希刮目相看，青睐有加，他将李比希介绍进入李比希梦寐以求的盖-吕萨克实验室。盖-吕萨克不仅是一位伟大的化学家，也是一位非常负责任的导师，他对学生要求严苛。正是有着这样的严师的教授和引导，李比希不仅学到了精确分析化学的实用技术，还学到了某些抽象的科学研究艺术。可以说，李比希后来能成为一位杰出的化学家和教育家，盖-吕萨克功不可没。

22岁的李比希从法国学成归来，他带着洪堡和盖-吕萨克推荐信回到了德国，并被直接任命为吉森大学化学教授。于是李比希开启了在吉森大学28年（1824年到1852年）的任教和科研生涯，在此期间创建了德国吉森学派，并在有机化学、生物化学、农业化学领域中作出了巨大贡献，改变了德国化学落后的状态，推动德国的化学发展到达一个新高度，是德国近代化学发展史上厥功至伟的人物之一。纵观这28年，李比希在吉森大学的发展可以分为以下三个阶段。

教育改革的蜡炬时光（1824—1832）

李比希回到德国任教，面临的首要问题是如何教授学生，照搬在法国所学的那一套肯定是不行的，拘泥于德国大学教法更加不可取。于是，他自己编写教材，充分贯彻以实验为本的教育理念，他规定：首先，学生不仅要学习讲义，还要做实验，先使用已知的化合物进行定性、定量分析，然后从天然物质中提纯和鉴定新的化合物，以及进行无机合成和有机合成；随后，在导师指导下进行独立的研究，并将其作为毕业论文项目,最终通过鉴定获得博士学位。接着,李比希开始筹划建立实验室,在突破重重障碍后,于1826年建立了吉森实验室。刚开始时,实验室的条件是非常艰苦的,能容纳的人数也非常有限,但建立该实验室的意义却是非常重大的,它标志着现代实验与教育逐渐开始结合,是德国振兴科学和工业的一个光辉起点。

李比希在教学中也认真地贯彻着教学大纲的指示,非常重视实验,并利用大量的时间指导学生完成实验,很快他取得了丰硕的教学成果,并吸引了大批爱好化学的杰出青年投入他的门下。其中,广为人知的化学家凯库勒正是因为听了李比希的几场演讲,深深地被他折服,受他的影响将专业由建筑学改为化学。

万紫千红总是新——开创有机化学新时代(1829—1839)

1.创立了有机化学C、H分析法

在李比希之前,法国科学家们曾用过各种方法对有机分析进行研究,但他们共同的特点是耗时太长:分析几种有机酸要18个月,分析酯类物质需要13年。在前人的基础上,李比希针对有机元素,提出了精确而又快速的分析方法:将样品放在一支装有足量氧化铜的硬质玻璃管中,加热使之充分反应,将产物导出,并依次通入装有无水氯化钙的干燥管和浓氢氧化钾溶液的洗气瓶。从干燥管和洗气瓶的前后质量变化确定出样品中C、H的含量,如果样品中只含C、H、O三种元素,那么剩余的就是O的含量。通过这种方法,就能快速得到有机样品中C、H、O的质量分数,极大地减少了有机物分析的时间,提高了分析的效率。

2.定义了"基"的概念

1838年,李比希对"基"下了如下定义:基是一系列化合物中不变的组成部分;基可被其他简单物取代;基被某简单物结合后,此简单物可当量地被另外的简单物取代。与此同时,他将基团概念应用于有机酸的理论研究,基于此提出了有机多元酸理论。

研究领域的扩展——有机化学应用(1837—1852)

虽然在有机化学上李比希已经取得了非常卓越的成就,但是他小时候深埋在心里的种子——使用化学为人类谋福利，在他中年时期不断地生长、发芽，并茁壮成长起来。据说，李比希在德国某一郊区买了一片砂土，当时人们认为砂土是不能种出庄稼的。而李比希在砂土上面撒了一层盐，再在上面种植了庄稼。人们议论纷纷："砂土怎么可能种得了庄稼？不施肥光撒盐能种好庄稼吗？好好的教授不当，怎么跑来种地了呢？"李比希不理会人们的议论，仍然坚持耕种。到最后，这一片庄稼的收成非常好，人们都傻眼了，向教授请教撒的是什么，原来李比希撒的是无机矿物化肥。通过一系列的实验，1840年，李比希编著的《化学在农业和生理学上的应用》正式出版。他的研究表明：除了碳、氢、氧、氮外，植物生长还需要钾、硫、钙、铁、锰、硅等元素，并且这些元素需要合理地搭配使用。化肥的使用，带来了农业革命，提高了农作物的产量，为人类生存以及生活改善作出了巨大的贡献。

在这28年间，李比希还亲手创建了在近代化学史上赫赫有名的李比希学派，在他的带领下，该学派推动了有机化学和农业化学发展，还开拓了以实验为基础的全新大学化学科研模式和育人模式。它促进了近代化学从无机化学向有机化学的飞速发展，并将化学理论广泛地应用于生产生活，真正地为人类谋取福利。纵观这28年，李比希在众多领域取得了很多影响深远的成就，同时也培养了数十名在近代化学领域做出杰出贡献的伟大化学家。

1873年，李比希的身体出现了严重问题，到4月时，一代科学伟人李比希在慕尼黑与世长辞，享年70岁。这位闪亮的巨星就此陨落，从此近代化学史上少了一位求真务实、为民谋利的科学家。

李比希曾说过，化学正在非常快速地发展，而希望赶上它的化学家们则应该处于不断脱毛的状态，不适宜飞翔的旧羽毛从翅膀上脱落下来，取而代之的应该是新的羽毛，这样飞起来才能更有力、更轻快。正是这种脱毛精神一直鼓舞着李比希，让他一生都为之奋斗，让他始终追逐最初的梦想——用化学为人类谋取福利，用化学去创造更富足的物质生活。最终，他实现了自己的梦想，同时也成为被后人敬仰的伟大的化学家和教育家。

参考文献

[1]盛根玉.有机化学之父:李比希[J].化学教学,2011(6):65—69.

[2]李三虎."热带丛林"苦旅——李比希学派[M].武汉:武汉出版社,2002:21.

[3]姜云奎.农业化学之父——李比希的科学思想探究[J].中国科技信息,2006(6):111—112.

[4]《化学发展简史》编写组.化学发展简史[M].北京:科学出版社.1980:169.

[5]张大伟,许海,贾琼,等.近代化学巨匠:尤斯图斯·冯·李比希[J].化学通报,2022,85(9):1139—1146.

[6]王璇.学派勃兴与学科崛起——李比希学派的变迁及其对吉森大学化学学科的历史贡献[D].保定:河北大学,2020.

卢瑟福与原子结构

科学家不是依靠于个人的思想，而是综合了几千人的智慧，所有的人想一个问题，并且每人做它的部分工作，添加到正建立起来的伟大知识大厦之中。

——卢瑟福

欧内斯特·卢瑟福（Ernest Rutherford），英国著名科学家，首先提出放射性半衰期的概念，证实放射性涉及从一个元素到另一个元素的嬗变，在元素蜕变以及放射化学的研究中做出巨大贡献，1908年获得了诺贝尔化学奖。

▶ 图1　卢瑟福

拿诺贝尔化学奖的物理学家

卢瑟福在攻读研究生期间，在铀辐射的离子化效应的启发下，开始对原子放射性的种类、性质和本质进行研究，从而发现了放射性元素衰变规律。在研究的过程中，他发现了两种类型的放射性辐射，并将它们命名为α射线和β射线，还预测出一种穿透力更强的射线，并且将其命名为γ射线。他将他的研究成果——“放射性元素自发衰变规律”发表在著名论文《放射性变化》中，这篇巨作打破了自古以来元素不可变化的规律，这也是科学史上第一次提出放射性元素的自发转变，突破了古代原子论和道尔顿化学原子论的框架。

1908年获得诺贝尔化学奖后，卢瑟福曾自嘲道：“我作为一个研究物理的学者怎么就得了一个化学奖呢？这是我一生中绝妙的一次玩笑！”为什么他会这样说呢？这是因为诺贝尔奖的规则是有限制的。众所周知，诺贝尔奖有一条规则，那就是只会颁发给在世的学者，因此常有人笑言道，要获得诺贝尔奖不仅要在学术上有重大突破，还要活得够久。而除此之外，诺贝尔奖还有另外一条规则，只会就你作出贡献的领域进行颁奖，从来不会因为你是物理学家却在其他领域做出了巨大贡献而给你颁发物理学奖。对于元素蜕变以及放射化学的研究，总的来说属于化学概念的范畴，且放射化学是研究放射性物质及与原子核转变过程相关的化学问题的化学分支学科，所以卢瑟福获得的是诺贝尔化学奖而不是诺贝尔物理学奖。

散射实验开启微观之门

1897年，约瑟夫·约翰·汤姆孙(Joseph John Thomson)通过实验证实了原子中存在一种带负电的基本微粒——电子，从而提出原子的枣糕模型，也把物理学研究范畴引入到更为微观的原子领域。卢瑟福对这样一个未完全向人类开启的微观世界充满了兴趣和好奇。为了进一步发掘原子的结构，了解原子核中蕴藏的秘密，他创立了研究小组共同研究这个问题。他在获得诺贝尔奖一年后，与汉斯·盖格(Hans Geiger)和欧内斯特·马斯登(Ernest Marsden)，三位科学家一起做了一个举世闻名的实验——α粒子散射实验(图2)。该实验有三大实验现象：第一，绝大多数α粒子几乎沿直线穿过了金箔；第二，少数α粒子穿过金箔后发生了较大偏转；第三，极少数α粒子击中金箔后几乎被弹回。如何分析这三种现象呢？首先，大多数α粒子几乎沿直线穿过了金箔的原因就是原子不是实心体，大部分是空的；其次，少数α粒子穿过金箔后发生了较大偏转，是因为这少部分α粒子遇到了原子中一个质量较大且带正电的粒子，受它的排斥偏离了原来的运动方向；最后极少数α粒子击中金箔后几乎被弹回进一步说明原子中存在一个质量较大且带正电的粒子，且体积很小。基于这种严谨逻辑，该实验得出了如下结论：原子具有原子核，原子核是带正电荷的，且集中了原子的主要质量，电子绕原子核做圆周运动，在此基础上提出了新的原子模型，并将这种模型称为“卢瑟福原子结构模型”。他将他的研究结果发表在论文《α粒子和β粒子被物质散射和原子结构》中。卢瑟福原子结构模型推翻了汤姆孙提出的枣糕模型，改变了多年以来在众人内心中固化的微观物质观，让后辈科学家在研究物质结构时，进入到新的结构，开启了原子结构研究的微观世界之门。同时，这也形成了原子物理学这个新的科学研究领域。

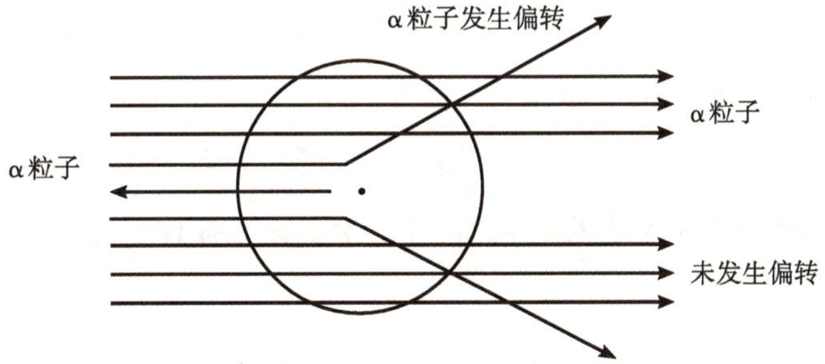

▶ 图2　α粒子运动轨迹示意图

人才培养的诺贝尔奖

卢瑟福除了具有卓越的科研精神，还有一件在科学界广为传颂的事。卢瑟福是剑桥大学卡文迪许实验室的第四代主任，在他任职的18年间，培养了一大批具有自主科研能力的优秀科学家，其中9人还获得了诺贝尔奖，包括弗雷德里克·索迪(Frederick Soddy)、弗朗西斯·阿斯顿(Franas Aston)、尼尔斯·玻尔(Niels Henrik David Bohr)、查尔斯·汤姆孙·里斯·威尔逊(Charles Thomson Rees Wilson)、詹姆斯·查德威克(James Chadwick)、帕特里克·梅纳德斯图尔特·布莱克特(Patrick Maynard Stuart Blackett)、约翰·道格拉斯·科克罗夫特(Sir John Douglas Cockcroft)、欧内斯特·沃尔顿(Ernest Thomas Sinton Walton)、彼得·列昂尼多维奇·卡皮察(Pyotr Leonidovich Kapitsa)。这些科学家在历史上都具有举足轻重的地位，卢瑟福真可谓是桃李满天下了，如果世界上设立培养人才的诺贝尔奖的话，那么卢瑟福必定是第一候选人。为什么卢瑟福可以培养这么多为科学做出巨大贡献的人才呢？纵观卢瑟福的平生事迹，不难发现这是由于他具有独特的科学指导教育观：创新能力是培养优秀人才的重要层面。

如何培养创新能力呢？卢瑟福的答案是注重个性发展。卢瑟福认为学生的个性发展是培养创新性的重要因素。只有充分地发展个性，才能充分地挖掘和发挥学生内在的潜能，才能调动和满足学生探索求知的欲望，学生才能在以后的科研活动中发现新问题，提出新想法，做出新假设。所以他一直贯彻这种教育理念，营造一种创造性的学习氛围，尊重学生的研究方向和兴趣，并且利用自己的能力创造一种让学生处于创新研究的学习状态，帮助他们尽快达到自己的要求。

除了注重个性培养和创新意识，卢瑟福还一直遵循着卡文迪许实验室培养学生的原则：最好让学生用他自己的力量去努力克服种种困难，而在教师方面，与其把这些困难移开，还不如鼓励他们奋斗。卢瑟福对学生们的要求一直非常严格，凡事都要求精准和具有较高的效率。他要求实验必须做到精确无误，尤其是在要建立理论和推翻理论时需要进行大量的实验，一定要提供坚实可靠的实验结果，否则一切都将化为乌有。卢瑟福表示在培养人才的时候，教育学生要紧紧抓住机遇，因为机遇只偏爱有准备的人。

卢瑟福提倡教育和科研应该有机结合到一起，两者可以看成一个整体。在卢瑟福的教育理念中，教育的作用是打好基础和培养一般人才，是一种基本要求的存在；而科研能够提高学生的创新能力和培养高级人才，是一种更高要求。所以好的模式应该是建立在教育的基础上的科研活动，两者有机结合、不可分割。在学生科研的途中，他教育学生要从多方面进行思考，多读多看，把研究的事物所涉及的条件都要考虑到位。卢瑟福还认为大学是一个集教育和科研为一体的机构，只有贯穿科研的教育才具有发展动力。

而事实也证明了卢瑟福的教育方法确有其可称道之处，培养出9位诺贝尔奖得主已经不单单可以用运气来解释。科研应该是让学生去做自己真正感兴趣的东西，只有这样，学生们才会有求知的欲望，才能培养出他们的创新意识。作为教师，我们需要引导学生去寻找他们感兴趣的方向，指导他们如何查找文献，如何关注某个领域的最新进展。任何短暂的灵光乍现都是建立在大量的文献阅读与领域了解之上的，没有了解最新进展和夯实的基础知识，闪现的灵感便如镜中花、水中月一般经不起推敲。科研应该是建立在教育的基础之上，而不是脱离教育的，而教育也应以科研、以发现新的事物为动力。

科学家恩利克·费米（Enrico Fermi）对卢瑟福一生科研教育的评价是卢瑟福不仅因为他个人的贡献，而且还因为他作为具有最高意义的一名教师，而被铭记在科学史上。在他的周围发展起来了一个最大的和成功的研究集合体，他们不仅向他学习研究原理的方法，而且还向他学习作为科学家主要需要的毅力和创造性。

卢瑟福的事迹以及他培养学生的教育理念，是一笔丰富的、可借鉴的宝贵精神财富。他的发展个性、培养创新精神、严格要求的教育理念，对后来的学校教育有着深远的影响。

参考文献

[1]吴晓松，宋浦泉．中子发现历程背后的几位科学家[J]．物理通报，2023(3)：144—147.

[2]张三苏．荣获诺贝尔化学奖的物理学家 欧内斯特·卢瑟福[J]．科学家，2014(8)：60—61.

[3]郑华熾．约瑟夫·约翰·汤姆孙[J]．物理通报，1956(12)：713—718.

[4]眭平．卢瑟福科学教育思想与实践[J]．物理通报，2003(7)：39—42.

[5]田川．纪念原子核物理学家E·卢瑟福诞辰150周年[J]．物理教师，2021，42(10)：72—75.

[6]王荣德．论卢瑟福的高等教育观[J]. 学位与研究生教育,2001(1):26—28.

[7]夏代云,何泌章,李炳昌．高校创新性基础科学研究团队特征研究——以汤姆逊-卢瑟福团队为例[J]. 自然辩证法研究.2010.26(8):56—62.

[8]阎康年．卢瑟福与现代科学的发展[M]. 北京:科学技术文献出版社.1987.

居里夫人与放射化学

好奇心是学者的第一美德。

——居里夫人

居里夫人名为玛丽·居里（Maria Curie），原名玛丽·斯克沃多夫斯卡（Maria Skłodowska），著名科学家、物理学家、化学家。

精彩人生　光辉岁月

▶ 图1　居里夫人

居里夫人于1867年11月7日出生在波兰华沙市一个教师家庭（父母都是教师）里，不久父母就双双失业。10岁那年，母亲离世，使得原本贫寒的家庭雪上加霜。年幼的玛丽从小协助家里解决温饱问题，同时她依然刻苦学习，中学时获得了优秀奖章。正是这种吃苦耐劳、好学不倦的品质成就了她往后的辉煌与伟大！

1891年，玛丽24岁，她只身前往法国巴黎大学理学院求学深造，攻读物理学和数学。因为她的聪明伶俐和勤奋努力，这两门看似“玄学”的科目，她学起来游刃有余。

1893年，玛丽获得物理学硕士学位。

1894年，玛丽又获得数学硕士学位。正常人用七年才能完成的一个专业的硕士学位，她只花了4年就拿到了双硕士学位。这种惊人的学习能力，为她今后在这些领域做出伟大的成就埋下了伏笔。

1895年，玛丽和法国年轻物理学家皮埃尔·居里（Pierre Curie）因科学之缘结为连理，玛丽也就成了玛丽·居里，这也是世人尊称她为“居里夫人”的缘由。从此，他们就开启了生活上相互照顾，工作上相互帮助，科研上相互促进的强强联手的科学之旅。

1898年，法国物理学家安东尼·亨利·贝克勒尔（Antoine Henri Becquerel）发现含铀矿物能放射出一种神秘射线，但未能揭示出这种射线的奥秘。玛丽·居里和她的丈夫皮埃尔·居里（Pierre curie）共同承担了研究这种射线的工作。他们在极其困难的条件下，对沥青铀矿进行分离和分析，终于在1898年7月和12月先后发现两种新元素钋

(Po)和镭(Ra)。其中“钋”是居里夫人出于对祖国波兰(Poland)的热爱，取了祖国名字的前两个字母进行命名，钋衰变发生核反应产生钋射线，如下所示。

$$钋射线(\alpha射线):{}^{209}_{84}Po \longrightarrow {}^{205}_{82}Pb + {}^{4}_{2}He$$

1903年6月，居里夫人获得巴黎大学物理学博士学位，她的博士答辩论文就是《放射性物质的研究》。同年11月，居里夫妇获得了英国皇家学会授予的戴维奖章。

1903年12月，居里夫妇和安东尼·亨利·贝克勒尔(Antoine Henri Becquerel)三人共同获得了诺贝尔物理学奖，这是首次夫妻二人同时获得诺贝尔奖，迄今为止共五对。第二对是1935年法国化学家伊雷娜·约里奥-居里(Irène Joliot-Curie)和丈夫让·弗雷德里克·约里奥-居里(Jean Frédéric Joliot-Curie)，获得了诺贝尔化学奖。他们还有另外一层身份就是居里夫人的女儿和女婿，可见居里夫人对于下一代的教育也是非常成功的。第三对是1947年美国科学家卡尔·斐迪南·科里(Carl Ferdinand Cori)和格蒂·特雷莎·科里(Gerty Theresa Cori)夫妇，获得诺贝尔生理学奖或医学奖。第四对是2014年挪威科学家梅·布里特·莫泽(May-Britt Moser)和爱德华·莫泽(Edvard Moser)夫妇，获得诺贝尔生理学奖或医学奖。第五对是2019年艾丝特·杜芙若(Esther Duflo)和阿比吉特·班纳吉(Abhijit Banerjee)夫妇，获得诺贝尔经济学奖。

1906年，居里先生突遇车祸逝世。居里夫人以坚强的意志战胜巨大悲痛，承担起全部家庭责任，并继承了丈夫的遗志，接手了在巴黎大学的课程，并指导实验室工作，成为该校第一位女教授。

1910年，她的名著《论放射性》一书出版。同年，她与别人合作分析纯金属镭，并测出它的性质。她还测定了氡及其他元素的半衰期，发表了一系列关于放射性的重要论著。鉴于上述重大成就，1911年她又获得了诺贝尔化学奖，成为历史上第一位在两个不同学科领域、两次获得诺贝尔奖的伟大科学家。

1914年，镭学研究所在巴黎落成，她开始在此主持居里实验室工作，培养出许多颇有成就的科学家。其中，不乏中国著名的物理学家施士元，居里夫人的第一个中国学生，学成归国后任教于中央大学——现南京大学，为我国培养了大批人才，其中包括12名院士；化学家郑大章，居里夫人指导的第一位来自中国的化学博士，居里夫人亲自为他申请连续奖学金，学成归国后成为了我国放射化学的领路人；化学家杨承宗，师承居里夫人的女儿伊雷娜·约里奥-居里(也称“小居里夫人”)，学成归国后在放射化学领域作出重大突破，为原子弹的研制作出重要贡献，1987年任中国科技大学副校长；物理学家钱三强，师承伊雷娜·约里奥-居里，学成归国后成为新中国原子能科学事业的创始人,是中国“两弹一星”的功勋。居里夫人是“科学无国界”的真正实践者!

1934年7月4日,居里夫人因多年艰苦奋斗积劳成疾,患恶性贫血症(白血病)不幸与世长辞。她一生共获得10项奖金,16种奖章,107个名誉头衔。她为人类的科学事业,献出了光辉的一生!

传奇故事 掌声“镭”动

1896年,法国物理学家贝克勒尔发表了一篇关于铀及其化合物的论文,论文指出铀具有一种特殊的本领,它能自动地、连续地放出一种与“伦琴射线”不同且能透过黑纸使照相底片感光的射线。这让居里夫人产生了极大的兴趣。1897年,居里夫人选定了自己的研究课题——对放射性物质的研究。这个研究课题,开创了放射性化学的新纪元。

在课题研究中,居里夫人设计了一种测量仪器,能测出某种物质是否存在射线。经过大量的实验,她得出了以下结论:铀射线的强度与物质中的含铀量成一定比例,而与铀存在的状态以及外界条件无关;元素能发出射线的现象绝不仅仅是铀的特性,而是有些元素的共同特性。她把这种现象称为放射性,把有这种性质的元素叫作放射性元素。

在实验中,她发现一个比铀的放射性要强百万倍的新元素。1898年12月26日,居里夫人将这一发现写了一份报告提交给法国科学院,但这一发现却遭到了一些科学家的怀疑,他们嘲笑道:“镭在哪里?”

居里夫妇决心用事实来击破这些怀疑。但是当时他们面临着两大困难:一是资金困难,因为能提炼出纯镭的原料沥青铀矿是当时最贵的一种矿物;二是场地困难,因为要完成这个实验需要较大的实验室。面对困难,他们选择了一往无前,选择了与真理共同进退。他们决定花掉全部的存款,变卖了所有值钱的东西,买了十几麻袋沥青铀矿渣。在此期间,他们多次与巴黎大学交涉寻求帮助,都是碰壁而回。最后是理化学校同意供给他们一个长期不用,破旧得不蔽风雨的木棚。木棚下的两张破旧桌子、一个炉子和一块小黑板就是当时的基础设备。居里夫妇就是在这样艰苦的环境和条件下开启了伟大的科学发现之旅。

从1898年到1902年，一千多个日夜，几万次的提炼，功夫不负有心人，1902年底，他们终于提炼出了十分之一克极纯净的氯化镭($RaCl_2$)，并准确地测定了它的原子量。这一刻居里夫人是兴奋的，因为她的坚持有了回报；这一刻她也是平静的，因为她本就坚定；这一刻她是自信的，因为她赢得了质疑者的尊重；这一刻她的世界亮了，因为“镭”带蓝光的超强射线将她的世界点亮！

女中豪杰　人性光辉

居里夫人是淡泊名利的。当时，镭的发现打破了科学认知——“各种元素的原子是物质存在的最小单元，原子是不可分割的、不可改变的”，当然也极大地推动了科学发展。镭衰变发生核反应产生镭射线如图2所示。这也使居里夫人在科学界享有盛名。但是1911年，居里夫人参加法国科学院院士竞选，由于有人提出“女人不能成为科学院院士”而以一票之差落选。这次落选并未影响到居里夫人在科学研究中前进的步伐，她根本就没有理会这些偏见者的眼光，坚持不懈，不屈不挠，终于分离出了镭，并发现镭射线能破坏癌细胞的增长。这个发现使镭成为治疗癌症的有力手段，后来这种方法也称为“居里疗法”。她也因此在同年的12月获得了人生第二次诺贝尔奖，并且她最后还把毕生的奖金及当时价值100万以上的毕生心血——提炼出的镭赠送给了研究治癌的实验室。“非淡泊无以明志，非宁静无以致远”，这也许就是居里夫人享誉世界、流芳百世的原因。

$$\alpha\text{射线：}{}^{226}_{88}Ra \longrightarrow {}^{222}_{86}Rn + {}^{4}_{2}He$$

$$\beta\text{射线：}{}^{226}_{88}Ra \longrightarrow {}^{222}_{89}Ac + 4{}^{0}_{-1}e$$

▶ 图2　镭射线

居里夫人是有大爱之心的科学家。有人曾向居里夫人建议，把镭放射治疗癌症的方法申请为专利，这样就可以赚得大量的法郎。当时生活贫困的她毅然拒绝了，她想到的是如何能把这种方法尽快地服务全人类，让更多的患者解除病痛，于是很快她就公开了镭的提取方法。在第一次世界大战期间，为了救护伤员，居里夫人把X射线设备安装到汽车上，奔走于战场各处进行轮回医疗，挽救了大批受弹伤士兵的生命。其实没有什么岁月静好，是有人为我们负重前行，居里夫人就是这样一位负人类命运前行的伟大科学家。

阿尔伯特·爱因斯坦(Albert Einstein)曾这样评价居里夫人:在我认识的所有著名人物里面,居里夫人是唯一不为盛名所颠倒的人。

参考文献

[1]万利军.20世纪最杰出的女性——纪念居里夫人首获诺贝尔奖100周年[J].中学物理教学参考,2003,32(5):62—64.

[2]杨丽萍.居里夫人敬师[J].中国工会财会,2005(9):56.

[3]曾丽贞.居里夫人给教育带来了什么[J].国际人才交流,2000(11):51.

[4]贺光荣.居里夫人和小学老师[J].教师博览,1997(2):18.

[5]朱长超.垂青后世的科学典范——纪念居里夫人获奖一百周年[J].世界科学,2011(10):61—62.

[6]朱永新.居里夫人的“育儿经”[J].内蒙古教育,2012(1):62—63.

[7]侯杰.镭的母亲——居里夫人[J].化工管理,2012(1):68—69.

[8]杨虚杰.居里夫人上科学课[J].教师博览,2011(7):16—18.

[9]周志清.“放射性之母”居里夫人[J].文史月刊,2006(3):1.

[10]宋牧襄.居里夫人在放射性研究领域的贡献(下)[J].中国工程师,1998(2):39—40.

薛定谔和他的猫

创造力最重要的不是发现前人未见的，而是在人人所见的现象中想到前人所没有想到的。

——薛定谔

1887年，埃尔温·鲁道夫·约瑟夫·亚历山大·薛定谔(Erwin Rudolf Josef Alexander Schrödinger)出生于奥地利维也纳，薛定谔从小便是个优秀的学生，由于受到父亲和身边朋友的影响，他对自然科学产生了浓厚兴趣，尤其热爱生物学。学生时代就博览群书，一些文学作品对薛定谔的成长和生活也有深远影响，青少年时期的薛定谔对色彩理论、哲学、戏剧和东方宗教着迷。

▶ 图1　薛定谔

薛定谔的一生有诸多成就且充满奇幻色彩，自文理高中毕业之后，他顺利地进入了维也纳大学，攻读物理与数学专业并取得博士学位。薛定谔早年在电气工程、大气电和大气放射性领域进行了实验研究，与此同时，他还研究了振动理论、布朗运动理论和数理统计。第一次世界大战期间，还担任过中尉并参战，战争结束后开始在维也纳大学执教，执教期间提出了震惊物理界的薛定谔方程，并与保罗·阿德里安·莫里斯·狄拉克(Paul Adrien Maurice Dirac)共同获得1933年诺贝尔物理学奖。

薛定谔在学术界成就卓著，发表了多篇为学术界称道的专业论文，其中有四篇均以“量子化就是本征值问题”为题，这为同时期的量子力学发展奠定了一定基础。由于在量子力学方面有不俗成就，薛定谔成为继马克思·卡尔·恩斯特·路德维希·普朗克(Max Karl Ernst Ludwig Planck)之后的柏林大学物理系主任。本应在学术界闪闪发光的一位学者，却受到一些不公的对待，后来由于某些政治原因，薛定谔选择离开家乡，辗转爱尔兰并选择在都柏林高级研究所工作十多年。

老年的薛定谔最终选择返回故里落叶归根，并出任维也纳大学物理研究所荣誉教授，1961年因患肺结核病离世。薛定谔在维也纳大学物理研究所执教期间，曾到阿尔卑包赫村参加学校活动，当时便觉得当地风景优美，别有一番风土人情，所以最终他选择葬于此地，墓碑上刻着被誉为“十大经典公式”的薛定谔方程。

薛定谔方程——“十大经典公式”之一

作为一位出色且不平凡的物理学家，薛定谔创建的薛定谔波动方程无疑是对物理学，尤其是量子物理学的最大贡献。如果说普朗克提出量子概念是量子力学的开端，那么薛定谔波动方程则是将量子力学的发展上升到了一个全新的高度，该方程成功描述了微观粒子的运动，其意义与经典力学中牛顿定律相当。普朗克曾对其这样评价：“这一方程式奠定了近代量子力学的基础，就像牛顿、拉格朗日和哈密顿创立的方程式在经典力学中所起的作用一样。”

20世纪科学界最璀璨的两颗双子星，无疑就是量子力学与相对论。在量子力学刚刚建立之初，哥本哈根学派的掌门人尼尔斯·亨利克·戴维·玻尔(Niels Henrik David Bohr)、亨德里克·安东尼·汉斯·克拉莫斯(Hendrik Anthony “Hans” Kramers)和约翰·克拉克·斯莱特(John Clarke Slater)曾发表了一个著名的理论，提出“波子”及“机率波”模型，尝试说明光的二重性，并用统计方法重新解释能量及质量守恒。但是由于没有跳出经典力学的范围，所以这个理论并不完善。

而沃纳·卡尔·海森堡(Werner Karl Heisenberg)却意识到，当时物理学的研究对象主要是宏观物体，物理学只能从经典力学出发，不能建立在观察不到或者纯理论的事物上。也就是说这个时期物理学所研究的对象还只处于宏观领域，而不涉及微观领域。海森堡为使自己的研究深入到微观领域，提出了矩阵力学，并发表了相应的观点：电子是量子化的，像粒子一样在不同轨道上跃迁。但是由于当时还没有波粒二象性的理论支持，所以争论点依旧是电子是波还是粒子。

直到薛定谔于1926年从经典力学出发，利用变分法和德布罗意方程，最终求出了一个非相对论的方程，弥补了先前理论的缺陷，这就是后来的薛定谔方程。这个方程可以说是物理史上极具有伟大意义的突破，被誉为“十大经典公式”之一，它敲开了微观世界的大门，帮助量子力学颠覆了整个物理世界。

薛定谔方程的提出对后续物理化学学科的发展起到了决定性的作用，也是他一生最伟大的成就之一，或许这就是他的墓碑上刻着这个经典方程的原因。

一维薛定谔方程：

$$\frac{d^2\psi(x)}{dx^2} + \frac{2m}{h^2}(E - U)\psi(x) = 0$$

三维薛定谔方程：

$$ih\frac{\partial}{\partial t}\psi(x,y,z,t)=\left[[-\frac{h^2}{2m}\Delta^2+U\right]\psi(x,y,z,t)$$

定态薛定谔方程：

$$-\frac{h^2\nabla^2}{2m}\phi(\bar{r})+V(\bar{r})\phi(\bar{r})=E\phi(\bar{r})$$

活着还是死去，这是一个问题

“薛定谔的猫”是薛定谔最著名的思想实验，也是最为世人所熟知的理论模型。薛定谔为了能更通俗地为大众解释抽象的量子力学思想，他利用这个思想实验，用人们日常生活中司空见惯的物体来比拟微观事物，试图诠释量子力学中深奥的理论思想，同时也通过这个实验，让普通大众认识到量子力学理论与宏观物体的经验常识是不能一概而论的。适用于宏观物体的经典力学思想在量子力学领域并不适用，只有认识到这一点，摒弃先前的惯性思维和逻辑，才有助于量子力学的思想被更多人所接受。

这个实验发生在一个假想的封闭的盒子当中，盒内有一只猫和一个与放射性物质相连的释放装置。在经历一段时间之后，盒内的放射性物质有可能发生原子衰变。如果放射性物质发生原子衰变，就会触发机关产生毒气，那么封闭在盒子里的猫就会死亡。如果放射性物质不发生原子衰变，则不会触发机关产生毒气。所以在打开这个盒子之前，我们是不能确定盒内的放射性物质到底有没有发生原子衰变，也就不能确定盒内的猫是死是活。也就是说，在打开盒子之前，这只猫可能活着，也可能死亡。

那么薛定谔为何设计这样一个以猫的生死为结果的实验呢？这是由于量子力学的相关理论，在观察之前，盒中的猫处于不死不活的叠加态，与主流常识不相符，这也就让绝大多数的人不能理解这种解释，也正是源于大众的这种不理解，所以把实验盒内的猫称为“薛定谔的猫”。为了让更多的人接受这种以量子力学为根本的理论，科学家设想出各种解释方案，但似乎并不能弥补这种主流认识与微观特异性之间存在的差异。甚至有的理论和设想不仅没有消除这些困惑，反倒增加了人们的疑问。比如格利宾本人所赞成的多世界解释，他认为在这个实验中，封闭盒子打开前有两种结果，猫已死或者猫仍旧活着，这两种结果分属于两个独立平行且真实存在的世界，只是我们的观察行为构成了我们的世界,并自动选择其中一种结果为我们所接受。

量子力学在20世纪取得了巨大的突破和发展,当然也是学术界当时最具争议的理论之一,大多数人不能接受量子力学理论,主要是由于它的不确定性,“薛定谔的猫”便是最好的一个体现。在这里我们引用爱因斯坦的一句话:上帝不玩骰子,但是量子力学让我们不得不相信,上帝似乎是玩骰子的。

著书立说

从薛定谔方程到薛定谔的猫,薛定谔这一生亲手创建了这两件作品为世人所惊叹,第一件作品颠覆了经典物理学,第二件作品则颠覆了整个宏观世界。

但大家更为惊叹的是,薛定谔坦言他的科学工作,往往并不是独创的,他总能捕捉其他先行者的一些创新性思想和理念,并加以系统地构建和发挥,从而构成第一流的学术理论。他的诸多著作《波动力学四讲》《统计热力学》《生命是什么》为自然科学和人类文明的发展都作出了巨大的贡献。《生命是什么》是当时诸多著作中,学术界广为推崇的一本书。在书中,薛定谔提出了三个富有创造性的观点:1)基因分子是一种“非周期性晶体”,并从微观层次上揭示了基因分子的结构特点及实质,这对后来詹姆斯·杜威·沃森(James Dewey Watson)和弗朗西斯·哈利·康普顿·克里克(Francis Harry Compton Crick)提出DNA的双螺旋结构也起到了一定的铺垫作用。2)“遗传密码”概念,是薛定谔将遗传机制的理论分析和细胞生理学试验成果相结合后,提出的一个产生巨大影响的新概念。薛定谔对遗传密码的结构、密码的复制和功能进行的分析,推动了后续确定生物界的遗传密码表的进程。3)“负熵”概念,即生命的本质在于它有能力将生物体系统内部的熵不断地处在低水平,就是具有从环境中不断取得“负熵”的能力。也就是说,生命的维持依靠从环境中汲取秩序,从而维持自身的有序状态。

薛定谔是被称为“量子力学之父”的几个人之一,位于月球背后的大陨石坑(GeoHack-Schrödinger)便以他的名字命名。1993年在维也纳成立的欧文·薛定谔国际数学物理研究所(Erwin Schrödinger International Institute for Mathematical Physics)也是以其名字冠名,纪念其在相关领域作出的巨大贡献。奥地利在1983—1997年间发行的1000先令钞票(为当时面额第二高的钞票)的正面即为薛定谔的肖像。2013年,为庆祝薛定谔诞辰126周年,谷歌设计了相关元素的google涂鸦展示在其网站首页。

▶ 图2　庆祝薛定谔诞辰126周年设计的google涂鸦

薛定谔的一生都在追寻科学的真知，而且一直在为世人传递一个理念，那就是即便之前一百次尝试都已失败，也不应该放弃到达目标的希望，要敢于执守对真理的信仰。

参考文献

[1]孙玉忠，张明雯．换一种方式理解科学——薛定谔的科学进步思想[J]．哈尔滨师范大学自然科学学报，2003，19(1)：110—112．

[2]王学建．波函数与薛定谔方程[J]．科技信息，2012(30)：125，122．

[3]马君，胡佳，杨涛．打开奖励的"薛定谔黑箱"：认知学派与行为学派的理论分野与整合[J]．外国经济与管理，2015，37(3)：27—39．

[4]杨建邺．薛定谔的猫：生死未卜[J]．书摘，2018(3)：102—105．

[5]向义和．薛定谔对基因性质的物理学分析及其思想影响：评介薛定谔的《生命是什么？——生命细胞的物理学见解》[J]．物理，2002，31(11)：741—746．

[6]刘学礼．薛定谔及其《生命是什么？》述评[J]．山东医科大学学报(社会科学版)，1991(3)：3—6．

[7]李升伟．薛定谔改变了人们对生物学的态度[J]．世界科学，2018(10)：57．

[8]葛志朴．聚焦生命：生命的本相与实像[J]．中国医学人文评论，2016(0)：107—109．

哈伯与合成氨

在化学史上有这么一位化学家，虽然他早已离开这个世界，但关于他的争论却从来没有停止过。赞扬他的人认为他是人类发展史上的伟人，他用空气生产粮食，使世界粮食大丰收。反对他的人认为他是给人类带来战争、灾难、死亡的恶魔。弗里茨·哈伯（Fritz Haber）就是这样一位集天使和恶魔于一体的人。

▶ 图1 哈伯

初显锋芒

1868年12月，哈伯降生在德国东部布雷斯劳（今波兰弗罗茨瓦夫）的一个从事着化学染料行业的犹太家庭。受家庭环境熏陶，哈伯自幼就表现出对化学的浓厚兴趣和在化学学习及研究上的天赋。中学毕业后，哈伯先后在卡尔斯鲁厄工学院、柏林大学、海德堡大学、夏洛腾堡工学院（现柏林工业大学）攻读化学专业，并于1891年获得有机化学博士学位。

1894年，哈伯到了卡尔斯鲁厄理工学院担任汉斯·本特（Hans Hugo Christian Bunte）的助手，并对烃的热分解进行了深入的研究，提出了著名的哈伯规则：芳香族化合物中，C—C键的稳定性强于C—H键，脂肪族化合物中则相反。1896年，哈伯任卡尔斯鲁厄工业大学的讲师，与勒金（H .Luggin）一起进行了热力学、电化学、人工固氮等方面的研究。经过几年的深入研究，化学巨著《工业电化学理论基础》《工业气体反应热力学》相继问世，被誉为“精确性和敏锐洞察力的典范”，在热力学研究上有着重要意义。

物理化学的巨人

哈伯一生最大的成就在于物理化学领域（尤其是电化学方面）和合成氨工艺。他是电化学和热力学史上里程碑式的人物，对化学和化工的发展作出了历史性的贡献。

在卡尔斯鲁厄理工学院开始接触并自学物理化学后，他立即将物理化学知识和自己擅长的有机化学联系起来，开展一系列关于硝基苯的还原反应的研究。1898年，哈伯在公开刊物中发表关于硝基苯的电化学还原的文章，指出电解池中阴极的电势决定了硝基苯的还原产物的种类,成功地解释了硝基苯的电解还原过程。哈伯提出氧化性和还原性强弱取决于电极电势的高低的观点,明确了电极电势的重要作用,修正了以往人们在电化学上的错误观点。这在电化学史上是具有划时代意义的开创性工作。1898年,哈伯的第一本化学巨著《工业电化学理论基础》问世,这本著作一经面世就震撼了整个科学界。

此外哈伯和好友马克斯·玻恩(Max Born)共同建立了著名的玻恩-哈伯循环(Born-HaBer cycle),用于计算物质的晶格能(U),为化学热力学的发展作出了突出贡献。哈伯发现在计算$H^+ + Cl^- = HCl$的反应热时,与玻恩的理论和应用循环计算的结果相比有很大的出入。为了解释这种出入,他创造性地提出了离子变形的观点,为卡西米尔·法扬斯(Kasimir Fajans)提出的离子极化理论提供了理论基础。

合成氨——哈伯的荣耀

19世纪末,人类开始生产化肥,但产量和效率都很低下。随着人口呈指数般的增长,粮食的增产跟不上人口的增长,人类对氮肥的需求变得越来越大,同时含氮化合物也是生产炸药的基本原料。因此,人工固氮的研究,在当时全世界都十分热门,许多研究人员耗费了大量精力和无数的资金,也没有找到合适的固氮方法。最终弗里茨·哈伯脱颖而出,成为了用空气制造面包的天使。

这一时期人工固氮的方式有三种。最先是以制取氰氨基盐的方式固氮。1898年,德国夏洛腾堡工学院教授弗兰克和他的助手罗特、卡罗、尼科德姆发现碳化钡在氮气中加热后有氰化钡和氰氨基钡生成,接着发现碳化钙在氮气中加热到1000℃以上,也能生成氰氨基钙。弗兰克于1900年发现以过热蒸汽水解氰氨基钙可以生成氨,建议将氰氨基钙用作肥料,并取得了制取专利。

第二种人工固氮方法是将氮气和氧气在电弧的作用下直接化合生成NO,再将NO和空气按照一定比例通入水中制得硝酸。

$$N_2+O_2=2NO$$

$$2NO+O_2=2NO_2$$

$$3NO_2+H_2O=2HNO_3+NO(2NO_2+H_2O=HNO_3+HNO_2)$$

……

第三种氮的固定是合成氨。早在18世纪,科学家就已经证实氨由氮元素和氢元素组成。到了19世纪中期,很多化学家就尝试着用氮气和氢气直接合成氨。他们采用了各种办法和催化剂,均没有取得成功,以至于很多人怀疑合成氨的可靠性。

随着热力学、动力学的飞速发展,合成氨有了理论基础。哈伯抓住时代机遇,最终发明了合成氨工艺。1904年,哈伯将铁催化剂装在陶瓷管中,在高温常压条件下进行实验,最后测得混合气体中生成了极少量的氨,体积分数在0.005%～0.012%之间。由于哈伯在热力学方面的敏锐嗅觉和极高天赋,他认识到合成氨是一个放热的可逆反应,高压低温有利于氨获得更高的平衡浓度,但过低的温度又会降低反应速率对氨的生成不利。他推断采用更大的压强,更高效的催化剂,同时让气体在合适的温度下循环,将产生的氨不断地分离出来,一定能够让合成氨工艺变成现实。因此,哈伯当时迫切地需要找到一种合适的高效催化剂,并在诸多相互对立的影响因素中找到对合成氨最有利的平衡点。在接下来的7年里,哈伯在卡尔斯鲁厄理工学院的实验室进行了多达数万次的实验,成功地解决了遇到的各种困难,证实了合成氨工艺固氮是切实可行的。1908年,他申请了名为"循环"(circulation)的专利,1909年申请了用锇和铀-碳化铀的混合物做催化剂的专利。

在凌永乐编著的《世界化学史简编》中有这样的记载:

1910年5月,哈伯终于在实验室取得了可喜的成果。他最初用锇做催化剂,在175 kg/cm^2、550 ℃下,在出口氢、氮混合气中得到8%的氨。又用铀-碳化铀作催化剂,在125 kg/cm^{2}和500 ℃下得到10%的氨。

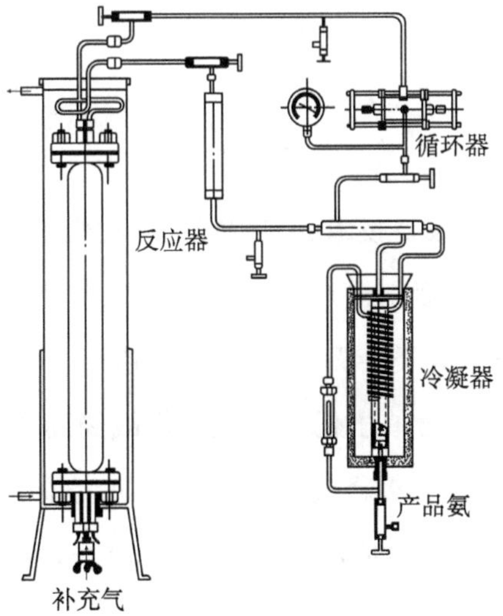

▶ 图2 哈伯等设计合成氨的工艺图

1909年7月，BASF公司的工业化学家卡尔·博施(Carl Bosch)来到卡尔斯鲁厄观看哈伯的合成氨实验。他为哈伯的实验感到震惊，出于一名优秀工业化学家的敏锐洞察力和直觉，博施看到了合成氨工艺的巨大前景和价值。于是，他和哈伯合作，着手将实验成果应用到工业生产，开展了大规模的工业试验。从实验室走向工业化生产从来都不是一蹴而就的，在这个过程中哈伯和博施遇到了很多的波折。所幸最终他们成功地解决了遇到的难题，制成了工业生产所需要的高压容器，开发出含少量钾、镁、铝和钙作促进剂的铁催化剂，解决了在高温高压下设备在机械方面遇到的各种问题。1913年，第一个合成氨工厂建立并投产，很快就达到了日产30吨的水平。至此，采取氰氨基盐和电弧法的生产工艺被彻底淘汰。

合成氨工艺在化学史上地位甚高，它的成功使全球粮食大丰收，推动了人类文明的进步。因为在合成氨工艺上的突出成就，哈伯与博施分别在1918年和1931年获得了诺贝尔奖。人类经历两次大战的洗礼后，和平与发展逐渐成为世界的主题。在战争期间用来制造炸药的氨气储备，被广泛地用于碳铵、硝酸铵和尿素等化肥的合成。合成氨工业极大地提高了世界粮食的产量，在人口爆炸性增长的20世纪，这一伟大的创举不知道使多少人从饥饿中死里逃生。即使在今天每年仍有几亿吨的氮肥是通过哈伯-博施法生产的，可以说没有哈伯和博施的发明，粮食产量将会减少一半，那么地球上接近一半的人将面临着死亡的威胁。可以说哈伯-博施固氮法是20世纪最伟大的发明之一。因此，不少人赞扬哈伯，“他是天使，为人类带来丰收和喜悦，是用空气制造面包的天使”，哈伯也被称为“化解世界粮食危机的化学天才”。

化学武器——哈伯的悲剧

科学是一把双刃剑，合成氨技术的出现促进了化肥工业的发展，使农业大丰收，但氨也能被氧化制备硝酸，进而制造炸药。充足的粮食、弹药，一个庞大的战争机器正在启动，没有人知道接下来人类会面临怎样的灾难。

第一次世界大战期间，哈伯出任德国化学作战局局长，是大规模化学战的“首创者”。1915年4月，德军在伊普雷释放剧毒的氯气，这是有记载的第一次毒气作战。为了最好地发挥毒气的杀伤力，哈伯甚至亲自抵达前线指挥毒气作战，造成了巨大的人道主义灾难。

哈伯为德国政府研制了各种灭绝人性的化学武器,并广泛地在战场上使用,造成了巨大的人员伤亡,是公认的臭名昭著的“现代化学战之父”,受到了各国科学家的强烈谴责。

荣辱与共

哈伯的“爱国主义”无疑是狂热和极端的,他是使用化学武器的鼻祖,战后他被联合国认定为战犯之一,在历史上留下了极不光彩的一页。但哈伯的合成氨工艺对人类社会和经济发展又起到了无法比拟的作用,为人类战胜饥饿作出了巨大贡献。因此,在1918年瑞典皇家科学院决定授予他诺贝尔化学奖。

哈伯是20世纪最具争议的科学家之一。回顾化学的发展过程,很多的发明成就都具有两面性,一方面如果用在了合适的位置,那就是人类之幸,丰富了人类的物质文明,可以让人们的生活更美好;另一方面,如果脱离良知的束缚,那么它也可能会给这个世界带来毁灭和灾难。

参考文献

[1]广田襄.现代化学史[M].北京:化学工业出版社,2018.

[2]邓玉良.一半是天使,一半是魔鬼:记德国著名物理化学家、化学战之父费茨·哈伯[J].化学世界,2003(8):446—448,434,425.

[3]张清建.弗里兹·哈伯:一代物理化学巨匠[J].自然辩证法通讯,2009,31(2):81—88,109.

[4]J.R.柏廷顿.化学简史[M].北京:中国人民大学出版社,2010.

[5]凌永乐.世界化学史简编[M].沈阳:辽宁教育出版社,1989.

[6]贺炳昌.哈伯及世界上第一座合成氨厂[J].化学通报,1984(9):57—59.

[7]张家治.化学史教程[M].太原:山西教育出版社,2019.

[8]周程,周雁翎.战略性新兴产业是如何育成的?——哈伯-博施合成氨法的发明与应用过程考察[J].科学技术哲学研究,2011,28(1):84—94.

[9]余秀峰,郝海望,黄水根,等.现代化学战之父——弗里兹·哈伯[J].军事史林,2014(4):35—38.

[10]罗伯特·哈里斯,杰里米·帕克斯曼.杀人魔法——毒气战和细菌战秘史[M].路明军,译.北京:群众出版社,1988.

有机合成的能工巧匠——伍德沃德

我爱水晶，爱它们的美丽形式，或好或坏的气味，彩虹般的颜色，各种大小形状的容器，正如我对化学的感觉一样。

——伍德沃德

1979年7月8日，罗伯特·伯恩斯·伍德沃德（Robert Burns Woodward）教授因患心脏病突然逝世，这让世界化学界感到极其惋惜和悲痛。作为有机合成的能工巧匠和艺术大师，首次提出二茂铁夹心式结构的化学家，伍德沃德因在有机合成和分子结构方面的突出贡献于1965年获得了诺贝尔化学奖（图1）。

▶ 图1　伍德沃德喝香槟庆祝获得诺贝尔化学奖（1965年）

从天才少年到诺奖得主

伍德沃德于1917年4月10日在美国波士顿出生，从小对化学就有着浓厚的兴趣。1933年，他以优秀的成绩考入麻省理工学院学习，并沉浸在图书馆和实验室，以至于忽视了必修课和体育课的学习，导致他受到退学处分。一年后学校考虑到伍德沃德在化学方面的特殊才能，准许他重新入学。麻省理工学院化学教授詹姆斯·弗莱克·诺里斯（James Flack Norris）作为伍德沃德的盟友，曾评价道："伍德沃德拥有不同寻常的头脑，不应该限制发挥他的聪明才智。"凭着努力学习和刻苦钻研，他于1936年获得了学士学位，并直接攻读博士学位。1937年，年仅20岁的伍德沃德只花了一年便获得博士学位，完成了普通人六年时间才能完成的壮举。伍德沃德传奇的求学经历体现了他的智慧与勤奋，也为他今后取得卓越贡献打下了坚实的基础。

次年秋天，伍德沃德在哈佛大学担任助教，将重心投入至有机化学研究。1941年和1942年，伍德沃德将α,β-不饱和酮和共轭二烯的紫外光谱与分子结构联系起来，在化学界引起轰动，该研究后来被称为Woodward-Fieser规则。与此同时，他积极地将光谱分析、色谱分析等现代分析技术用于推动有机化学的发展。

1944年，盟军被切断了疟疾治疗药物的供应渠道。为了打破封锁，伍德沃德与威廉·冯·埃格斯·多林（William von Eggers Doering）一同合成了疟疾治疗药物——奎宁

(Quinine)(图2),并因此举世闻名。生命杂志刊登了伍德沃德和多林在实验室中的精美照片,标题为"奎宁:两个青年化学家终结了一个世纪用煤焦油合成药物的探索"。即使他们的合成路线存在实施难度,如此美丽的合成策略也是不可否认的。从此,伍德沃德走上了天然产物合成的道路,并使天然产物的结构测定前进了一大步。1952年,他与杰弗里·威尔金森(Geoffrey Wilkinson)一起提出了二茂铁结构。1963年,瑞士制药公司Ciba在巴塞尔建立了伍德沃德研究中心,并聘请伍德沃德为第一任所长。伍德沃德继续在全合成的道路上快速前进,完成了维生素B-12全合成等的重大突破。有机合成领域的杰出成就使得伍德沃德获得了1965年诺贝尔化学奖。

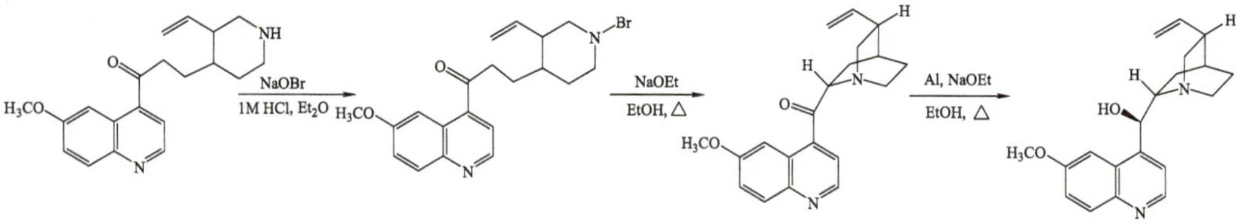

▶ 图2　奎宁(Quinine)重要的三步合成路线

有机化学的战略家

与同时代的化学家相比,伍德沃德在有机合成领域的研究具有开创性与革命性。"当伍德沃德还是个年轻的化学家时,人们通常用类似产物的化合物作为原料,通过已知的反应制成产物。"普林斯顿大学的有机合成化学家埃里克·索伦森(Erik Sorensen)说,"伍德沃德以他的知识使他的许多设计变得不常见。他是少有的通过机械类比推理来改变游戏规则的化学家之一。"伍德沃德在1956年合成了应用广泛的降血压药物利血平(Reserpine)(图3),这一工作被许多化学家指出是天然产物全合成的最精彩部分。伍德沃德使用简单的试剂即可构建利血平的复杂结构,并在最后的合成方法中,通过强迫中间化合物进入不利的构象,使其差向异构为正确的立体异构体。伍德沃德还在甾体化合物方面做过大量的工作,在1951年合成了胆甾醇(Cholesterol)和皮质酮(Cortisone),这为甾体化合物的合成提供了很好的思路。另外,伍德沃德在研究甾体化合物的过程中,还发明了一种合成邻位二醇的新方法,即用醋酸汞和碘氧化碳碳双键。这一反应对顺式邻二醇有很好的立体选择性,被称为伍德沃德人名反应,彰显了伍德沃德在合成方法上的创新突破。

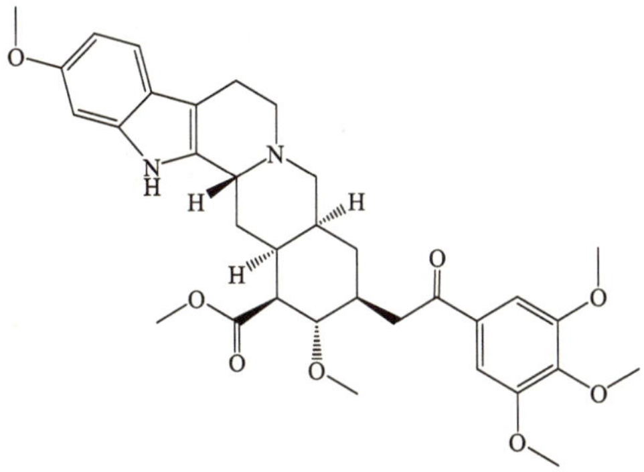

▶ 图3　利血平(Reserpine)的分子结构

在抗生素方面伍德沃德也有很好的建树。1952年，其确定了氯四环素和强碱四环素的分子结构。1968年，他在此基础上成功地合成了6-去甲基-6-去氧四环素，为一系列四环素的合成提供了很好的模板。1966年，伍德沃德成功地合成了头孢菌素C（图4）。抗生素是人类医学史上划时代的发现，挽救了无数人的生命，人工合成抗生素极好地解决了其短缺的问题。

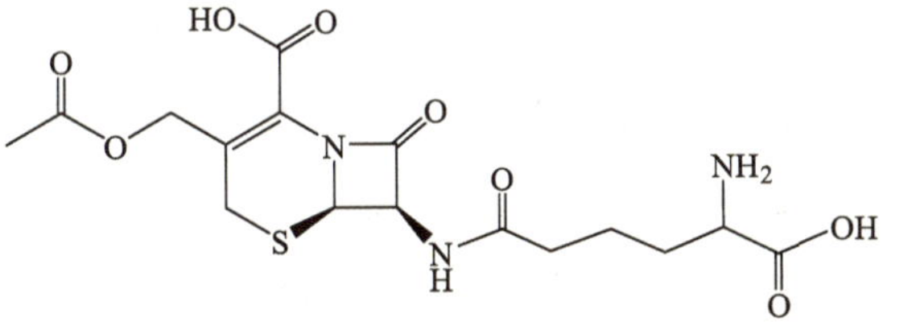

▶ 图4　头孢菌素C(Cephalosporin　C)的分子结构

1964年，伍德沃德与理论化学家罗德·霍夫曼（Roald Hoffmann）合作，发现了著名的伍德沃德-霍夫曼规则。该规则说明了分子轨道对称性守恒原理，能指导周环化反应。1981年，也就是伍德沃德去世两年后，霍夫曼因此获得了诺贝尔化学奖。

分子世界的启蒙者

伍德沃德的思想很深邃，他很少透露自己在想什么，因为他会通过自己的方式解决问题或制定策略。康奈尔大学化学教授和伍德沃德的合作者霍夫曼说："他很忙，我们很难获得伍德沃德的时间。但是当你和他交谈时，你会感到他的注意力都集中在你对他说的话上，全神贯注。没有太多的话，但是你会感到他在深入思考。"

"伍德沃德的智慧常在他著名的星期四晚上的研讨会上展现。研讨会于晚上8点开始，持续到星期五早上的凌晨。”牛津大学化学家亚历山大·罗伯兹·托德（Alexander Robertus Todd）在伍德沃德的传记回忆录中写道：“研讨会上出现了许多绝妙的想法，这些想法显然是自发的，没有预测的。并且至少给听众的印象是需一瓶威士忌和几包香烟才能产生出色的想法。”

达特茅斯学院化学教授戴维·勒马尔（David Lemal），曾经是伍德沃德小组的研究生，他回想起星期四晚上一个特别的研讨会。当时另一位似乎无缘获得学位的研究生提出了对德国化学家奥托·迪尔斯（Otto Diels）关于大量不同反应研究的困惑。在其介绍之后，伍德沃德让在场的每个人都尝试弄清楚实际情况。经过90分钟的沉默，伍德沃德起身走向黑板，从头到尾非常清晰地重新解释了这项工作，并让这位要毕业的研究生用现代分析方法重复这项工作。该名研究生后来证实了伍德沃德的结论，并顺利毕业。这说明了伍德沃德渊博的知识，活跃的思维，对研究方向准确的掌控能力。

剑桥大学的有机化学家伊恩·弗莱明（Ian Fleming）曾经是伍德沃德的博士后，弗莱明曾经说道：“伍德沃德为什么做得这么好？就是因为他比其他任何人都花费更长的时间来思考问题，他认为通过思考问题，可以获得比想象远得多的知识。”弗莱明回忆起他与另一名博士后让-马里·莱恩（Jean-Marie Lehn）抵达哈佛的情形。两位年轻的化学家向伍德沃德做了关于维生素B-12合成项目的报告。伍德沃德介绍了研究情况，让弗莱明和让-马里不要沿用他的想法。弗莱明很幸运能在担任博士后期间经常与伍德沃德谈论化学问题，他提道：“小组中其他人没有获得过这种待遇，因为他们所做的事情并没有促使伍德沃德思考，所以他并不那么感兴趣。他就是那样，喜欢与爱思考的人讨论科学问题。”

几十年过后，伍德沃德所做的化学反应在很大程度上已经失宠。但哈佛大学的生物化学家斯图亚特·施莱伯（Stuart Schreiber）对此评论道：“这对于一个发展呈指数增长的领域来说是可以预期的。另一方面，我认为有机化学的内在美激励了今天的许多年轻学生，伍德沃德在有机化学领域扮演着启蒙者的作用。尽管我们并不十分依赖他提供的工具和见解，但伍德沃德在我们的领域仍然是灵魂般的存在。”

现实世界的艺术家

走进哈佛大学的化学图书馆，研究生可以在化学文献中窥见伍德沃德的样貌。伍德沃德喜欢抽烟，以至于在图书馆中与患有肺气肿的威廉·利普斯科姆（William Lipscomb）教授有矛盾。经人调解后，伍德沃德打算用蓝色墨水在整个图书馆张贴“禁止吸烟”标语来抑制自己吸烟。因为他对蓝色有传奇之爱。他穿着蓝色西服，打着蓝色领带，开着蓝色的车，他的学生们画了一个蓝色的矩形来标示他的停车位。

他的演讲题目总是“在天然化学产物上的最近进展”，一般持续三个小时以上。哈佛大学化学教授弗兰克·韦斯特海默（Frank Westheimer）在书中写到：“罗伯特·伯恩斯·伍德沃德：建筑师和分子世界的艺术家。基于伍德沃德追求完美的动力，如果一个主题需要三个小时才能正确解释，那么他会解释三个小时。”

伍德沃德曾给一位名叫艾伦·霍斯（Allen Hoos）的高中生回信。霍斯信中问道：“为什么自从他打算成为化学家以来，他必须学习那么多的英语？英语在化学领域重要吗？”伍德沃德回信说：“对于化学家来说，用清晰有力的英语表达他的想法、实验和结论是非常宝贵的财富。此外，由于思想的表达必然涉及文字的使用，因此科学家掌握一门通用的语言，可以使得他的思想和结论更有效、更强大、更容易被人接受。”里士满大学杰弗里·西曼（Jeffrey Seeman）先生感慨：“伍德沃德的回应令人感动。不仅是因为回应的周到性，还因为他会花时间挑选出一封信。这是伍德沃德慷慨分享的精神、学术和文化。”

伍德沃德穷其一生展现了他在有机化学领域的卓越才能与个人魅力。作为现代有机合成之父，他在有机化学史上留下了浓墨重彩的一笔！

参考文献

[1] Happy Hundredth, Robert BurnsWoodward [J]. Cen. ACS. Org.2017,95(15):28-34.

[2]Woodward. R. B., Structure and the Absorption Spectra of α, β-Unsaturated Ketones[J]. Journal of the American Chemical Society.1941,63 (4):1123-1126.

[3] Woodward. R. B., Structure and Absorption Spectra. III.

Normal Conjugated Dienes[J].Journal of the American Chemical Society.1942,64 (1):72-75.

[4]Woodward.R.B.,Doering.W.E.,The total synthesis of Quinine 1[J].Journal of the American Chemical Society.1944,66 (5):849.

[5]Wilkinson.G.,Rosenblum.M.,Whiting.M.C.,Woodward.R.B.,THE STRUCTURE OF IRON BIS-CYCLOPENTADIENYL[J].Journal of the American Chemical Society.1952,74(8):2125-2126.

[6]Woodward.R.B.,The total synthesis of vitamin B12[J].Pure Appl Chem.1973, 33(1):145-178.

[7]Woodward.R.B.,Sondheimer.F.,Taub.D.,THE TOTAL SYNTHESIS OF CHOLESTEROL[J].Journal of the American Chemical Society.1951,73 (7):3548.

[8]Woodward.R.B.,Sondheimer.F.,Taub.D.,THE TOTAL SYNTHESIS OF CORTISONE[J].Journal of the American Chemical Society.1951,73 (8):4057.

[9]Korst.J.J.,Johnston.J.D.,Butler.K.,Bianco.E.J.,Conover.L.H.,Woodward.R.B.,The total synthesis of dl-6-demethyl-6-deoxytetracycline[J].Journal of the American Chemical Society.1968,90(2):439-457.

[10]Woodward.R.B.,Heusler.K.,Gosteli.J.,Naegeli.P.,Oppolzer.W.,Ramage.R.,Ranganathan.S.,Vorbrüggen.H.,The Total Synthesis of Cephalosporin C1[J].Journal of the American Chemical Society.1966,88(4):852-853.

[11]Woodward.R.B.,Hoffmann.R.,Stereochemistry of Electrocyclic Reactions[J].Journal of the American Chemical Society.1965,87(2):395-397.

鲍林与化学键的本质

好奇心和活跃的想象能力是科学家的宝贵财富。

——鲍林

▶ 图1 青年时的鲍林

1901年2月28日，在“玫瑰之城”美国俄勒冈州波特兰市，莱纳斯·卡尔·鲍林(Linus Carl Pauling)——一位伟大的科学家诞生了。鲍林在量子化学和结构生物学方面的高深造诣，使他成为一位杰出的化学家和生物学家。1954年和1962年，独自一人捧走两种不同诺贝尔奖项的鲍林被后世学者誉为“第一流天才”和“和平老人”的称号。近百年的生命历程中，鲍林不仅是20世纪辉煌科学史的见证者，更是成果卓越的参与者，如从量子力学角度首次对化学键的本质进行全面描述，发现蛋白质的多级结构，启示并参与揭示DNA结构的研究，推进结构化学、量子力学等多门学科的长足发展，也为医药科学领域贡献了不菲的价值。

成才之路

鲍林出生在一个平常的药剂师家庭，年幼好学的鲍林在父亲开的药店里耳濡目染，接触了一些新奇的操作和药品，对药物的配制产生了浓厚的兴趣。在鲍林不到10岁时，父亲因病去世，使得鲍林的家庭陷入了困境。但正是这种困境，使鲍林比其他同龄人多了几分进取之心，这也为他今后的“开挂人生”做好了铺垫。

偶然的机会，鲍林认识了他的启蒙老师——捷夫列斯。在捷夫列斯的实验室，鲍林见到了许多神奇、震撼的化学实验，这让鲍林感受到了物质变化之奇幻，也让鲍林幼小的心中萌生了对化学的兴趣，最终引导他走上化学研究的道路。

1917年，鲍林考入俄勒冈州农学院化学工程系，但高昂的学费使得鲍林不得不辍学，所幸打工一年后，鲍林又重回大学。为了勤工俭学以补贴家用，鲍林在农学院接受教育的同时，也成了定量分析师的兼职助手。如此经历，让年轻的鲍林格外重视学习机会，加倍努力。

1922年，鲍林顺利获得了化学工程理学学士学位，并考上了加州理工学院，师从著名的物理化学和分析化学家诺伊斯。而后，鲍林在诺伊斯的推荐下成为了著名科学家罗斯科·迪肯森的学生。在此期间，鲍林主攻X射线对晶体结构的研究，深入学习了物理化学、数学和物理，同时对化学键的理论也有涉猎。由于当时缺乏有效的工具和理论支撑，化学键理论并不能完美解释一些化学物质的结构。为了解决这一难题，鲍林开始兼修原子物理、结构化学、物理化学、数学、生物学等多门学科。

皇天不负有心人。1925年，鲍林凭借自己的努力顺利取得了化学、哲学博士学位。化学工作者在学习研究中就是要对化学物质的组成、结构、性质三者的关系有充分的认识和理解。鲍林为了寻求突破把目光聚焦到了物质结构上，他认为物质结构是打开人们对化学全面认识的关键钥匙，而且他还关注到量子力学在分子结构和化学键问题中的应用。于是，鲍林的博士后工作便在慕尼黑的量子革命的中心——索末菲的理论物理研究院开展了。鲍林在理论物理研究院用了13个月研究波动力学，后辗转于索末菲实验室、玻尔实验室、薛定谔实验室和德拜实验室等当时最著名的科学实验室。其间，鲍林深入学习了量子力学，并尝试用量子力学的手段来阐述化学键的相关问题。

化学贡献

1927年，鲍林从欧洲回到美国加州大学，开始了教学和研究生涯。鲍林是一位极富创造力的教师，他重视知识的讲授方法，让知识更通俗易懂。囿于传统化学键理论的不完备性，甲烷分子正四面体结构的成因无法得到合理的解释。于是，鲍林引入杂化轨道理论，有效地解决了甲烷中各原子的成键问题：在甲烷分子中，碳、氢原子的s轨道和p轨道经混杂、叠加而成“杂化轨道”，杂化轨道对称均衡地对能量和空间进行分布，所以甲烷分子呈正四面体结构。

在有机化学结构理论教学中，鲍林引入共振概念，将经典结构理论与量子力学结合。由于易于理解的共振理论可解释诸多有机分子的结构问题而受到了广泛的欢迎。除此之外，还有共价半径、金属半径、电负性标度等概念被鲍林一一提出，这些经典的理论一直是中学和大学课本的必修内容。最为著名的当属鲍林在1931年发表的《化学键的本

▶ 图2 《化学键的本质》

质》，这篇巧用量子力学的观点解释化学键本质的论文，让32岁的鲍林斩获了美国的朗缪尔奖，并当选美国科学院院士。鲍林因"阐明化学键的本质并用于复杂分子结构的研究"，获得了1954年诺贝尔化学奖。

生物贡献

获得诺贝尔化学奖后，鲍林开始生物医学方向的研究。他在分子学的基础上首次提出"分子病"概念，并在酶催化、抗原与抗体以及DNA复制的研究中也有诸多建树。1948年，身患感冒躺在病床上的鲍林，看着输液表里的成分，联想到自己对有机分子的研究和测量，便用纸折叠了一个平面肽键以自娱，意外发现按每3.6个残基为一周旋转可得到一个令人满意的螺旋结构。于是，鲍林总结了一个稳定的蛋白质二级结构的方法，他指出由于氢键在某些氢原子间的连接作用，使得氨基酸长链中长的肽键能够稳定地呈螺旋状缠绕，最终搭建出蛋白质二级结构模型。其中的α-螺旋和β-折皱两种二级结构，均在球蛋白晶体结构中找到，这一发现极大地助力了蛋白质空间构象的完善。鲍林的研究方法及结果，有效启发了正在研究遗传密码DNA结构的沃森和克里克两人，最终两人通过DNA的X射线衍射图谱，成功得出DNA的双螺旋结构。

呼吁和平

1945年8月，在日本广岛爆炸的原子弹的威力给全人类心头埋下了一抹阴霾。随着科技的进步，越来越多的国家掌握了原子弹的研制技术，全世界范围内核战争爆发的概率会大大增加。1946年，一个由爱因斯坦发起，众多科学家参与，旨在通过科学家们联名呼吁抵制核武器的"原子能科学家紧急委员会"成立了，秉承科研成果不应用于战争这一观点的鲍林自然也在其中。

1952年，鲍林由于护照缺失而间接错过了DNA双螺旋结构的发现，这正是由于美国政府怀疑他和美国共产党人有染，认为给他发护照违背了美国的利益而造成的。更为可笑的是，美国当局竟拒绝了鲍林领取诺贝尔奖的出国申请，当时的尴尬局面可想而知。这种种迫害和打击并没有摧垮鲍林反对核武器的决心，反而让他成为了一名坚定的"反核"战士。1955年7月，为反对地面核试验，鲍林同众多科学家一起积极签署了著名的罗素—爱因斯坦宣言。鲍林还通过联合国，将反核的呼声传遍了全世界。同年，他在《不要再有战争》一书中展示了丰富的涉核资料，让全世界人民了解了核武器对人类的威胁。1963年，鲍林因单枪匹马挑动全球反核热情和不折不挠的斗争精神，以及长期对核武器的抵制和为世界争取长久和平所做的贡献，获得了诺贝尔和平奖。这是全球和平人士给予这位坚定的反核斗士的最高荣誉，也成了鲍林生命中的高光时刻。

维生素之争

老年的鲍林是维生素C的狂热者，他推崇服用超大剂量的维生素C可有效地抗癌、抗病毒并有助于维持人体健康。他认为人类为了生存，可能在维生素C缺乏时期（即新生代第四纪冰川时期，距今150万年左右），在体内形成了一种特殊的机制——由肝脏制造出脂蛋白(a)并在受损的动脉壁沉积。脂蛋白(a)的出现极有可能是基因对血管渗漏采取的对策，从而挽救了濒临灭绝的物种。鲍林结合自己多年的经验和研究，坚信维生素C对人体健康发挥着重要的作用，并于1970年推出了《维生素C与普通感冒》一书，每天1000毫克或更多的维生素C是病毒的克星，是预防感冒的一剂良药。

由于缺乏医学实验，绝大多数医学专家反对鲍林的说法，许多权威机构不建议公众在感冒或者预防感冒时大剂量地使用维生素C。即使当时的鲍林在美国有极高的知名度，也难免陷入孤军奋战的艰难处境。但鲍林仍然坚持己见，并认为维生素C可辅助癌症的治疗，还能延长寿命。直到90年代初，新的自由基理论的出现让鲍林的主张得到了更多人的认同，直到今天科学界关于维生素C的剂量和作用仍在不断变化。许多医学机构逐渐提升了人体每日应摄取维生素量的上限，从原来建议的60毫克调整到了现在流行的2000毫克；许多医学专家认为大剂量维生素C有抗癌作用，现在在许多癌症患者的治疗中，高剂量的维生素C也常被用来作为治疗的辅助手段……

▶ 图3　伏案工作时的鲍林

如今，更多的专家和学者所秉持的观点都在向鲍林当年提出的观点倾斜。反观鲍林在维生素C问题的抗争历程,无论他的说法是否经得起未来的检验,他勇于抗争和不懈追求的精神值得我们一直学习。

巨星陨落

1994年8月19日,鲍林罹患癌症在自家农场去世,享年93岁。两次单独获得诺贝尔奖,对基础化学作出的巨大贡献,对量子力学的继承和开拓,以及对生物医学领域的发展和推动,鲍林完全配得上"20世纪最杰出的科学家之一"的称号。纵观鲍林的一生,他虽曾家道中落,遭受迫害,也曾备受嘲弄,但他身上所体现出来的求学精神、探究意识和科研能力仍值得推崇。

参考文献

[1]褚廷夫.有"第一流天才"与"和平老人"美誉的鲍林[J].化学教学,1998,(6):10—11.

[2]约翰·范顿,阿莱克斯·沃尔夫,安妮·鲁内,等.世界上最伟大的科学家[M].金欣,译.哈尔滨:黑龙江科学技术出版社,2008.

[3]袁振东.鲍林关于共振论的研究策略和教学策略[J].大学化学,2004,19(4):59—62.

[4]佩鲁茨,高滋.化学大师鲍林[J].科学,1997,49(5):39—42.

[5]唐有祺.回忆我的恩师林奈斯·鲍林[J].世界科学,1996,(12):36—37.

[6]约翰·西蒙斯.科学家100人:历史上最具影响力的科学家排行榜[M].王首燕,姜栋,译.北京:当代世界出版社,2006.

[7]劳拉·卡尔帕金.你的回忆价值百万[M].韩云旭,江茫,译.北京:国际文化出版公司,2023.

[8]朱红军,王兴涌.有机化学(中文版)[M].北京:化学工业出版社,2008.

[9]张科生,黄山鹰.人类抗坏血酸(维生素C)遗传缺陷学说暨人类第一病因学说(下)——五个关于维生素C的重大发现及其对人类健康的深远意义[J].医学与哲学(人文社会医学版),2006,27(8):61—64.

[10]谢良民.减脂塑形200问[M].上海:上海科学技术文献出版社,2021.

[11]张科生.维生素C发现之旅:揭秘我们为什么生病[M].南京:东南大学出版社,2012.

范旭东:工业先导,功在中华

以能服务社会为最大光荣。

——范旭东

时局动荡　上下求索

▶ 图1　范旭东

1883年10月24日,在湖南省湘阴县范家私塾的范先生家,迎来了他们的第三个孩子,取名范源让,长大后又改名范锐,字旭东。

1901年,戊戌变法失败后,范旭东到日本开始了留学生活,1908年考入日本京都帝国大学应用化学系。但是,中国学生并不被当时的日本高等教育界看好,时任校长对他说:"等到你学有所成,估计中国早就已经彻底灭亡了。"求学时的经历和言语严重地刺激了年轻的范旭东,甚至直接影响了他的事业和一生。

食盐,化学名称氯化钠,是老百姓日常生活中最基本的物资,被称为百味之首,也是化学工业的基础原料。在那个时代,中国被西方列强称为"食土民族",因为当时的日本和欧美国家已经明文规定,氯化钠的含量低于85%的食盐不能直接用于加工动物和牲畜的饲料,然而那时中国大部分地方的人们还在食用一些氯化钠含量低于50%的食用盐。当时欧美和日本企业垄断了中国精制食盐的加工市场,并通过各种手段限制中国盐业的发展。在这样的背景下要想发展中国自己的现代盐业,并不容易。

盐厂为基　工业起步

1913年,范旭东前往欧洲考察各国的沿海盐厂,夜以继日地收集和整理各种数据资料,准备在回国之后向政府申请拨款,筹办精盐加工厂。然而范旭东回国后却被政府泼了一头冷水,政局发生了变化,新任的财政总长再也不提任何有关政府办厂的事情了。当时的范旭东完全可以选择留在财政部任职,拿着丰厚的薪酬,过着上层人士的生活，而不用一个人去四处奔走。在那个动荡的战争年代里，这样的工作是许多人求而不得的，但是范旭东不想这样过完一辈子，他决定放弃政府的工作，离开作为政治中心的北京，自己动手创办一家盐厂。

范旭东一个人跑到了天津塘沽的一个盐田区去考察，并租了一间渔民的房子暂时住了下来，天天在这里研究各种加工精制食盐的工艺，经过了一段时间的摸索，终于将盐水的纯度提升到了90%以上。范旭东觉得自己办厂的事情不能再拖了，必须尽快行动。亲戚朋友解囊相助，共为范旭东筹得了五万元资金。1914年7月，范旭东宣布久大专业化工精盐公司正式成立，并在天津的塘沽工业区买下16亩土地作为厂房。1915年厂房竣工，开始正式投产，从最初的年产3万吨加工食盐，到后来的5万吨，再到后来的年产50万吨，久大精盐厂很快成为了当时我国最大的专业精制加工食盐的生产经营单位。

酸碱两翼　永利腾飞

20世纪20年代前，中国普通百姓的穿着大多以粗麻布衣居多，颜色灰白，色彩单调，这主要是由于当时国内的印染工业不发达，因为在印染过程中需要用到大量的碱，而当时国内无法生产这种碱。这种碱叫作碳酸钠，俗名纯碱，是印染工业的重要原料，当时的食盐制碱技术由西方发达国家完全掌控并垄断。1867年，比利时工程师欧内斯特·索尔维(Ernest Solvay)设厂制造的纯碱产品在法国巴黎的世界博览会上首次获得了金质奖章，此法被正式命名为比利时索尔维法，又名索氏食盐制碱法。用这种方法制碱成本缩减，质量上佳，使纯碱得以低廉的成本大批量地生产。由于索尔维和西方国家严密的管理方式，禁止对其他国家提供制碱技术，他国根本无从得知制碱的具体生产模式。当时整个中国食品市场需要大量的纯碱，但中国市场上的价格几乎全部由一位来自英国的商人说了算。

第一次世界大战期间，物流运输变得困难，产品进口量大大减少。英国商人见势立即将中国地区的纯碱价格提高了8倍，迫使中国使用洋碱作为主要原料的肥皂、造纸等化工企业纷纷停产倒闭。范旭东意识到，纯碱作为中国的工业生产之本，中国的制碱化工业不能完全依赖于欧美。已经成功创建了盐厂并积累了一定经验的范旭东，于1917年在当时的天津塘沽着手投资筹建永利制碱厂。范旭东在创办永利制碱厂时所面临的困难之大,是难以想象的,制碱厂所需要的技术和资金成本远远超过了当初的久大精盐厂。1924年8月13日,在经历了艰难的碱厂创建时期后,永利制碱厂终于出厂了第一批产品碱;大家满怀期待地守在出碱口等着庆祝这个辉煌的历史时刻,然而现实很残酷,大家并没有等来一片白花花的纯碱,等来的只是红黑两色相间的不合格红碱。这让在场的所有人大失所望,尤其是永利制碱厂的股东们,他们在永利制碱厂已经花费了两百多万元的资金,是整个永利制碱厂注册资金五倍以上,所有人都希望这次投资能够一次取得成功,缓解一下前期资金方面的压力。可是生产出来的这一堆堆完全不合格的红碱直接击溃了他们的信心和希望。他们怨声四起而且不愿意再对公司继续进行投资,并且纷纷指责范旭东和侯德榜等技术部门负责人。在这进退维谷之际,范旭东力排众议,选择了支持技术负责人侯德榜继续进行研究,找出碱的颜色问题,改良碱的生产工艺。两年后,1926年,永利碱厂第二次公开出碱,终于成功地生产出洁白的纯碱,纯碱中碳酸钠含量超过99%,其质量甚至超过了当时的英国公司生产的洋碱。随后,在美国费城举办的万国化工博览会上,永利制碱厂研发生产的“红三角”牌纯碱一举夺得金奖,令世界瞩目。

酸和碱是现代化学工业的两翼,在永利制碱厂基本稳定下来后,范旭东开始考虑再创办一座大型的制酸厂。1930年,恰逢当时南京国民政府的实业部开始计划在南京筹办中国第一家大型的硫酸铵厂,范旭东主动承接了这一个艰巨的酸厂建设任务。1934年永利制碱厂正式更名为永利化学公司,开始筹办永利酸厂的设备和材料。经过两年多的不懈努力,1936年10月,一座大型硫酸铵厂在江苏省南京市的长江中下游竣工,设计生产的规模达到了日产硫酸200吨,硝酸50吨,年产硫酸铵5万吨,并于次年正式投产。这座硫酸铵厂是当时整个中国乃至亚洲规模最大、产量最高的制酸厂,其先进的生产设备和技术已经达到了世界一流水平。

艰难困苦　玉汝于成

但是好景不长,1937年抗日战争爆发,久大精盐厂和永利制碱厂以及永利酸厂都受到了战争的重创。日本政府企图与久大以及永利合作,或者买下这几家企业,但是均遭到范旭东的拒绝,于是日本政府便下令军队疯狂轰炸这些工厂,厂区受到严重的破坏。范旭东带领厂里的技术人员和工人,携带着拆卸下来的能带走的重要设备和设计图纸，分批次撤退，重新选址建厂。经过一路的坎坷和波折，最终在四川省犍为县重新建立了新的碱厂，称为“新永利”。然而碱厂在四川的生产遇到了新的问题，原来的厂制碱时，采用的是索尔维制碱法，原料中的食盐和石灰石都比较便宜，产品纯度高，副产品氨和二氧化碳都可以循环使用，步骤比较简单，适合大规模生产，但是食盐的利用率不高，大概只有70%。对于之前的制碱厂，食盐来自海水较为方便，成本也比较便宜，但是在四川的新制碱厂食盐只能来自井盐，其生产成本远高于海盐，如果利用率还是维持原来的状况，那么生产成本将会大幅提升，产品的市场竞争力将会大幅度地下降。

为了降低生产成本，范旭东和侯德榜带领技术人员又开始了新的研究，他们前前后后总共进行了五百多次实验，分析了两千多个样品，终于在1940年提出了一条新的生产路线——联合制碱法。该生产工艺是将氨碱法和工业合成氨两条生产线联合起来，同时生产纯碱和氯化铵两种产品。生产原料仍然主要是食盐、氨和煤气中的二氧化碳，然而却大大地提高了生产效率和原料的利用率，使得这家新成立的碱厂熬过了最为艰难的一段时间。

商之大者　为国为民

然而，就在抗日战争胜利不久，1945年10月4日，范旭东因辛勤工作突发心脏疾病在重庆逝世，时年61岁。当时正在重庆谈判的毛泽东主席亲自题写了“工业先导，功在中华”的挽联。范旭东一生为振兴中国的化学工业，奋斗四十余年直到生命的最后一刻，他的这种全心报国从不为私的精神和人格魅力，使得一大批当时的顶级学者纷纷聚集在他的身边，比如孙学悟、侯德榜、陈调甫、李烛尘等，形成了当时最著名的全国性化学和工业研究技术机构，这个团队的绝大多数成员在新中国成立后成为了推进国家现代化建设的骨干力量。

参考文献

[1]李玉.范旭东爱国创业思想和实践的特点[J].船山学刊,1996(1):168—177.

[2]知峰.范旭东——我国化学工业的拓荒者[J].中国科技史料,1980(3):2—9,19.

[3]曹明.化工先导——范旭东[J].国企管理,2019(Z2):64—67.

[4]赵津,李健英.不能忘却的“范氏情结”——范旭东和他的永利事业[J].近代中国,2008(0):399—415.

[5]孙建昌.“永、久、黄”创始人范旭东[J].档案与史学,1998(2):49—56.

[6]高寒.“化工之父”的实业救国路——民族实业家范旭东的成功之道[J].宏观经济管理,2011(8):65—67.

[7]赵志.盐碱工业先驱——范旭东[J].盐业史研究,1989(4):52—55.

[8]林昌铋.爱国化工实业家——范旭东[J].化学教学,1995(4):12—13.

[9]吴晓波,范旭东:商之大者为国为民[J].共产党员(河北),2017(14):60—61.

侯德榜：制碱工业的“解密者”

在化学的领域内是没有废物的。

——侯德榜

生逢乱世　书生报国

▶ 图1　侯德榜

侯德榜，字致本，1890年8月9日出生在福建省闽侯县一个农民家庭。侯德榜自幼聪慧过人，6岁上学，1911年考入北京清华留美预备学堂，1913年前往美国麻省理工学院留学，1917年获化学工程学士学位，1921年于哥伦比亚大学获得博士学位。毕业后，侯德榜拒绝了美国高校和美国公司提供的高薪工作，选择回到当时积贫积弱的中国，加入了范旭东所带领的团队，为中国的盐业，包括后来的酸碱工业，以及新中国成立之后的整个化学工业奠定了理论和实践基础，积累了宝贵的经验，并且培养出了大批优秀的人才。

纯碱，化学名称碳酸钠，化学式Na_2CO_3，是许多工业制品的原材料，在纺织、造纸、火药等工业上用途非常广泛而且消耗量巨大。十八世纪，法国科学院曾开出十万法郎的奖金征集制碱方法，但一直没有获得高效的生产方案。直到1862年，一位比利时的化学家索尔维实现了氨碱法制碱的工业化生产，将制碱效率大大提升，很快便垄断了全世界的制碱行业。索尔维对生产方法采取了严格的保密措施，并建立起了一个叫作索尔维公会的组织，许多欧美国家成为了该公会组织的会员国，这个组织规定禁止向会员国之外的国家提供制碱技术。除了严格的技术封锁之外，纯碱销售营业也有严格的限制，他们对会员国采取了在不同地区分别售货的管理办法，例如中国的市场由一个英国公司独占，其他公司不能在中国市场上销售自己公司的纯碱。在如此严密的管理方式下，其他国家根本无从得知索尔维制碱法的生产模式，为了探索此项技术，许多国家和科研学者都在不断地研究摸索，但是基本上都以失败告终。

筚路蓝缕　天下侧目

侯德榜回国后，面对当时艰难惨淡的局面并没有选择退却，他决心带领团队研究出氨碱法的生产原理，突破工业制碱的技术瓶颈。在如此艰难的时局背景下，侯德榜的团队用了三年多的时间，进行了无数次的实验验证，终于解开了索尔维制碱法的奥秘，其生产原理如图2所示。

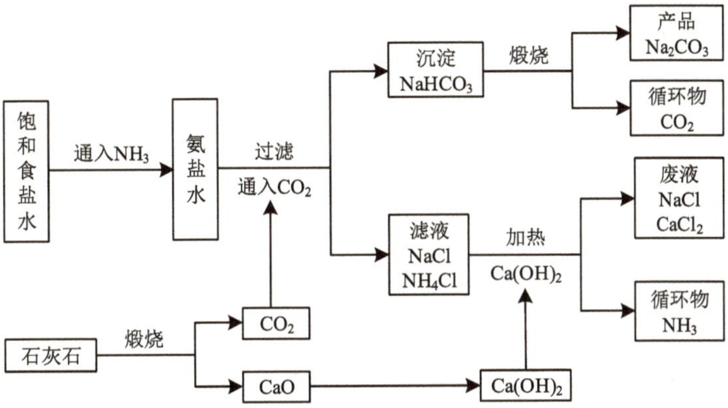

▶ 图2　氨碱法生产工艺原理图

1924年8月，永利制碱厂出厂了自己的第一批碱，然而却并没有得到大家想要的产品，碱的颜色红黑相间，一点儿都不白，这些红黑相间的产品根本无法走向市场。当时的侯德榜受到了来自各方的压力，好在范旭东选择全力支持侯德榜，在确认生产原理没有问题后，经过大家的一番努力，侯德榜找到了设备的问题并加以改进，最终渡过了此次难关，成功制出白花花的纯碱。1926年，永利碱厂第二次公开出碱，这一次所制得的纯碱中碳酸钠含量超过99%，其产品质量也超过了当时的英国公司生产的洋碱。这项被国外封锁了多年的生产技术，就这样被一大群来自中国的技术人员，在艰苦的环境下实现了历史性的突破。随后，在美国费城举办的万国化工博览会上，永利制碱厂研发生产的“红三角”牌纯碱一举夺得金奖，令世界瞩目。这次获奖不但使得中国的民族化工企业在世界之林扬眉吐气，而且还成功地借助于万国化工博览会的平台打开了国外的销售市场。

但是英国人并不希望中国的民族企业成长起来。英国的公司很快启用他们的惯用策略，利用公司的强大财力，进行降价销售从而抢占市场，企图拖垮这家刚刚起步不久的新企业。短时间内纯碱的价格下降到了之前的40%。面临对方的咄咄逼人，范旭东等管理人员瞄准了英国公司在亚洲最大的销售区域——日本。通过和日本三井公司的合作，在日本以极低的价格销售“红三角”牌纯碱，很快就在日本将英国公司逼到了悬崖边上，最后被迫和谈。双方约定不再恶意降价扰乱市场，至此，永利制碱厂才算勉强站稳了脚跟。

侯德榜在当时解开了被当成绝密垄断的索尔维制碱法生产流程之后，本可以选择高价出售这个生产方法，大发其财，但是侯德榜并没有这样做，反而主张将这一方法公布于众，让全世界人民共享。他将自己多年以来学习到的制碱理论和实际生产中总结的经验及方法写成了一本专著《制碱》，并于1932年以英文的形式向全世界公开出版，从此纯碱的生产不再是秘密。侯德榜此举赢得了世界范围内化学工程科学家们的一致赞许。

联合制碱　世界一流

1937年随着抗日战争的全面爆发，永利碱厂遭到了日本军队的疯狂轰炸，被迫迁往内地，最终选择在四川省犍为县重新建立新的碱厂，取名“新永利”。然而碱厂在四川的生产遇到了新的问题，原来采用的索尔维制碱法有一个缺点，就是食盐的利用率不高，对于之前建立在海边的制碱厂而言，食盐来源广泛价格便宜，大家都没有重视过食盐的利用率问题。但是新的制碱厂原料食盐只能来自井盐，其成本远高于海盐，如果不能提高食盐的利用率，碱的生产成本将会大幅提升。

为了解决这个问题，侯德榜又带领他的团队开始了新的研究。经过几年时间，终于在1940年侯德榜提出了新的生产工艺。该生产工艺路线是将氨碱法和工业合成氨两条生产线联合起来，同时生产纯碱和氯化铵两种产品，即“联合制碱法”，生产原料仍然是以食盐、氨和二氧化碳为主。这种联合生产碱的方法主要包括两个生产过程：第一个生产过程与氨碱法相同，第二个生产过程相比索尔维制碱法有所改进，是从氯化铵和氯化钠的滤液中进行结晶沉淀出氯化铵的晶体。低温时，由于细粉状氯化铵溶解度比细粉状的氯化钠小，而且氯化铵在细粉状氯化钠的浓溶液里的溶解度要比在水里的溶解度小得多，所以在非常低温的条件下，向氯化铵的滤液中迅速加入细粉状的氯化钠，并向滤液中通入足量的氨气，就可以有效地使得氯化铵单独结晶从而从滤液中析出，再经低温过滤、洗涤和干燥处理后即可得到氯化铵固体，而氯化铵是当时缺衣少食的中国人民种庄稼时必不可少的氮肥。此时滤出氯化铵晶体后的滤液，已基本上达到氯化钠溶液的饱和状态，可以进行回收后再循环使用。后来，人们为了纪念侯德榜对该生产工艺的贡献，将该制碱方法称为“侯氏制碱法”。侯氏制碱法的主要生产流程图如图3所示。

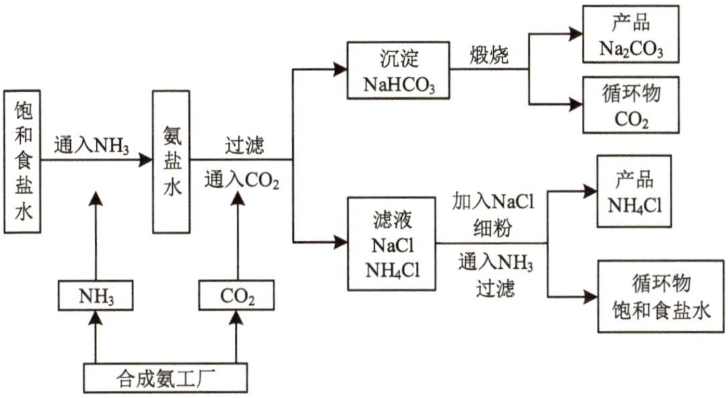

▶ 图3 侯氏制碱法工艺原理图

联合制碱法与氨碱法相比，最大的优点就是使得食盐的综合利用率提高到了96%以上。相同的生产时间和原材料，联合制碱法与氨碱法相比能生产出更多的纯碱，同时又能生产出副产品氮肥氯化铵。联合制碱法也不会生成没有多大用处，又非常难以处理的氯化钙，减少了对资源的浪费和对环境的污染，并大大降低了纯碱和铵态氮肥的生产成本。这些都充分体现了大规模的联合制碱法生产技术的优越性，对我国化学工业的进步和蓬勃发展有很好的借鉴意义。

鞠躬尽瘁 先生千古

范旭东逝世以后，侯德榜继任上海永利公司董事长兼总经理，永利公司经营模式改为了公私合营的模式。为了建设刚成立的新中国，侯德榜又在化工生产一线奋斗了二十余年。哪怕80岁高龄的他仍然在一线指导工作。尤其是在处理化学工业生产过程中的放射性问题和环境资源保护管理问题上，侯德榜具有很强的科学前瞻性，他提出的很多关于放射性化学品在工业生产过程及产品的使用管理过程中出现的一些问题的解决方案，直到今天仍然被认为具有很强的学术性和应用性。1974年8月6日，侯德榜因严重贫血患急性甲型脑溢血在北京医院逝世，时年84岁。

侯德榜是我国近现代民族化学工业发展中的重要人物，奠定了新中国化学工业发展的基础。他率先揭示了被封锁的索尔维制碱法的奥秘，并无私地分享给了世界上的其他国家。在那个特殊的时代，侯德榜凭借其在国外的学业完全可以直接过上人上人的生活，然而他毫不犹豫地选择了回到当时贫弱的中国，选择了自己去走最艰难的路，为民族工业的崛起奠定最扎实的基础。如果说实业家范旭东是给近代中国的民族化工企业打好了地基，那么侯德榜就是给新中国的化工企业盖起了一座华丽的大厦，这就是那个时代里典型的书生报国的热血情怀。那个时代有无数这样平凡而伟大的人物，侯德榜无疑是这片星辰里最闪耀的那颗！

参考文献

[1]陈竞生．“侯氏制碱法”的发明者侯德榜[J]．工会信息，2018(2):39—43．

[2]张玉芳．侯德榜和他的侯氏制碱法[J]．文史精华，2010(2):47—52．

[3]杨颖奇．笃信自主求实 勇于开拓创新的企业家——侯德榜[J]．江南论坛，1994(S1):65—67．

[4]左旭初．侯德榜与“红三角”牌商标[J]．中华商标，2009(10):73—75．

[5]冯晓蔚．化学工业泰斗侯德榜[J]．文史春秋，2013(9):44—49．

[6]辉哥哥．范旭东围魏救赵[J]．职业圈．好财路，2024(5):25．

[7]化工名人——侯德榜[J]．化工时刊，2011,25(5):68．

[8]董荣林．科技泰斗 士子楷模——记侯德榜博士和“侯氏制碱法”[J]．中学化学教学参考，1995(12):27—28．

中国有机人名反应第一人——黄鸣龙

科学工作者宁可太迂,切莫浮而不实,必须十足唯物,不可丝毫唯心。

——黄鸣龙

▶ 图1 黄鸣龙

黄鸣龙,有机化学家。1898年7月3日出生于江苏省扬州市,1979年7月1日逝世于上海市,享年81岁。黄鸣龙毕生致力于有机化学的研究,改良的开西纳-沃尔夫(Kishner-Wolff)还原法,简称“黄鸣龙还原法”,是首例以中国科学家命名的重要有机化学反应;他对甾体化合物的合成研究,为我国甾体药物的工业化发展奠定了坚实基础。

1918年,黄鸣龙在浙江医药专科学校(现浙江大学医学院)就读,毕业后赴欧洲深造学习4年,最初在瑞士苏黎世大学就读,而后就读于德国柏林大学,他日夜勤勉学习,于1924年获得哲学博士学位。之后回国,黄鸣龙先后历任浙江省卫生试验所化验室主任及省立医药专科学校药科教授等职。1934年,黄鸣龙再赴欧洲,在德国维尔茨堡化学研究所和先灵药厂、英国密得塞斯医学院的生物化学研究所进修,研究学习六年后回国任中央研究院昆明化学研究所研究员兼西南联合大学教授,并在条件苛刻的环境中对甾体药物山道年及其一类物的立体异构进行研究,为国内外后续研究奠定了理论基础。1945—1952年,黄鸣龙赴美国哈佛大学做访问学者和美国默克药厂做研究员,其间创造性地改进了Kishner-Wolff还原反应。

1952年,黄鸣龙趁应邀去德国讲学和做研究工作之机,绕道欧洲,经过许多周折和风险辗转回国,先后在中国人民解放军军事医学科学院担任化学系主任,中国科学院上海有机化学研究所担任研究员和学术委员会主任等职务。1958—1979年任《四面体》(Tetrahedron)杂志顾问编辑,1964年任国家科委计划生育专业组副组长、中国药学会第十四、十六届副理事长和中国化学会理事。1955年,当选为中国科学院院士,中国科学院数理化学部委员,曾任全国人大代表(第三届)和全国政协委员(第二、三、五届),曾获国家创造发明奖、国家自然科学奖二等奖、全国科学大会先进代表等荣誉。

主要研究贡献

黄鸣龙一生致力于有机化学研究，尤其对山道年、开西纳–沃尔夫还原反应和甾体药物的相关研究有着突出的贡献。其中，改良的开西纳–沃尔夫还原反应的研究成果被选入各国有机化学教科书，国际影响较大。

1. 山道年及其一类物的立体异构的首次发现

1938年，黄鸣龙与汉斯·殷赫芬(Hans Herloff Inhoffen)在德国先灵药厂用胆固醇改造雌性激素的研究时，偶然发现在醋酸酐及少量浓硫酸的环境中，胆甾双烯酮可得到理论量的A环变为芳香核的化合物，即发生双烯酮–酚的移位反应。当时黄鸣龙根据之前研究山道年遇矿酸变质为变质山道年的先例，以及其C2溴化物尚能与重氮苯盐偶合，曾误认为产物结构中的羟基左右都具有可以置换的能力，即下图中Ⅲ所示。后被证明是发生另一途径的双烯酮–酚移位反应，生成产物Ⅱ(图2)。

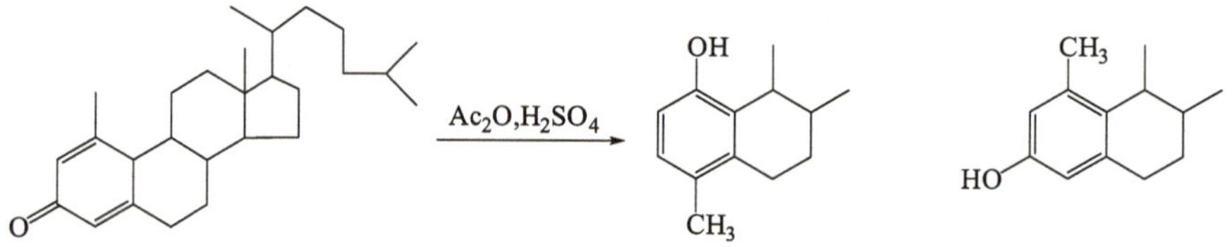

Ⅰ　　Ⅱ　　Ⅲ

▶ 图2　胆甾双烯酮–酚的移位反应

在发现这一反应后，黄鸣龙立即开始研究山道年及其一类物的立体化学。山道年为一种从菊科植物或其他艾属植物中提取出的结晶体，是一种驱蛔虫的药。通过研究一个天然物山道年的构型，可为人工合成该药物提供合成路线的依据。黄鸣龙在研究该类化合物的立体结构时，发现四个变质山道年(Ⅴa–Ⅴd)的相对构型，在酸碱作用下可成圈地相互转变，而且是在无取代反应的情况下还能使三个不对称中心构型成圈地转变，这是在立体化学上史无前例的发现。而后设法将各个变质山道年去其两个旋光中心，以证明其因三个旋光中心互相邻近而产生的“邻位影响”(图3)。

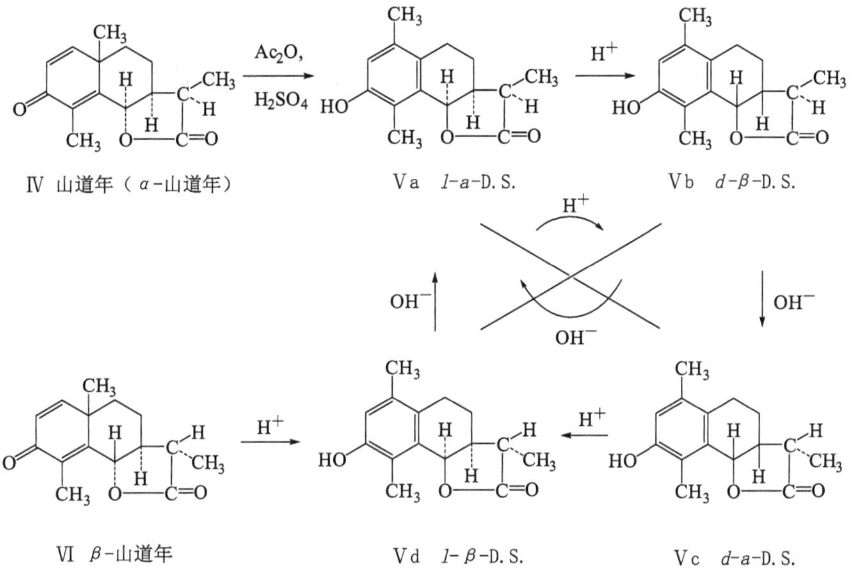

▶ 图3　山道年相对构型的相互转变

这一发现引起了当时国际上很多著名有机化学家的重视，他们根据黄鸣龙研究观察的结果并根据多方面事实推论出山道年及其一类物的相对构型，并在此基础上随后推论出它们的绝对构型。日本化学家Hiroshi Mitsuhashi、Abe，Y.和Harukawa先后通过山道年这一类物进行结晶学的测验，所得数值证明黄鸣龙等对于构型上及转变机理上的推论正确，以及证实了全合成山道年、β—山道年以及若干异构体。

2.“黄鸣龙还原法”——开西纳-沃尔夫还原反应的新改良

在有机合成应用中，人们常用开西纳-沃尔夫还原反应将醛类或酮类的羰基还原为次甲基。但此法条件极为苛刻，不仅需用封管和金属钠，还需要制备难且价值贵的无水水合肼。如若在反应中有极少量的水分存在，则会产生很多副反应，产率极低。后虽有化学家改良，但效果都不明显。

1945年，黄鸣龙在美国哈佛大学化学系做访问学者期间，在进行开西纳-沃尔夫还原反应的实验中发现意外情况，但他保持一贯严谨的科学态度和治学精神继续完成实验，得到从未得到的好产率。于是，他紧紧抓住这个意外情况，仔细分析实验过程中的细节，并通过一系列实验探究，终于创造性地改进了将羰基还原为次甲基的方法。即在圆底烧瓶中加入醛或酮、碱（氢氧化钠或氢氧化钾）、85%水合肼（有时可用50%）和高沸点水溶性溶剂（双缩乙二醇或三缩乙二醇），然后回流1小时，移去冷凝管，继续加热，将水和过量肼蒸出，当溶液温度上升至190～200 ℃时，再插上冷凝管，继续回流3～4小时至反应完成。若生成物沸点低于190～200 ℃时，需在冷凝管与烧瓶间装一分液管，以除去水分而不带走生成物。该反应在有水环境和常压下进行，不仅反应条件简单、操作简便，还大幅缩短了反应时间，更极大地提高了反应产率。如制备酮酸，若采用克莱门森还原法（Clemmensen）可得50%产品；若采用索弗改良的开西纳-沃尔夫还原反应，产率只有48%；若采用黄鸣龙改良的开西纳-沃尔夫还原反应制备，产率可高达95%。黄鸣龙改良的开西纳-沃尔夫还原法在国际上得到广泛应用，并编入各国有机化学教科书中，也是首个以中国人名字命名的有机化学反应，简称为“黄鸣龙还原法”。

其反应机理为：羰基先和肼生成腙，然后在碱性条件下，脱去氮上的氢，双键移位。最后，氮气离去，碳负离子夺取水中的氢，生成亚甲基（图4）。

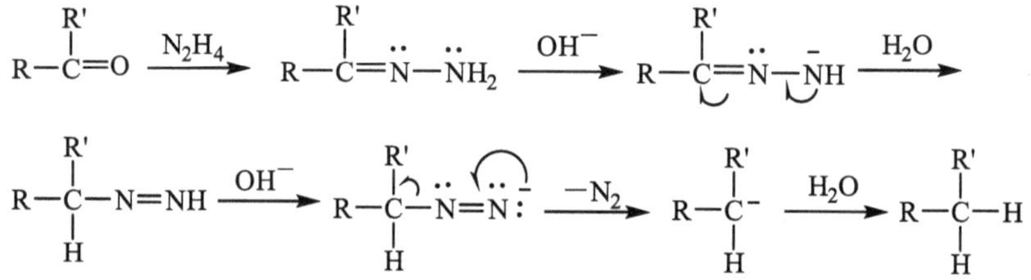

▶ 图4 “黄鸣龙还原法”的反应机理

不仅如此，黄鸣龙还对改良后的该反应的应用范围进行了大量的实验研究，例如对α—双酮化合物、α—醇酮化合物、α—酮酸化合物、β—双酮化合物、β—酮酸化合物、γ—双酮化合物、γ—酮酸化合物及α,β—不饱和羰基化合物等有机化合物的合成进行研究，以推广“黄鸣龙还原法”的应用。

3.甾体药物研究的奠基人

1952年，黄鸣龙回国后，主要的工作目标转变为发展有疗效的甾体化合物（甾体激素药物）的工业生产。他通过调查研究植物性甾体皂素以获取较好的甾体药物的合成原料，通过实验研究寻找疗效更高的甾体激素和更经济的合成方法。1958年，黄鸣龙利用薯蓣皂甙元为原料，用微生物氧化，加入CrO_3-Py、碘—氧化钙—醋酸钾，用七步合成肾上腺皮质激素药物副肾皮酮（可的松）（图5），并协助工业部门投入生产，用于治疗过敏性和炎症性疾病。可的松的合成开发填补了我国甾体药物工业的空白，并让我国甾体药物工业跨进世界先进行列。与此同时，醋酸可的松的合成研究也使黄鸣龙获得国家创造发明奖。

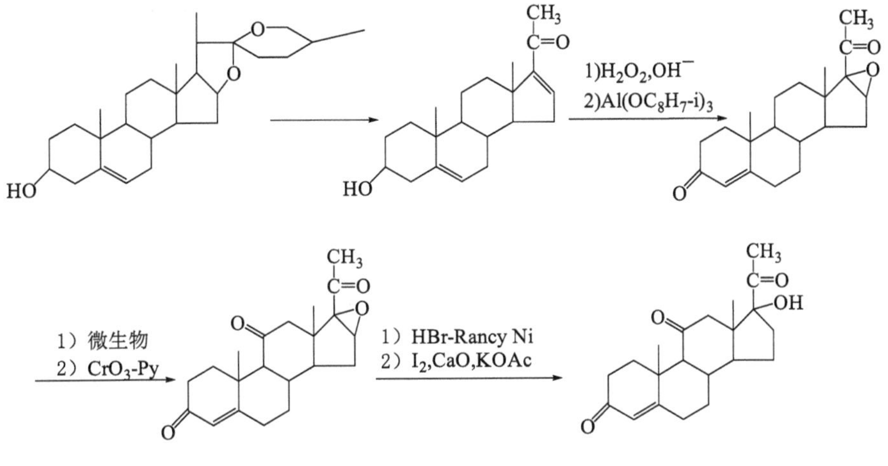

▶ 图5 七步合成副肾皮酮（可的松）

可的松合成工业化生产后，黄鸣龙协作科研机构和工业部门不仅将许多重要的甾体激素如黄体酮、睾丸素、可的唑、强的松和地塞米松等生产出来，还尽心研究合成疗效更好的甾体激素，如6α–甲基可的唑、Δ^6–6–甲基–17α羟基黄体酮、Δ^6–6–甲基副肾皮酮和Δ^1–16–次甲基副肾皮酮等，为我国甾体激素药物的工业创建与发展做出了重大的贡献，是我国研究甾体药物的奠基人，使我国甾体激素药物从依靠进口一跃转为出口。黄鸣龙在对甾体药物的合成研究中，发现了不少新的反应类型，并研究总结了这些反应原理。例如在研究副肾皮质激素的合成方法中，发现1，6–消除反应，并研究得出该反应在稀碱溶液中的反应速率比在酸溶液中快，且直立基团比横向基团易消除（图6）。

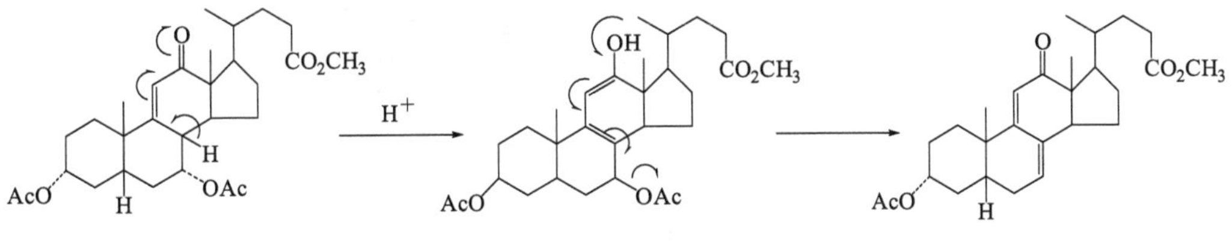

▶ 图6 1,6–消除反应的发现

在甾体避孕药的研究合成中，黄鸣龙结合我国实际国情，协作生产部门开发合成炔诺酮、甲地孕酮和氯地孕酮等药物，使国家的第三个五年计划进行的项目提前数年实现，在计划生育科研方面做出新的贡献。其中，口服避孕药甲地孕酮是我国首创，它的合成是黄鸣龙发现的：在可的松及可的唑的C_6引入α–甲基，则疗效加强，而副作用降低。甲地孕酮虽然避孕功能甚佳，但合成成本不够经济。而后，黄鸣龙于1956年对其合成方法进行了改进：将老方法的6步改为3步，总收率从18%增加到40%。在这个合成方法中，将含溴不饱和基团一步去溴成甲基，并同时双键移位，似尚无先例，在增加了经济效益的同时，又进一步扩充了有机反应的理论研究。

治学有术，育人有方

黄鸣龙教授一直坚守科研第一线近60年，不仅培养出大批科研人员，更为我国科学事业的发展做出了重大贡献。他发表论文近百篇，综述和专论近40篇。黄鸣龙教授平易近人、襟怀坦白、刚直不阿、诲人不倦、先探后进、坚持唯物、不怕麻烦、不依赖别人的品质和严谨治学的科学精神值得我们后辈学习。

对青年科技人员，黄鸣龙教授重视其基本实验技术，严格要求其实验操作。除此之外，他还亲自讲授化学德语和甾体化学，培养出一批熟悉甾体化学的专业人才（图7）。为了帮助青年科技人员使用先进仪器学习有机化学，他编写书籍，介绍有关甾体化学的红外光谱、旋光谱、构象分析、核磁共振和质谱分析等。多年来，黄鸣龙教授为培养科研人员，手脑并举，言传身教，孜孜不倦。

▶ 图7　黄鸣龙指导青年科技人员实验

参考文献

[1]黄鸣龙的学术成就[J].中国科技史料，1980(1):58—65.

[2] Inhoffen, H. H., &Huang - Minlon. Ubergang von sterinen in aromatische Verbindungen. III. Mitterlung: Aromatisierung des Δ 1, 2, 4, 5-Cholestadienons-3 [J]. Naturwissenschaften, 1938, 26 (46):756.

[3]黄鸣龙,周维善.山道年一类物的研究Ⅷ.,变质山道年的相对构型[J].化学学报,1958,24(3):210—216.

[4]Abe,Y.,Harukawa,T.,Ishikawa,H.,Miki,T.,Sumi,M.,&Toga,T. Santonin.I.1 The Synthesis of Two Optically Inactive Stereo-isomerides of Santonin2[J].Journal of the American Chemical Society,1953,75(11):2567-2571.

[5]Huang-Minlon,N.A.A Simple Modification of the Wolff-Kishner Reduction[J].Journal of the American Chemical Society,1946,68(12):2487-2488.

[6]黄鸣龙,仲同生,顾杜新,等.Kishner-Wolf还原改良法的应用范围之研究简报[J].化学学报,1957(3):238—240.

[7]黄鸣龙,蔡祖恽,王志勤,等.副肾皮酮乙酸酯的合成[J].化学学报,1959,25(5):295—301.

[8]黄文洪,黄鸣龙.1,6-消除反应的初步研究[J].化学学报,1958,24(6):431—435.

[9]黄鸣龙,韩广甸,周维善.6-甲基甾体激素——Δ^6-甲基-17α-羟基黄体酮[J].化学学报,1959,25(6):427—428.

[10]周维善,黄鸣龙.甾体口服避孕药[J].化学通报,1965(3):129—143.

卢嘉锡与结构化学

进行科学研究时，我一向比较重视对最终结果的预测。毛估比不估好！

——卢嘉锡

▶ 图1　卢嘉锡

卢嘉锡，1915年10月26日生于福建省永定县，原籍中国台湾省台南市，著名的化学家、物理学家、教育家和多个国际化学科技技术合作国等组织的重要领导者。2001年6月4日因病医治无效逝世，终年86岁。

卢嘉锡工作领域涉及物理化学、结构化学、核子生物化学和材料科学等多种学科研究领域。卢嘉锡是我国当代物理与结构化学的先驱和开拓者，提出著名的“福州模型”。他早年从事设计的等角和倾角魏森堡单晶体的X光射线晶体衍射光学照相的Lp因子倒数图，载入了一套国际应用X光射线线性晶体的衍射光学照相技术手册，称为“卢氏图”。

卢嘉锡曾担任过中国化学会常务理事长，中国科学院院长，全国政协和全国科协副主席，以及第三世界科学院院士和副院长等职务，为了我国的工业化发展和科学技术教育研究事业的兴起，贡献了自己毕生的精力。

生平故事

由于1895年中国在甲午中日战争中战败签订不平等的《马关条约》，导致中国台湾被迫割让给了日本，卢嘉锡的曾祖父愤然率领全家从台湾老家迁居到厦门。其父亲卢东启设立私塾，卢嘉锡从小跟随父亲读书学习，在诗词方面根基扎实，擅长写对联。

1934年，卢嘉锡从厦门大学化学系毕业。毕业后继续留在厦门大学的化学化工学院担任助教，并同时在厦门省立中学教授数学和英文。1936年，与吴逊玉女士结为伉俪，共同养育5男2女。1937年，远赴英国伦敦大学留学，并在萨格登(S. Sugden)教授的悉心指导下，进行人工放射性化学的科学研究。1939年，获得了伦敦大学物理化学专业的博士学位，同年8月又前往美国加州理工学院，师从鲍林教授，对结构化学进行细致的研究。1945年冬天,30岁的卢嘉锡心怀“科学救国”的热忱回到了自己日夜思念的祖国,投身教育事业,使得厦门大学因化学系的创新发展和崛起而跻身国内重点大学行列。

1978—1994年1月,当选为中国化学会第20届常务理事会首任常务副理事长、第21届理事长、第22~23届常务理事。曾当选为欧洲科学院院士、第三世界科学院院士等。1981年,被授予“全国劳动模范”称号。

中国结构化学的开拓者

1935年以后,物理化学的第一发展阶段已日臻成熟和完善,卢嘉锡结合当时物理化学和结构化学的发展趋势,意识到第二个重要发展阶段很有可能就是结构化学,并将结构化学的起点作为研究的主要领域和方向。

1940—1943年间,卢嘉锡在美国加州理工学院任教期间,在鲍林教授的指导下,完成了3项十分重要且具有国际开拓性的科学研究。

1.测定H_2O_2分子结构

由于H_2O_2很难得到单晶,因而无法对它进行晶体结构测定。卢嘉锡和加拿大化学家吉盖尔(P.A.Gignere)巧妙地用尿素和H_2O_2结合成一种通过氢键连接的脲-过氧化氢加合物,使H_2O_2固定下来,得到了可供衍射实验用的单晶,接着他和美国化学家休斯(E. Hughes)完成了这种加合物晶体的结构测定,解决了H_2O_2结构难测定的难题。

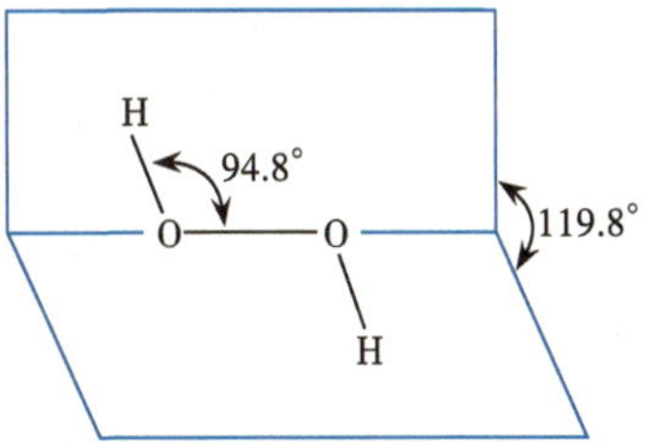

▶ 图2 H_2O_2的立体结构

2.测定硫氮和砷硫化合物结构

1943年,卢嘉锡和杰瑞·多诺霍(Jerry Donohue)利用电子衍射法的实验,成功地测定出了硫氮(S_4N_4)和砷硫(As_4S_4)等化合物的结构,并最终确定它们的结构为八元环状结构,他们将这样的结构称为“摇篮”构型。这个“摇篮”构型被多诺休所进行的晶体结构测定实验所证实,结束了国际上长期以来有关硫氮结构的争论。

3.“卢氏图表”的产生

在结构分析方法上,他曾经多次提出过一种可以用于分析处理等倾角度的魏森堡流体衍射点的线性极化因子和洛伦兹因子的图解分析方法，这一方法成为当时乃至当今国际上普遍接受和采用的一种较简便的卢氏晶体图数学计算方法，曾被中国教育部批准收入《国际晶体学数学用表》(第二版)，称为“卢氏图表”，被广泛应用。

原子簇结构化学研究

20世纪70年代以后，卢嘉锡致力于原子簇结构化学的研究，关于原子簇在化学技术应用领域方面的主要技术研究成果，分别获得了1991年和1993年的国家自然科学技术成果一等奖和二等奖。

1972年卢嘉锡等研究人员开始进行的“化学模拟生物固氮”研究，把工作推入到过渡金属原子簇化合物研究阶段。在化学模拟生物固氮和过渡金属原子簇化合物的研究中已经取得的主要学术成就如下。

1.“福州模型”的提出

化学固氮研究主要用于化学模拟生物固氮，是20世纪60年代以后迅速投入研究和发展并建立应用的前沿生物化学工程科学研究课题。

卢嘉锡从结构化学角度，研究出了固氮酶活性中心的分子结构基本模型——福州大学模型I，它同时被认为是一种非常典型的一个能够作用于分子实现投网式固氮酶分子配合还原反应的分子活化活性中心，即还原酶的氮化物分子的钼铁硫($MoFe_3S_3$)四核网兜状结构。后来经过进一步地研究，人工合成了一系列化学模拟物，进而演化出了孪合双网兜福州模型Ⅱ。1995年，卢嘉锡和吴新涛汲取外国学者研究的优点，又提出了“福州模型Ⅲ”。

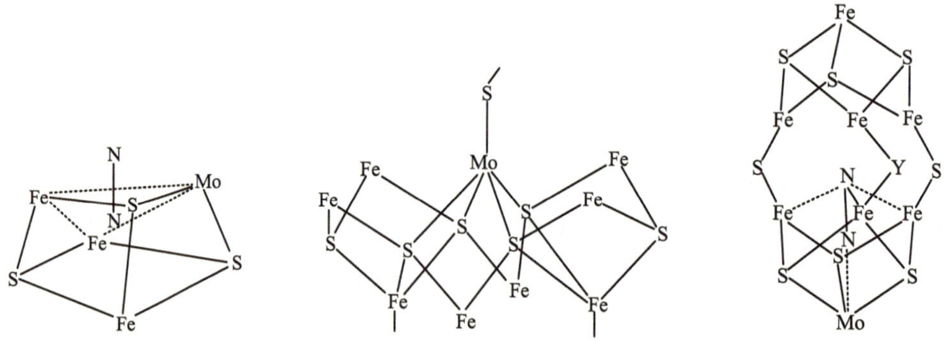

福州模型—I　福州模型—II　福州模型—III

▶ 图3　福州模型Ⅰ、Ⅱ、Ⅲ的立体结构

2.“活化元件组装”的设想

关于立芳烷型的二铝基镁铁硫二氮簇合物有机反应，卢嘉锡在深入研究和总结合成化学反应的大量化学理论和国际实验化学研究中的事实时，发现有一类属于立芳烷型的二铝基镁铁硫二氮簇合物在其“自兜”反应过程中会留下反应物基本结构单元的“遗迹”可供“寻根”，所以他在1987年提出了简单的原子簇“元件”可以通过活化作用形成“活化元件”而组装起来，进而形成更为复杂的原子簇化合物。

3.“类芳香性”概念的提出

在卢嘉锡的大力主持和精心领导下，黄健全等人在对钼簇合物的立体结构化学的分子基础理论研究中，通过分子实验模型类比了$[Mo_3S_4]^{4+}$簇合物和苯在加成反应、置换反应、氧化反应三类化学反应形式上的相似性，在1987年提出了“类苯芳香性”的化学概念。卢嘉锡组织研究力量，通过量子计算和实验科学研究，从理论上进一步深化和发展完善这一化学概念；他们一致认为在$[Mo_3S_4]^{4+}$簇合物化学反应过程中的$[Mo_3S_3]$非平面折叠六元环具有很强的类芳香性。卢嘉锡认为这可能是一个很有发展前景的苗头，立即组织了与六元环有关的量子化学的计算和实验研究，从实践和理论上进一步深化和完善了这一基本概念。他们还把有机化学中“芳香性”这个最重要、最基本的传统化学概念延伸应用到了化学过渡金属原子簇化学中。有关“类芳香性”的多项相关学术研究成果论文在期刊上发表后，引起了美国、日本、意大利等国的高度重视。

新型晶体材料科学研究的指导者

卢嘉锡是一位较早将结构化学的相关理论应用于晶体材料进行探索的中国科学家，他在研究中应用了亚历山大·米哈伊洛维奇·布特列洛夫（Alexander Mikhaylovich Butlerov）结构理论思想与非线性光学材料中对构效关系深入的理论研究，对阴离子结构基团理论的建立也陆续提出了一些新的建议，促进了一系列新型晶体结构材料的科学研究和创新发现。二十世纪七十至八十年代，他组织了新一代材料的科学研究工作课题组，成立了新一代工程技术材料晶体研究室，主持召开了全国晶体生长与物质结构应用材料科学发展相关专题学术会议和全国物质学与结构材料学术会议，提出了“探索新技术材料的结构化学问题”，创建了从化学合成、材料筛选、相图分析、性能测试、生长工艺到理论论证等一系列的配套工作路线。另外，在卢嘉锡倡导的“结构敏感”和“五重双结合”观点指导下，中国科学院成功地研制出了几个系列的新型晶体材料，其中主要材料包括有大尺寸自发性激活激光晶体材料硼酸钕铝（以下材料简称NAB）和自倍频激光晶体四硼酸铝钇钕（英文简称NYAB）。国际学术界对卢嘉锡的学术指导思想十分敬佩。

教育事业贡献

在教育教学工作中，卢嘉锡是一位才高八斗、勤奋严谨、求实创新的教育家，讲课的时候生动活泼、见解独到。只要是他在授课，往往都是座无虚席，他是厦门大学最受欢迎的教授之一。卢嘉锡在教育教学的过程中，十分重视培养学生的逻辑思考能力，注重提高学生解决实际问题的能力。他常常告诫自己的学生，要学会对事物进行“毛估”，卢嘉锡曾说：“毛估比不估好。”思考问题的时候，如果先大致估算出结果的数量级，可以避开很多烦琐的计算过程，必要的时候再进行详细的计算，这样才可以大大提高学生解决实际生活问题的思维能力和工作效率。他常说：“一个老师，假使培养不出几个比他出色的学生，这个老师就没尽到责任。”

卢嘉锡长期从事教育事业，在培养人才方面作出了杰出的贡献，可以说是桃李满天下。1949年后，卢嘉锡共培养了十五届约50多名硕士生、博士生以及许多青年学者，如张乾二、田昭武、黄金陵、吴新涛等。

参考文献

[1]傅宁军．科学家卢嘉锡与“内当家”吴逊玉[J]．工会信息，2017(14)：26—27．

[2]农工党福建省委会．卢嘉锡纪念馆简介[J]．前进论坛，2022(3)：53．

[3]卢咸池，卢葛覃．恩师引路，求学从教——卢嘉锡在厦门大学的青少年岁月[J]．大学化学，2021，36(4)：7—12．

[4]彭一万．从鼓浪屿走出去的著名化学家卢嘉锡[J]．鼓浪屿研究，2021(1)：151—161．

[5]霞飞．“科坛巨擘”卢嘉锡[J]．党史博览，2008(1)：48—51．

[6]余敬斌,冯晓蔚. 卢嘉锡:享誉中外的科学家和教育家[J]. 工会信息,2020(4):11—16.

[7]章慧. 卢嘉锡、徐光宪和《物质结构》[J]. 大学化学,2021,36(4):34—42.

邢其毅与胰岛素的人工合成

在条件好的地方做出成绩，应该肯定；但在条件极端困难的情况下，出色地完成任务，才显出真本事。

——邢其毅

你或许不是很熟悉邢其毅，但对于每一个学习化学的人肯定都会知道《基础有机化学》这本书，它不仅在我国高等学校广泛使用，在国外也享有非常高的声誉。邢其毅，就是这本书的主要作者。他不仅是一位有机化学家，也是一位有机化学教育家。让我们一起走进邢其毅的传奇人生吧！

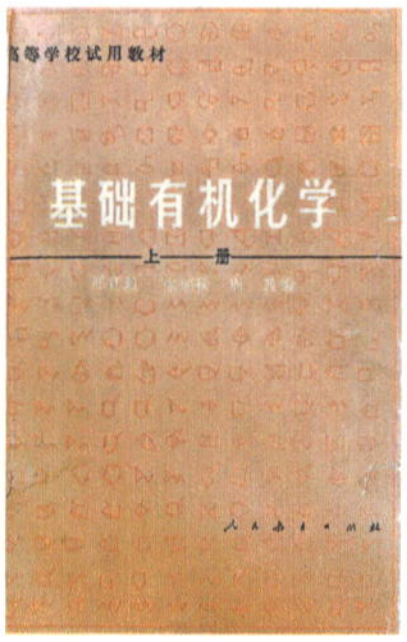

▶ 图1 《基础有机化学》

▶ 图2 邢其毅

生平简介

邢其毅，1911年11月24日出生于天津市的一个书香门第，其父亲曾是清末著名的翰林。邢其毅每天都坚持不懈地去私塾读书，他热爱历史，对国内外历史方面的书籍更是爱不释手。在大学选专业的时候，他希望自己成为一个对当时危难中的祖国有帮助的中国人，故而放弃了自己喜爱的历史学，毅然选择了辅仁大学化学系。1933年，邢其毅从北京辅仁大学化学系顺利毕业后，又进入美国伊利诺伊大学研究院继续学习深造。在这段时间，邢其毅遇到了他的老师——罗杰·亚当斯(Roger Adams)教授。亚当斯是一位传奇人物，他是当时美国化学领域的带头人，他的一生中培养了近200位的博士、化学家。不仅如此，这些化学家中有的获得过诺贝尔奖，如温德尔·梅雷迪思·斯坦利(Wendell Meredith Stanley)；也有最早发明尼龙的人，如华莱士·卡罗瑟斯(Wallace Hume Carothers)，在我们中国就有7位化学家曾经接受过他的悉心指导，邢其毅就是其中一位。正所谓名师出高徒,有如此优秀的师父,邢其毅当然也是变得异常优秀。在亚当斯的指导下,他一直做着有关联苯立体化学的研究,在1936年就顺利拿到了博士学位。积极上进、求知欲强烈的邢其毅并没有停止继续研究学习的脚步,在那一年的夏天他又去了德国慕尼黑大学,跟随当时非常有名的有机化学家海因里希·奥托·威兰(Heinrich Otto Wieland)学习,同时研究蟾蜍毒素。邢其毅在年轻时便找到了竹碱的结构并将它合成出来,吲哚甲基化方法的发现就依赖着这项研究结果。1952年至2002年,刑其毅任北京大学校务委员会委员;1980年当选为中国科学院学部委员;2002年11月4日逝世于北京,享年91岁。

乱世英雄

1937年是中华民族耻辱的一年,日本军队带着武器踏进了我国领土,中国全面抗击日本侵略战争打响了,中华民族的国难从此开始。身为中华儿女应该不惜一切拯救祖国。邢其毅也是如此,在得知这个侵略消息后悲痛万分。如何才能救国呢?想到祖国的危难,他毅然决然地放弃了在德国搞研究的优越条件,回到正在经受战乱的祖国,他要为祖国母亲尽一分自己的力量,哪怕是最微弱的力量。回到中国后,邢其毅在上海中央研究院化学研究所担任研究员,他在庄长恭教授的领导下专心研究生物碱。战争如猛虎般袭来,不久之后华北被攻陷,唇亡齿寒,他所在的上海情况也不容乐观,随后中央研究院被迫向南迁至昆明。邢其毅负责运送一些专业书籍和宝贵物品,他们一行人带着货物,在交通不便的年代,为了躲避战乱只能绕道中国香港、越南,路途更加遥远和艰辛,差不多用了六个月的时间,才将所有的资料、物品送到目的地。

自古乱世出英雄,邢其毅就是这样一位身在战乱年代的英雄。在抗日战争期间,医疗药品、物资都很紧缺,一些受伤的战士常常得不到很好的救助,有的甚至还得了疟疾。在药物稀缺的关键时刻,邢其毅为了寻找到治疗疟疾的药物,他亲自冒着随时可能牺牲的危险在云南边境到处收集金鸡纳树皮,这也是邢其毅自己感到最自豪的事。对于一个沉迷于在实验室做研究的人来说,拯救人们的身体或许是他能为祖国做的最有意义的事了。然而,当时的国民党政府内部官员的腐败和对战争的不尽力抵抗态度,让邢其毅感到非常失望,他不知道自己这么做还有没有意义。正在迷茫中，邢其毅看到了一股积极的力量，那就是中国共产党。于是他在1944年，加入中国共产党，一边研究药物，一边带年轻人研究学习。

研究贡献

邢其毅的眼光非常长远，在很早的时候他便预言蛋白质和多肽很快将会成为科学家们热衷的课题，事实证明他的判断是正确的。

1959年初，邢其毅教授迎来了一项研究任务。中国科学院上海生物化学研究所和上海有机化学研究所提出全合成胰岛素这个令人耳目一新的项目，并邀请北京大学有机化学教研室参与协作。邢教授接受了这一任务，先后和几位青年教师远赴上海，与两个研究所通力合作。

恩格斯曾经说过："生命是蛋白体的存在方式。""如果某一时候化学能够人工地制造蛋白体，那么这蛋白体也必然会呈现出生命的现象，即使是最微弱的生命现象。"

胰岛素是一种由动物胰脏分泌的蛋白质激素，它是专门降低血糖的。如果胰腺出问题，就会影响胰岛素的分泌，进而不能很好地降低人体血液中糖类的含量，就会得糖尿病，一些糖尿病患者需要胰岛素相关药物才能降低血糖。1889年，德国的一位科学家叫奥斯卡·闵可夫斯基（Oscar Minkowski），他第一个发现了胰腺和糖尿病的关系。从此以后研究胰岛素的人越来越多，一时间成了一个热门课题。

1956年，英国权威杂志《自然》的评论文章曾预言："人工合成胰岛素还不是近期所能做到的。"胰岛素由A、B两条肽链构成，人工合成胰岛素的第一步是把氨基酸排列组合，形成A、B两条肽链，然后再把A、B两条链连在一起。在这一研究任务中，上海有机化学研究所和北大化学系负责胰岛素A链的合成，上海生化所负责合成B链以及A、B链的重新组合。

胰岛素的基本单位是由一条带有一个含二硫键小环的肽链A和另一条肽链B经两个二硫键连接而成的。研究工作才开始没多久就遇到了麻烦——无法打开链接A、B链的二硫键。后来经过查阅文献，研究团队将天然胰岛素与亚硫酸钠及四硫硫酸钠共同保温，终于将胰岛素完全拆开成了A链及B链。

二硫键拆开之后，A、B链是否还能重新组合在一起成为胰岛素呢？二硫键依旧是关键，它就像一条纽带，维持着两条链的稳定，一旦二硫键没有处理好，那么即使勉强将A、B链连接起来，这样获得的胰岛素没有生物活性，也是徒劳之举。经过反复试验，皇天不负有心人，控制反应条件使溶液在微碱性无尿素的情况下终于得到了与天然胰岛素相同的晶体。

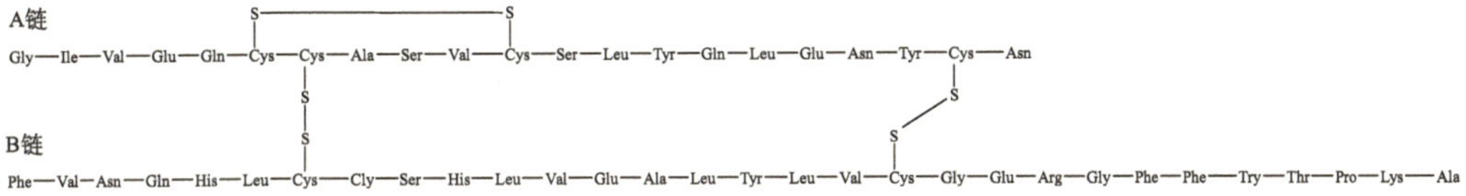

▶ 图3 牛胰岛素的一级结构示意图

（图中使用了氨基酸的缩写，如甘氨酸根据其英文glycine缩写为Gly）

中国科学家第一个取得了人工胰岛素结晶！1966年3月30日，我国成功合成结晶牛胰岛素的研究在《科学通报》上全文发表，轰动全球。但遗憾的是，研究人员没有获得诺贝尔奖，原因众说纷纭，有一种说法是候选人太多。美国洛马林达大学的周勇教授在2001年1月8日的《北京青年报》中谈道：由于人工合成胰岛素是“集体”研究成果，参加的主要科学家有10余人，最后平衡的结果，国内方面推荐了4位获奖候选人，而诺贝尔科学奖评选规则上明确规定，每项奖一次最多只能推荐3人。诺贝尔科学奖再次与中国科学家擦肩而过。

淡泊名利 献身教育

邢其毅先生淡泊名利。他更注重研究本身，他认为在研究中获得的喜悦远比获奖来得多。他说：“对二硫键的拆合方法，我们不是原创，只是我们的条件控制得比别人好。”但是不可否认，人工合成结晶牛胰岛素真的是史无前例的，向世界展示了中国人的科研精神与科研能力，是值得我们骄傲的事情！

邢其毅一生最为自豪的事是在战争时期在云南寻找金鸡纳树皮研究奎宁，因为那是出于对国家的热爱，在条件艰难的时候做研究更能看出一个人的本事与品格。

邢其毅教授在北京大学工作50多年，他培养的新一代学者遍布国内外。他编著的《有机化学》、《有机化学简明教程》和《基础有机化学》，对有机化学教育产生了深远的影响。

这就是邢其毅，正如他的名字，坚毅顽强、爱岗敬业、追求真理，他不愧是有机化学的一代宗师。

参考文献

[1]叶蕴华．难忘恩师教诲——纪念邢其毅院士百年诞辰[J]．大学化学，2011，26(5)：1—5．

[2]钱存浩．黔籍学部委员邢其毅院士[J]．贵阳文史，2005(2)：14—16．

[3]刘学洙．铁骨铮铮一翰林——贵州先贤邢端及其《蛰庐丛稿》[J]．文史天地，2003(9)：10—13．

[4]王治浩．著名化学家、教育家邢其毅先生逝世[J]．化学通报，2002(12)：835．

[5]Hsing C Y, Adams R. Relative Rates of Racemization of Substituted Diamides of 2, 2′-Dimethoxy-6, 6′-dicarboxydiphenyl.XLII1 [J].Journal of the American Chemical Society,1936,58(4):587—589.

[6]著名化学家和教育家邢其毅院士逝世[J]．大学化学，2002，17(6)：1．

[7]肖莉．我国多肽化学研究方向的开拓者——邢其毅[J]．化工管理，2013(15)：78—81．

[8]著名化学家邢其毅院士逝世[N]．光明时报，2003—01—29．

[9]Chuang C K,Hsing C Y,Kao Y S,Chang K J.Untersuchungen über die Alkaloide von Han-fangchi.Fangchinolin,ein Demethyl-tetrandrin[J].Berichte der deutschen chemischen Gesellschaft (A and B Series),1939,72(3):519—525.

[10]戴乾圜，花文廷．邢其毅[J]．化学教育，1998(1)：42—45．

[11]蓝敦．中科院院士邢其毅[J]．贵阳文史，2000(4)：50—52．

[12]黄祥云．牛胰岛素事件及其科学社会学研究[J]．生命科学，2015，27(6)：796—804．

[13]龚岳亭，杜雨苍，黄惟德，陈常庆，葛麟俊，胡世全，蒋荣庆，朱尚权，钮经义，徐杰诚，张伟君，陈玲玲，李鸿绪，汪猷，陆德培，季爱雪，李崇熙，施溥涛，叶蕴华，汤卡罗，邢其毅．结晶牛胰岛素的全合成[J]．科学通报，1965(11)：941—945．

[14]Kung Y-T,Du Y,Huang W,Chen C,Ke L.Total synthesis of crystalline bovine insulin [J].Scientia sinica,1965,14(11):1710—1716.

[15]熊卫民.人工全合成结晶牛胰岛素的历程[J].生命科学,2015,27(6):692—708.

[16]汪猷,徐杰诚,张伟君,陈玲玲,李鸿绪,邢其毅,施溥涛,陆德培,季爱雪,李崇熙,叶蕴华,汤卡罗.牛胰岛素A链的合成及其与天然B链组合成结晶胰岛素[J].化学学报,1966,32(3):276—283.

[17]汪猷,徐杰诚,张伟君,陈玲玲,李鸿绪,邢其毅,施溥涛,陆德培,季爱雪,李崇熙,叶蕴华,汤卡罗.自合成的A链与天然B链合成结晶牛胰岛素[J].科学通报,1965(12):1111—1114.

[18]钮经义,邹承鲁,汪猷,邢其毅.从胰岛素A及B链重合成胰岛素以及A及B链肽段的合成[J].科学通报,1964(11):943—962.

[19]邱明华.追忆恩师邢其毅先生[J].大学化学,2011,26(5):6—7.

[20]裴伟伟.深切怀念邢其毅教授[J].大学化学,2003,18(2):3—4+2.

重水研究巨擘，原子量测定泰斗——张青莲

重大的科研成果往往是在困难环境中通过艰苦努力而获得的。物质条件当然很重要，但决定因素是坚韧不拔的奉献精神。

——张青莲

2006年11月6日，处于半昏迷状态的他，断断续续向家人嘱咐："这个实验已经做了3年……要坚持把它做完……"

98岁的他，纵使命悬一线依然心系科研。

他，就是我国重水研究巨擘、相对原子质量测定泰斗——张青莲。

▶ 图1　张青莲

一、无机化学宗师不凡的一生

成长之路，品学兼优

张青莲，江苏省常熟人。1922年，少年张青莲在苏州桃坞中学（圣约翰大学附中）读书，他学习认真刻苦，成绩优异，且颇有语言天赋。1926年，出于爱国之情的他放弃免费入读圣约翰大学的机会，毅然考入光华大学化学系，毕业后在江苏省常熟孝友中学做了一年中学教师。20世纪20年代初，随着国内化学研究机构逐渐兴起，各类化学研究工作也陆续开展。张青莲发现我国缺乏无机化学研究人才，遂决定投身于无机化学科研事业。1931年，张青莲考入清华大学研究生院无机化学专业，开始了他长达七十余年的化学科教之路。导师高崇熙教授主要研究方向涉及无机合成和分析、有机合成和分析，张青莲选读了稀有气体和有机合成两门课程。研究生期间，张青莲研究了3个课题，发表了涉及无机合成、分析鉴定和物理化学测量等领域的论文，其中《五种硒酸盐新络合物的合成》是我国第一篇配位化学研究的论文，探究了金属铼在Noyes-Bray稀有元素分析体系中的定性分析方法。

志存高远,赴欧求学

1934年,张青莲研究生毕业,获得了庚款公费留学机会,前往当时的世界学术中心德国柏林大学攻读物理化学博士学位。在导师恩斯特·赫尔曼·李森菲尔特(Ernst Hermann Riesenfeld)的帮助和指导下,张青莲确定了"重水的物理化学性质"作为其博士论文主要研究方向。读博期间,张青莲共发表相关学术论文10篇,成为了世界上首批研究稳定同位素的科学家。直到今天,这些早期的经典性文献在同位素化学领域尤其是重水性质研究方面,依然有着非常重要的参考价值。1936年,张青莲获得柏林大学哲学博士学位。

艰难时期,回国科教

1937年7月,张青莲辗转多地从瑞士回到上海,受聘任中央大学研究院化学研究所的副研究员。正值抗战时期,研究所的科研工作非常艰难。张青莲没有放弃,他借用实验室,继续进行有关络合物的科学研究。1938年,张青莲被聘为光华大学教授。1939年,任昆明西南联大化学系教授。在西南联大工作期间,纵然条件十分艰苦,他还是克服种种困难,坚持科研工作不懈怠。他不仅指导学生做研究,自己的研究课题亦不间断,完成了4篇关于重水密度和重水动力学效应的论文。他在重水密度高温程段的精确测量数据被国际上认定为精确度最高的热膨胀数据。他首次精确测定的重乙醇的沸点、密度数据,被收入拜尔斯坦等人编著的《有机化学手册》。抗战结束后,张青莲回北平任清华大学教授。

科教兴国,谱写华章

1952年,全国高等学校院系调整,张青莲任教育部课程改革委员会化学组副组长,被聘为北京大学教授,任北京大学无机化学教研室主任,陆续开设了无机化学、稀有元素、无机化学合成、同位素化学等课程,并组织了《普通化学教程》的翻译和出版,把该书作为我国解放初期的首部大学教材。1955年,他当选为中国科学院学部委员(院士)。同年,他参与编著的《无机化学教程》亦是首部由中国化学家自编的大学化学教程，被国内各高等学校普遍采用。

1989年，张青莲获中国科学院授予的“从事科学工作五十年”的国家级荣誉奖状。1985年、1996年，张先生先后撰写《从事同位素化学研究工作五十年》《从事同位素化学研究又十年》，总结了自己几十年在同位素化学重水研究中的探索历程和取得的阶段性科研成果。1978—1998年，张青莲任主编，与近百位化学家共同编撰了《无机化学丛书》。这套丛书被誉为无机化学百科全书，内容详实，共18卷700万字，为化学科研工作者提供了丰富的资料，成为了不可或缺的化学参考书和工具书。北大化学系周公度教授曾评价该书的著成是我国化学界和科技出版界一件值得庆贺的大事。

耄耋之年，科研不辍

20世纪90年代初，耄耋之年的张青莲院士依然全身心地投入到科研工作中。他亲自主持科研课题，精心策划，悉心设计，用心指导研究，在课题小组的共同努力下，历时12年完成的铟、铱、锑、铕、铈、铒、锗、锌、镝、钐10项原子量新值测定，被采用为国际新标准，为中国科研争了光。人民教育出版社出版的初高中化学教材中，均把张青莲院士在相对原子质量测定方面的科研事迹编入了教材，让中学生从张青莲对世界科学研究的卓越贡献中，增强民族自豪感，从而激发学习动力。

二、科学研究主要成果

张青莲院士的科研工作主要分为两个板块，即稳定同位素重水研究和原子量新值的测定。

1.稳定同位素重水研究

张先生致力稳定同位素和重水的研究始于1934年，这两项科研工作贯穿他的一生，即使在抗战期间亦从未间断。他先后发表相关论文达120余篇之多，是当之无愧的稳定同位素研究泰斗。他的研究内容包括以重水为主要研究对象的同位素化合物的物理性质探究、同位素化合物的动力学效应探究、同位素分离富集、同位素标准样品研制、稳定同位素分析方法、氢氧同位素的天然丰度测定等。

张先生在德国攻读博士学位时，根据导师李森菲尔特建议，在他原有研究基础上开始关于重水的研究。1935年，他用毛细石英玻璃管测量重水的临界温度，得出混合物的临界温度经验式。1936年，对比重水、轻水蒸气压差，用浮沉子法，根据不同温度范围的蒸气压数据得出HDO和H_2O的蒸气压比值经验式，并求出HDO和H_2O间的平均蒸发热差。在德国读博和在瑞士做访问学者期间，他还尝试用分级结晶法富集重水；用浮沉子法测定北欧雪样中D、^{18}O的含量，提出氢氧同位素在自然界中都以水的形式循环。最终发表论文10余篇，这些文献都成为早期重水性质研究的经典文献。

抗战时期，回国后的张青莲在西南联大任教授。在日寇频繁空袭的艰苦环境下，张先生在教授高等无机化学课程的同时，坚持重水的科研工作。抗战结束到解放前，张青莲继续重水研究，在*J. Am. Chem. Soc.*，*Science*，*Z. Physik. Chem*等杂志上发表多篇文章。1949年，在25℃~100℃区间每隔5℃测定重水热膨胀密度变化上，数值准确度达到十万分之五，并发表文章在*Nature*杂志上。

1956年，张青莲设计了浮沉子法，用来测定水样中重水浓度，后又设计了一种内插毛细管磨塞浮沉子管用于提高精度。1964年，该法被我国化工部颁为标准方法。1935—1983年，张青莲从北欧雪样和我国各类水样中取样检测氢氧同位素分布，总结出氢氧同位素在地球上的分布规律和影响因素。重水是核工业发展的重要原料，张青莲的研究对我国重水科研具有深远的指导意义，也为我国生产重水以及核工业的建设作出了巨大贡献。

2.原子量测定新值，成为国际标准

1987年，张青莲开始进行一系列的原子量测定工作。1991年，83岁高龄的张先生，亲自主持科研课题，带领团队进行为期12年的原子量新值测定，在张先生95岁高龄时才完成。研究测定的元素包括氢、锂、硼、碳、氧、硫、铟、铈、锑、铕、铱、钐、镝、铒、镱、铱、锗、锌等十几种。截至2005年，张先生科研组测量的铟、铱、锑、铕、铈、铒、锗、锌、镝、钐10项原子量新值，被国际原子量委员会采用为国际标准。其中，铟的原子量新值的测定是首个被国际认证采用的中国数据。

表1 1991—2002年张青莲主持测定的原子量新值

元素	原子量新值	论文发表年份	国际确认年份
In	114.813(3)	1991	1991
Ir	192.217(3)	1992	1993
Sb	121.760(1)	1993	1993
Eu	151.964(1)	1994	1995

续表

元素	原子量新值	论文发表年份	国际确认年份
Ce	140.116(1)	1995	1995
Er	167.259(3)	1998	1999
Ge	72.64(1)	1999	1999
Dy	162.500(1)	2001	2001
Zn	65.409(4)	2001	2001
Sm	150.363(8)	2002	2005

现在，国际标准的元素周期表中这10项元素的原子量已成为全世界共享的标准数据，张青莲及其团队的科研成果让中国科研倍受世界瞩目。

张青莲院士曾先后在华光大学(今华东师范大学)、西南联合大学、清华大学、北京大学任教授，所教课程涉及高等无机化学、稀有元素、普通化学、无机化学、物理化学、络合物化学、化学德语、化学文献等多门课程。张先生数十年辛勤耕耘在大学科教工作上，为我国化学高等教育培育了一代又一代的人才。北大化学系教授、中科院院士唐有祺教授，中科院院士钱人元教授，有机化学家胡秉方教授等都是张先生的学生。张先生不仅重视无机化学青年教师的培养，也注重启发学生对化学的兴趣和培养学生钻研科学的综合能力，为我国无机化学科教事业的繁荣发展作出了卓越贡献。

张先生不仅治学严谨、为人正直、豁达开朗、平易近人，还爱好文学书法、园艺收藏、摄影旅游等，工作之余的风雅逸兴也看得出他对生活的热爱。张先生献身科教事业70余载，忠于科教事业且不计名利，他的丰功伟绩和高尚品德，为我们树立了一个严谨治学、勇于探索、刻苦钻研的科学家的光辉榜样，不愧为无机化学的一代宗师。

参考文献

[1]张青莲．无机化学丛书[M]．科学出版社，1993．

[2]张青莲，董履和．重水在摄氏25°至100°间之密度(英文)[J]．中国物理学报，1949(00)：250—259．

[3]涅克拉索夫．普通化学教程[M]．北京：高等教育出版社，1956．

[4]戴安邦，尹敬执，严志弦，等．无机化学教程[M]．北京：人民教育出版社，1958．

[5]张青莲．从事同位素化学研究五十年[J]．化学通报,1985(7):51—57.

[6]张青莲．从事同位素化学研究又十年[J]．化学通报,1996(6):58—62.

[7]周公度．评《无机化学丛书》[J]．大学化学,1999,14(2):61—63.

[8]张青莲,尹昭,张先禄．我国若干天然水中的同位素分布[J]．科学记录,1959:402—422.

[9]中国科学院西藏科学考察队．珠穆朗玛峰地区科学考察报告:1966—1968 现代冰川与地貌[M]．科学出版社,1975.

[10]张青莲．天然水中的轻同位素氘和氧-18分析[J]．科学通报(外文版),1980,25(3):208—212.

中国量子化学之父——唐敖庆

我的事业在自己的祖国，我的祖国就是中华人民共和国。

——唐敖庆

唐敖庆，理论化学家，教育家，毕生致力于理论物理化学和高分子物理化学研究，开创了我国量子化学领域研究的先河，被誉为“中国量子化学之父”。他为教育事业无私奉献，为国家培养了优秀的理论化学人才，为中国理论化学的发展作出了卓越贡献。

▶ 图1　唐敖庆

跌宕起伏的人生经历

1915年，独裁与民主冲突、封建与文明交织的乱世之秋，唐敖庆在江苏宜兴和桥镇的一个破旧民房里呱呱坠地。唐敖庆的童年充满了艰辛与坎坷，6岁时母亲去世，不久父亲续房。幸运的是继母知书达理，为唐敖庆带来了大量陪嫁书籍，并指引他努力学习。唐敖庆如获至宝，终日在书海遨游，逐渐养成热爱读书的好习惯。

1921年，唐敖庆进入和桥养初小学读书。老师们绘声绘色的授课为唐敖庆打开了新世界的大门。天资聪颖的唐敖庆很快成为学生中的佼佼者，更是在数学学习方面表现出过人天赋。1928年，唐敖庆考入和桥镇彭城私立中学。此时父亲已身患肺痨，唐敖庆每天放学后需到父亲的杂货铺帮忙照料生意，忙碌到深夜才能回家。但现实的困境浇灭不了他学习的热情，夜晚回家后唐敖庆总是坚持在昏暗的油灯下做完作业、预习完功课后方才入睡。1931年，初中毕业后的唐敖庆因难以负担高中学费被迫辍学，后经老师劝说考入无锡师范学校免费学习，其间对化学产生了狂热的兴趣，并从此立志用化学改造落后的中国。自无锡师范学校毕业后，因经济原因不得不再次中断了学习生涯。为实现梦想，他决定先到宜兴县官林镇凌霞小学任教，以筹集上大学所需的经费。两年的教师生涯里，唐敖庆一边教书育人，一边读书学习，暗自努力做好迎接下一个命运转折点的准备。

1936年，凑够了大学经费的唐敖庆参加了大学入学考试并取得优异成绩，同时收到了北京大学、北平大学、同济大学的录取通知书。出于对著名化学家、时任北京大学化学系主任曾昭抡教授的敬仰之情，他选择就读北京大学化学系。1937年抗日战争爆发，北京沦陷，北京大学、清华大学、南开大学被迫南迁至湖南长沙，时隔一年，长沙面临沦陷，又改迁至云南昆明，组建为西南联合大学。动荡的时局和恶劣的环境丝毫没有动摇唐敖庆学习的热情，他始终追随大学并潜心学习，1940年被评为优秀毕业生并留校任讲师。1945年，广岛原子弹事件让国人看到了原子弹的威力，为研制原子弹，唐敖庆被选拔为优秀青年学者赴美考察这一新技术。但由于美方言而无信，考察失败，唐敖庆转而至哥伦比亚大学化学系攻读博士学位。扎实的基础知识储备和始终如一的学习态度让唐敖庆的成绩始终独占鳌头，1949年唐敖庆完成“相互独立粒子统计理论”论文，顺利获得博士学位。

1950年，思乡报国心切的唐敖庆谢绝美国导师的挽留，毅然回到百废待兴的祖国。回国后任北京大学化学系副教授，半年后即破格提升为教授。唐敖庆开设了量子力学、化学动力学等多门课程，他的讲课深入浅出、内容新颖，很快成为北京大学的明星教师。1952年，按照教育部的部署唐敖庆和蔡镏生赴东北人民大学创办化学系，为东北人民大学化学基础课程建设作出了开创性贡献。1954年，唐敖庆公开发表分子内旋转势函数公式，用于计算分子内的旋转能量变化规律，让长期在理论化学领域不可一世的西方学者们第一次向中国投来惊叹的目光，当年唐敖庆便入选为中国科学院化学、数学、物理三个学部的委员（院士）。1956年，唐敖庆升任东北人民大学副校长，主管科研工作，大力推动学校的建设和发展，使东北人民大学成为全国首批6所重点综合性大学之一。1963年，为培养高层次理论化学科研人才，进一步推动我国物质结构的研究，教育部再次委托唐敖庆在吉林大学（原东北人民大学）组建物质结构学术讨论班，并从全国高校中挑选了八位知名教授和博士跟随学习，被称为“八大员”（图2）。在后来的发展中，唐门八大弟子也在各自的研究领域取得了丰硕的研究成果，先后有五人入选中国科学院院士，两人成为大学校长。

▶ 图2 物质结构学术讨论班合影

从左到右：古正、孙家钟、刘若庄、孙乾二、唐敖庆、戴树珊、邓从豪、江元生、鄢国森

20世纪70年代，唐敖庆开始钻研分子轨道图形理论。凭借深厚的化学、数学功底和敏锐的洞察力，他很快便提出了本征多项式间接计算法、分子轨道系数计算、对称性约化三大定理，极大地简化了量子化学计算。1978年，唐敖庆升

任吉林大学校长，大力推行教育与科研并重的教学方针，使吉林大学教学水平和科研能力显著提升。20世纪80年代，唐敖庆致力于硼、碳原子簇的化学键和结果规则研究，提出了硼-碳原子簇结构的拓扑共轭关系，阐明其化学键特征和结构规则，使我国量子化学理论研究第一次站上世界之巅。1981年8月，唐敖庆当选为国际量子分子科学研究院院士。1986年，国务院任命唐敖庆为国家自然科学基金委员会第一任主任，推进科技体制改革工作。2008年7月15日，唐敖庆在北京与世长辞，享年93岁。

灿烂辉煌的学术成果

1.分子内旋转理论

20世纪40年代，美国量子化学家肯尼斯·桑伯恩·皮泽（Kenneth Sanborn Pitzer）发现乙烷分子中围绕C–C单键存在分子内阻碍内旋转效应，由此提出了乙烷的分子内旋转阻碍势函数，即著名的皮泽经验方程式。此时的中国尚无人涉足该领域。50年代初，敏锐的唐敖庆发现该方程式的理论意义不清且应用范围不广，决心从理论层面来进行研究，先后验证了静电作用是研究分子内旋转问题的正确方向，并将静电作用能展开至八极矩用于推导和计算。经过多年苦心研究、巧妙构思，于1954年从理论层面开创性地提出了一套新的分子内旋转势函数公式：

$$V(\phi) = A + B\cos\phi + C\cos 2\phi + D\cos 3\phi$$

破解了复杂分子旋转能量变化难以计算的难题。该公式应用广泛，可用于推测过氧化氢、联氨等一系列有机化合物的结构和性质，计算分子构象，为从微观结构改变物质性能提供了强有力的理论依据。此研究成果一经发表立即受到国内外理论化学界的广泛关注，并给予高度评价，1957年荣获中国首次科学院自然科学奖三等奖。从此，唐敖庆的名字被国际化学界关注和认可，美国诺贝尔奖获得者霍夫曼更是将其誉为分子内旋转理论的先驱。

2.高分子动力学

1956年5月，国务院在北京召开科学大会，确定了将物质微观结构与宏观性能关系作为化学学科基础研究课题，为中国理论化学学派的形成奠定了基础。同年9月，应国家建设发展需求，唐敖庆暂时将研究重心从熟知的量子化学转为高分子动力学，带领吉林大学对高分子加聚、缩聚和裂解反应进行理论研究，在高分子交联与固化反应方面扩大了研究范围，使凝胶固化理论更加完善，之后更将其范围扩展至内环化反应。此项研究成果总结在《高分子反应统计理论》学术专著中，于1989年获得国家自然科学奖二等奖。

3. 配位场理论

鲍林用价键理论虽然能解释配合物结构的一些问题，但应用范围并不广泛，此时国内在该领域尚是一片荒土。20世纪60年代初期，唐敖庆带领研究团队致力于化学键理论的重要分支——配位场理论的课题研究。从1963年到1966年，唐敖庆领导的科研团队潜心科研，创新性地提出了“三维旋转群-点群耦合系数”，为后续建立完整的不可约张量方法扫清了障碍。之后又成功编制了“三维旋转群——点群耦合系数”计算程序，编出了耦合系数表，为后续研究过渡金属和稀土金属化合物的结构和性能提供了计算依据。为了使配位场理论更加系统、应用更广泛，建立了从连续群到点群统一的不可约张量的方法。

▶ 图3 《配位场理论方法》专著

1966年8月，他发表的《配位场理论研究》论文获评暑期国际理论物理学学术会议“大会十项优秀学术成果”，并于1982年获得国家自然科学一等奖，收录了相关研究成果的《配位场理论方法》专著更是获得了中国自然科学书籍一等奖。此项理论广泛应用于解释金属有机化合物、无机络合物和晶体物质的结构与性能之间的关系。

4. 分子轨道图形理论

1975年，唐敖庆顶着压力开始新领域——分子轨道图形理论研究，以分子的邻近拓扑作用为基点，凭借非凡的数学才能提出一系列新的数学模型和方法用于推导计算。随后，又对拓扑结构深化认识，从而扩大分子轨道的应用范围。此研究成果总结在《分子轨道图形理论》专著中。1987年唐敖庆凭借“分子轨道图形理论方法及其应用”再次荣获国家自然科学奖一等奖。

唐敖庆的一生，是刻苦学习、自强不息、矢志不渝、勇攀高峰的一生。他的学术成就卓越，奠定了我国理论化学研究的基础。他的教学成绩斐然，为祖国培养了一批又一批优秀的科研人才。唐敖庆也因其突出贡献得到了国家和人民的高度肯定，多次荣获国家自然科学奖、何梁何利科学与技术成就奖、陈嘉庚化学奖等重要奖项。唐敖庆用他自己的一生完美地诠释了何为师中模范、学界泰斗！

参考文献

[1]“中国量子化学之父”——唐敖庆[J]. 群言,2016(12):2.

[2]吉林大学举行系列活动隆重纪念唐敖庆先生百年诞辰[J]. 高教研究与实践,2016,35(1):1+81.

[3]韩光莉 . 化学王国的巨擘——记著名学者唐敖庆[J]. 北京工人,1994(11):11—13.

[4]江福康 . 理论化学家、教育家——唐敖庆教授[J]. 中国科学基金,1988(4):6—10.

[5]张存浩 . 长校吉大黉歌起 创始基金勋业酬——深切缅怀唐敖庆先生[J]. 中国科学基金,2008(5):260—261.

[6]张玉来 . 科学之树植根在祖国的大地(连载)——记量子化学家唐敖庆[J]. 继续教育与人事,2001(2):45—46.

[7]唐敖庆 . 分子内旋转问题[J]. 化学学报,1954(1):46—67.

[8]刘永新,崔效峥 . 唐敖庆——中国量子化学的奠基人[J]. 化学工程师,1988(1):1—2.

[9]姚崇福 . Wade规则和唐敖庆拓扑规则间的关系[J]. 化学通报,1983(10):17—18.

[10]师昌绪 . 忆唐敖庆先生[J]. 中国科学基金,2008(5):262—263.

[11]朱光美 . 深切悼念唐敖庆先生[J]. 中国科学基金,2008(05):263.

[12]唐敖庆,陈世元 . 分子内旋转的阻碍势函数[J]. 物理学报,1962,18(3):143—158.

[13]唐敖庆,薛志元 . 乙烷和丙烷分子的内旋转[J]. 东北人民大学自然科学学报,1957(2):69—80.

[14]唐敖庆,郑绳安 . 自由基型加聚反应动力学的理论分析[J]. 东北人民大学自然科学学报,1957(1):153—164.

[15]唐敖庆,岳国粹,丁开爽,等 . 酯化反应的氢离子催化机构Ⅰ . 单元酸与单元醇的酯化反应动力学[J]. 化学学报,1959,25(1):1—9+27—30.

[16]唐敖庆,岳国粹 . Ⅱ . 二元酸与二元醇的聚酯反应动力学[J]. 化学学报,1959,25(1):10—17+30—31.

[17]唐敖庆，岳国粹，金春山，等．Ⅲ．二元酸与多元醇的三向聚酯反应动力学[J]．化学学报，1959，25(1)：17—27+31—32．

[18]肖兴才，黄旭日，王海军，等．非线性缩聚反应的树状胶和环状胶的反应程度[J]．中国科学(B辑)，1998，28(2)：97—107．

[19]肖兴才，黄旭日，王海军，等．Tree-gel and loop-gel conversions in nonlinear polymerization[J].Science in China(Series B)，1998(2)：122—134．

[20]姚崇福．Wade规则和唐敖庆拓扑规则间的关系[J]．化学通报，1983(10)：17—18．

[21]唐敖庆，江元生．On The Problem Of The Sol-Gel Distribution Of The Cross-Linked Long-Chain Polymers[J]. Science in China，Ser.A，1963(7)：997—1010．

[22]唐敖庆，江元生，王铭钧．高分子凝胶化理论[J]．高分子通讯，1963，5(1)：35—47．

[23]物质结构学术讨论班．配位势场理论的研究Ⅰ．正八面体场中dn组态的理论分析[J]．吉林大学自然科学学报，1964(3)：79—100．

[24]李前树，唐敖庆．四层过渡金属夹心化合物的电子构型[J]．化学学报，1988(10)：978—983．

[25]王泽新，唐敖庆．稀土化合物配位场理论的研究——SO(3)-D_n群的变换[J]．高等学校化学学报，1985，6(6)：527—533．

[26]郑元庆，唐敖庆．过渡金属络合催化活性顺序的量子化学研究Ⅰ对烯烃的活化[J]．结构化学，1984，3(3)：181—191．

[27]唐敖庆．分子轨道对称守恒原理的新发展——兼评国际上三个学派的理论[J]．吉林大学学报(自然科学版)，1975(Z1)：58—74．

[28]唐敖庆，江元生．分子轨道的图形理论[J]．中国科学，1976(1)：49—64．

[29]唐敖庆，江元生．分子轨道对称守恒原理的新发展[J]．化学通报，1977(4)：40—49．

[30]唐敖庆，江元生．分子轨道的图形理论——分子轨道的对称性和系数问题[J]．中国科学，1977(3)：218—231．

稀土元素铸科魂，光宪破译当先锋
——稀土之父徐光宪

如果能始终坚持一个方向是最好的，但是科学研究应该时刻关注国家目标，做研究工作如果没有国家的需要，就是无本之木、无源之水，没有根基。

——徐光宪

▶ 图1 徐光宪

稀土，17种特殊化学元素组合的统称，大到隐形飞机、超导材料、核工业、火箭、导弹，小到智能手机等许多尖端科技都离不开它。但是，它们的提炼和加工难度极大。由于珍贵而稀少，被称为“万能之土”，有“工业维生素”之称。业界有这样的说法：谁掌握了稀土，谁就掌握了战场。不得不提的是，我国的稀土储量占全球的70%，简直是“傲视群雄”。邓小平曾经说过：“中东有石油，中国有稀土，一定要把稀土的事情办好。”可令人遗憾的是，我们的稀土分离和提纯工艺却远远落后于世界先进水平。因为分离技术不过关，所以在我们需要大量应用各种高纯度的单一品种稀土化学元素时，就只能开出高价向国外市场购买。这对促进我国相关稀土产业的持续发展造成了极大的制约，这是国人心中的痛。还好，中国出了个徐光宪。

徐光宪——破译中国稀土物质分离技术奥秘的第一人。

生平简介

▶ 图2 稀土

徐光宪（1920年11月7日—2015年4月28日），出生于浙江省绍兴市，我国著名的无机化学家、物理学家、化学史专家和教育家，中国科学院院士。由于在科学研究方面的突出贡献，1994年获得首届何梁何利基金科学与技术进步奖，2005年再次荣获何梁何利基金科学与技术成就奖，2006年获北京大学首届自然科学研究突出贡献奖，2009年获2008年度国家最高科学技术奖，被外界称为“稀土之父”“稀土界的袁隆平”。历任北京大学原子能系(后改为技术物理系)副主任、稀土化学研究中心主任，国家自然科学基金委员会化学科学部主任，中国化学学会理事长，中国稀土学会副理事长，全国人大代表，全国政协委员等职。

徐光宪毕业于上海交通大学，毕业后即赴美国哥伦比亚大学留学。深造期间，他吃苦耐劳，刻苦钻研，潜心研究，只用两年多的时间就完成了博士学位，完成的博士论文《旋光的量子化学理论》轰动一时，表现出极高的理论分析能力。毕业后，导师发现他的聪明才智非同一般，将来肯定大有可为，于是就推荐他到美国芝加哥大学做博士后教学研究。当时他的妻子也正在美国攻读博士学位，若如此去，既能使他获得好的教学科研环境，也有可能为他的妻子创造良好的攻读条件。但是他们夫妇二人都感到祖国更加迫切需要自己，于是他的妻子决定中断攻读博士学位，他也决定放弃这份工作，两人于1951年4月15日回到祖国。爱国之人真心，忧国忧民真情，令人为之动容。

学术贡献

回国之后，他就开始从事量子化学和络合物化学等多方面的深入研究。与他人一起主办了一个结构化学讲习班，为全国高校培养了一批化学理论课和化学技术方面的优秀教师。又根据国防和工程学建设的实际需要，开始从事有关核燃料化学萃取技术方面的课题研究。后来他接到一项重大军工任务，即分离稀土元素中性质最接近的镨和钕，这是稀土元素中最难分离的一对，就像一对孪生兄弟。这项技术是世界公认的重大难题，但只要祖国需要，再难也要上，再艰苦也要拿下。他立足当下，着眼世界，不迷信权威，坚持走自己的创新之路。在他的坚持和有效的探索中终于获得重大突破，在这一过程中成功提出了稀土串级萃取理论，并与他人一起合作，深入发展了这一理论。后来著书《稀土的溶剂萃取》又非常详尽地介绍了有关稀土的萃取问题。随后将这一理论用于实际生产，竟然将纯度提高到惊人的

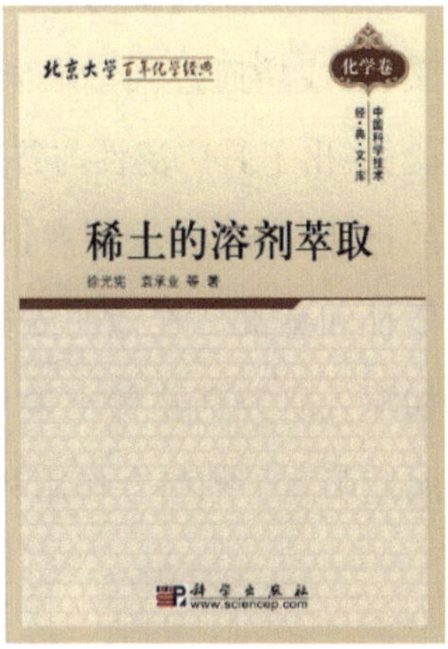

▶ 图3 《稀土的溶剂萃取》

99.99%，进一步在全国国营农场无偿推广，使我国稀土生产工厂如雨后春笋般涌现，极大地提高了我国单一纯稀土生产与外贸在全世界的份额，并且高达90%以上，成功地改写了国际稀土产业的格局，使中国由稀土出口资源大国一下子飞跃到稀土生产大国。尤其令人激动的是，这竟然迫使原来稀土分离技术强国美、日、法等国的工厂停产，带来了“ChinaImpact（中国冲击）”，长了中国人民的志气，极大地提升了国人的民族自尊心和自豪感，带动了巨大的社会效益和经济效益。

他还在国内率先成功开展了在溶液中合成络合物的基础研究。通过不间断地改进实验设备，提高了实验数据的精度。通过改进络合实验数据的综合处理方法，用新的络合实验统计数据，得到了更准确的实验结果，对弱或强络合实验体系也可同时得出较准确的体系分级和弱络合体系常数。他在络合平衡常数定量测定技术方面的研究成功达到了多项国际先进技术水平，还带动了国内国外在相关领域研究工作的深入开展。除此之外，他还在金属有机化合物分子化学和金属原子簇生物化学研究方面作出了巨大贡献。他通过研究总结了大量生物化学资料和目前已有的种种化学理论，提出了一个更广泛的，同时普遍适用于各种金属有机化合物、原子簇有机化合物和常规有机分子的化学结构格式规则，命名为（nxcπ）结构格式。利用该格式规则，只要根据分子结构式即可准确估计一种分子的稳定性，从而可以预测可能存在新的分子，为预测新物质的存在提供了坚实的理论基础。这一分子结构理论规则和基本要义，已成功通过大量临床实验结果和相关量子生物化学理论计算分析结果的综合检验，突出了其广泛性与普适性。20世纪70年代以来，他又看到我国生物无机分子化学的迅速兴起，并深刻意识到科学研究各种生物无机分子配体在无机络合物方面的重要性和意义。在他的支持、鼓励和指导下，研究取得了巨大的进步和非凡的成就，比如深入研究药物稀土素与羊毛素的染色反应机理，抗癌有效药物硝酸分子对于重金属锰阳离子的络合作用和研究胆结石的氧化生成反应机理等。

为国培才

他一生为国家培养了一大批专业技术人才，有很多已是专业上的佼佼者或“领头羊”。其中有分子稀土化学、配位矿物化学、光电子功能学和材料化学方面的黄春辉院士，分子体和磁体化学领域的高松院士，量子固体化学技术领域的黎乐民院士，重金属稀土矿物萃取技术领域的严纯华院士。他们继承了老师的优秀人格品质和治学理念，一直活跃在科学研究的最前沿，为祖国的科学技术发展贡献自己的光和热。长江后浪推前浪，徐光宪为祖国的未来、国家的发展付出了毕生的心血，感动其高尚的人格和拳拳爱国之心。

著书立说

徐光宪深知，知识要传承，教材书本是载体。他组织编写了《物质结构》一书，成为全国统编教材，通俗易懂，言简意赅，深受广大师生的欢迎，并在全国连续使用多年，曾先后再版达五次之多，全国发行量达十多万册，在我国物质结构的教育教学中发挥了非常重要的作用；该书于1988年1月获得国家教委颁发的“高等学校优秀教材特等奖”。此外，他还先后在很多化学教学杂志上发表了不少有关教育教学方面的经验交流文章，并多次召开专题讲座等，使很多优秀教师和广大学生受益良多。他参与发表各类期刊论文560余篇，论文被正面引用高达2000余人次，出版专著10本之多。他给世人的留书和文字，数量之大，质量之高，实属罕见。

徐光宪的一生，从利用量子结构化学到利用结构分子化学，从利用核燃料开始萃取再到利用稀土萃取，这不仅是徐光宪的一部个人化学科研史，也是我们国家化学科技的伟大进步史。他的弟子曾说过：“徐老师的伟大之处，在于他把国家需要永远放在第一位，并视为自己的最高奋斗目标。”在70年的教学科研工作生涯中，一共有四次彻底改变他的研究发展方向，但是只要符合国家政策需要，只要符合国家的发展，他就去做，且在多个领域做出了前沿而又非凡的学术成就，贡献巨大，令全国人民高山仰止、肃然起敬，值得后辈永远学习。他对中国稀土产业做出的不可磨灭的贡献，至今还在产生深远的影响，也必将被历史永远铭记。

2015年4月28日上午，徐光宪院士不幸逝世，享年95岁。

参考文献

[1]刘思德．徐光宪:中国稀土永远的地平线[J]．稀土信息．2015(5):10—12．

[2]王治浩．著名化学家和教育家——院士伉俪徐光宪和高小霞[J]．化学通报，2012,75(7):669—672+647．

[3]中国稀土之父徐光宪院士逝世．中国科学院．2015-4-28[2020-5-16]．http://news.cntv.cn/2015/04/28/ARTI1430210303018465.shtml．

屠呦呦与青蒿素

梦想很轻，却因此拥有飞向蓝天的力量。

——屠呦呦

以前每年的十月都是中国人揪心的一月，因为我们都在期盼着中国人能够获得一个科学方面的诺贝尔奖。年年期盼，终于在2015年10月5日那天，突然在各大网站出现了诺贝尔奖的喜讯，中国科学家屠呦呦获得该年的诺贝尔生理学或医学奖，赞誉她发现了“有关蛔虫寄生虫感染新疗法”，为全球的健康卫生事业作出了杰出的贡献。这是一个巨大的荣誉，让屠呦呦成为我们的榜样和力量！是怎样的经历和品质让屠呦呦能成为中国第一，让我们一起走进这位大师的世界。

▶ 图1　屠呦呦

理想的萌芽

1930年12月30日，浙江省宁波市的一个小女孩出生了。她快乐地成长着，父亲没有过早规划她将来要从事什么职业，但给她创造了读书的环境。父亲自己很爱读书，给儿时的屠呦呦树立了好的榜样。家里房屋顶层有一个阁楼，是屠家的书房，里面有各种图书，有诗歌方面的、有科学方面的、有医学方面的……屠呦呦可自行选择。这给了她一个广阔的世界，可以自由翱翔，时而在古诗文中感受爱国情怀，时而在科学中体会逻辑之美，时而感受到中医药的博大精深！家庭的这种氛围让屠呦呦对中医学产生了初步的兴趣，但其真正蜕变为今后的志向却是源于一场病痛！

屠呦呦16岁那年，本来是美好花季，但她却不幸染上了肺结核，被迫休学治病。即使现在我们听到肺结核都心惊胆战，更何况是在那样一个医疗水平极不发达的年代。可想而知屠呦呦当时的境况，一边担心自己的学业，另一边更担心自己的身体。经过两年与病痛顽强的斗争，屠呦呦的身体痊愈了。这段时间的痛苦经历让屠呦呦体会到生命的脆弱，感受到医药的重要性，也激发了屠呦呦的社会责任感。人类面对疾病，如果发明了有效的药物，那生命就能被挽救、被呵护。从此，在屠呦呦的心里埋下了学习中医药的种子，这种子会生根发芽，开花结果。

前进在路上

回到学校，屠呦呦恢复了学习的状态，以优异的成绩考上了北京医学院（现为北京大学医学部），毅然决然地选择生药学专业，圆了高中时期的梦想。因为受少年时期在家阅览的医学书籍和身边中药治病的良好疗效的影响，大学时期，屠呦呦对天然药物的兴趣非常浓厚，花了大量的时间在本草学和植物分类学等中药相关课程的学习上，这为屠呦呦的后续研究打下了坚实的基础。大学毕业后，屠呦呦继续投身于天然药物的研究中，加入中医研究院（现更名为中国中医科学院）的研究团队。虽然条件艰苦，没有太多的实验设备，防护措施也不到位，但她没有抱怨，坚持自己的研究，甚至因为做实验引起过中毒性肺炎。屠呦呦在医药界做出的第一个贡献就是解决了半边莲及银柴胡的品种混乱问题，从而可以更好地防护血吸虫病，使得中国很多地区免受血吸虫病的侵扰。在研究该项目的过程中，屠呦呦总结了经验，编著了《中药炮炙经验集成》一书，方便了中医药界的沟通交流。

有了血吸虫病的研究经验，屠呦呦主动申请研究重大课题项目，这也为屠呦呦研究青蒿素打下了坚实基础。20世纪40年代，随着西药奎宁的大规模使用，人们开始沾沾自喜，以为疟疾已经被人类消灭，不用再付出惨痛代价。没想到狡诈的疟原虫经过20年的基因突变，卷土重来，威力更加强大，奎宁甚至氯喹都不能很好地消灭它。1960年以后，疟疾又开始吞噬人类的生命，每年都有三亿人患病，且死亡率在逐年攀升。全世界都急需一种新的药物来与疟疾对抗，中国也积极参与，紧急召集了一批科学家着手研发新药物。

屠呦呦临危受命，扛起了抗疟大旗。虽然当时国家十分重视这项研究，投入了大量人力物力，但受限于当时的条件，我国没有计算机等设备，没办法进行机械搜索，只能全靠人工收集、筛选。中药历史悠久，药方和药品都种类繁多，要找到合适的药方无疑是大海捞针。屠呦呦没有抱怨，一头扎进了古文医书、地方志等，还不断到人民群众中寻找灵感，慢慢地将中药的范围缩小到2000多种。通过不断地对比疗效，确定了640多种可能有效的抗疟药物，青蒿素当时只是其中一种。经过动物实验后，并没有发现有效的药物。“难道前面做的工作都白费了吗？”质疑和沮丧弥漫于整个科研团队。在这样的危急关头，屠呦呦坚定信念，继续扎根在古文医书中。中国最早在《周礼》上记载着疟疾，意味着中国古代也一直在研究中药治疗。

得益于少年时阅读的古文书籍，屠呦呦对古文医书的阅读能力很强。经过长时间的查阅，终于在东晋名医葛洪的《肘后备急方》中找到了答案："青蒿一握，以水二升渍，绞取汁，尽服之。"青蒿素立刻被重新重视起来，并且这句话也让屠呦呦找到了问题根源。现在人们熬制中药一般用"水煎"法，温度较高，而古文是用"绞汁"，就是用锤物将药物捣碎，搅拌，过滤出汁液，温度较低。问题可能在温度上，因为温度高可能破坏某些化合物。有了这样的启示，屠呦呦决定用低温提取，方法是采用减压蒸馏法或直接将萃取溶剂水替换为低沸点的乙醚。

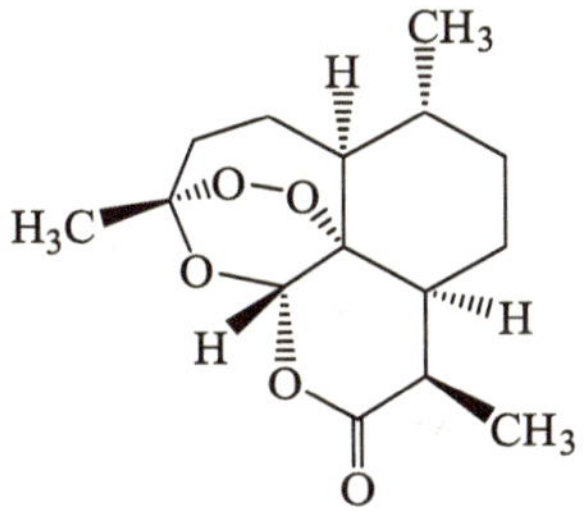

▶ 图2　青蒿素的分子结构

最后，屠呦呦总结出一套萃取的方法：挥发性物质用乙醚或汽油浸取法，难挥发性物质用水蒸气蒸馏浸取，减压蒸馏除去水。挥发性物质的工艺流程为：投料—加水—蒸馏—冷却—油水分离—精油；难挥发性物质的工艺流程为：干燥—破碎—浸泡—萃取(反复进行)—浓缩提取液—粗品—精制。粗品到精制用柱层析及重结晶即可。

阳光总在风雨后

经过不同方法得到的青蒿素在结构上可能不同，对疟疾的治疗效果也不相同。通过对比实验，在1971年10月，通过乙醚低温提取获得的青蒿素对鼠疟原虫抑制率接近100%，大大提高了药效。接下来需要通过人体试验来检验药物的安全性，如果去找患者试验，需要花费较长的时间。为了加快进度，1972年屠呦呦和另外两位同志亲自试药，体现了其舍身科学的勇气和精神。证明了青蒿素的安全性之后，研究团队进一步纯化了青蒿素。中国在青蒿素研究中取得的成就引起了世卫组织的关注，提议1981年10月在北京召开青蒿素国际会议，也标志着中国在抗疟药物的研发上走在世界前列。

解决完青蒿素的安全性和纯化工艺后，产量成为首要问题。起初青蒿素是从黄花蒿中提取出来的，但含量仅为0.9%，因而价格高昂，无法大规模推广使用。得益于生物技术的发展，我国将黄花蒿进行了改良，含量提高至将近三倍，达到2.5%，有效地降低了青蒿素的成本，使青蒿素能被普通百姓使用。科学在进步，疟原虫也在进化，为了赢得与疟原虫斗争的胜利，屠呦呦进一步对青蒿素进行改良。在1992年，她发明了青蒿素的衍生物——双氢青蒿素，它的疗效更好，是普通青蒿素的10倍，不仅提高了疗效，还极大地降低了治疟疾的成本。目前，全球对青蒿素的需求量是180吨，中国提供了90%以上的原料，为世界卫生健康事业作出了巨大的贡献。

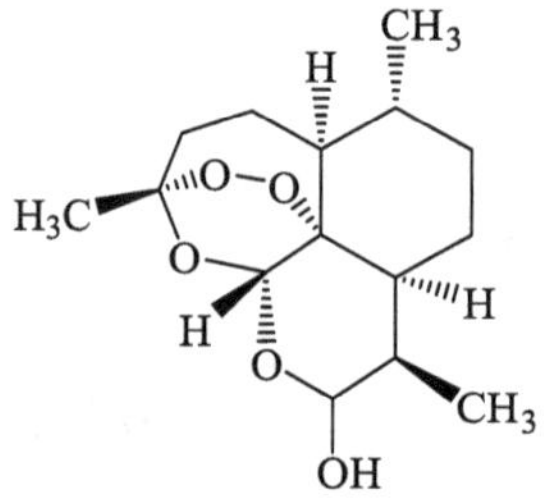

▶ 图3　双氢青蒿素的分子结构

成功找到青蒿素的经历也给科学家一个启示，即中国的传统文化和历史滋养丰富，蕴藏了很多宝藏，等待人们去发现。当然古文书籍并不是每个人都能轻易读懂，所以对于研究者来说，除了科学素养之外，对古文化的培养也是需要的，这会为研究者打开另外一番天地。

发现抗疟新药——青蒿素这一重大成就引起了诺贝尔奖评审委员会的关注，在2015年10月，瑞典卡罗琳医学院宣布屠呦呦获得2015年诺贝尔生理学或医学奖（还有另外两名外国科学家同时获奖）。这是迄今为止，中国本土培养的科学家首次获得科学类诺贝尔奖，为中国赢得了国际名誉，同时也让全中国人民感到骄傲。

颁奖的过程中，屠呦呦很谦虚，并没有将功劳归于自己，而是归于强大的国家和身后的合作团队。屠呦呦表示她只是团队的一个代表，如果没有团队的默默付出，就不会有这次取得的成就。这种谦逊的品质值得所有人学习。

颁奖时被屠呦呦的一个细节打动，她用中文宣读获奖感言，那是发自内心的爱国情怀，要让全世界知道中国的贡献！科学的发展让中国在某些方面走在了世界的前列，让中国更加硬气，中国科技也有其他国家值得学习的地方。

屠呦呦伟大的理想是让全人类健康，伟大的事业是研究中医药，伟大的贡献是研究青蒿素。一点一滴浇筑理想，一步一步走向成功。最后，用屠呦呦的经典名句与读者共勉："梦想很轻，却因此拥有飞向蓝天的力量。"

参考文献

[1]罗元生．屠呦呦：一生只为青蒿素[J]．时代报告，2019(11)：68—71．

[2]冯翔慧．屠呦呦：铸就青蒿素抗疟传奇[J]．中国科技产业，2017(2)：26—27．

[3]张盖伦，王叙．屠呦呦：一株蒿草济天下[J]．知识就是力量，2019(11)：28—29．

[4]袁亚男，朱晓新．屠呦呦获得2015年度诺贝尔生理学或医学奖[J]．生理科学进展，2016，47(3)：240—241．

[5]田亚琼．一种病，一棵草，一人生——札记屠呦呦和她的抗疟人生[J]．科技视界，2023，(19)：9—13．

[6]王燕萍．呦呦蒿草情 拳拳报国志——记共和国勋章获得者屠呦呦[J]．党史文汇，2023(6)：17—23．

[7]朱安远．青蒿素之母——诺贝尔奖得主屠呦呦[J]．世界科学，2022(8)：54—57．

[8]孙进军．屠呦呦：一生倾情青蒿素[J]．党建，2022(2)：67．

[9]丁艳丽．以梦为马，不负韶华——科研人才潜心基础研究群像[J]．中国人才，2020(2)：13—15．

第三篇章

逐梦之路：化学竞赛人人谈

学习是一种习惯，追求是一种态度，成长是一种美好！

当我们超越自身极限，借助一块抛光的曲面玻璃去感知仅凭肉眼无法看到的世界时，原本简单而美好的世界顿时改变了。

——伊恩·斯图尔特

1

千磨万击还坚劲，少年心事当拿云

——竞赛学生的成长之路

我的高中化学竞赛

徐小庆①

谈到化学，首先会让我想起那些神奇的化学反应和澄清漂亮的试剂，它所展示的强大力量和实验成功那一瞬间带来的美丽，总是让人兴奋，产生一种深深的吸引力。还有配平化学方程式的感觉，就像完成了一幅复杂的拼图，让人圆圆满满。俗话说："兴趣是最好的老师。"但是对于一个中学生而言，多数时候其实并不知道自己的兴趣在哪里，恰恰是最好的老师让你产生了兴趣。我喜欢化学在很大程度上归功于喜欢我的化学老师。

我所在的班级是张万琼老师带的第一届高中生。那时的她还是一位年轻老师，在我们学生眼里她更像是一位知心大姐姐。但是她的责任心很强，而且展现出丰富的教学经验。所谓授之以鱼不如授之以渔，好的老师，教给学生的不仅是知识，更重要的是通过课上精心设置的问题，引导学生思考，帮助学生在听课的过程中形成化学思维。在我读书的时候，很多人认为化学更像文科，需要记背的内容很多，只要死记硬背就可以取得高分，而事实并非如此。化学的知识点比较散，需要进行归纳和总结，这样知识点才能一环扣一环，不容易忘记。张老师擅于构建知识体系，将零散的知识点串联起来，形成网状结构。学生从接受知识的第一天起，就能逐步形成高屋建瓴的

---

① 作者简介：徐小庆，高1996级2班，获得1996年第10届全国高中学生化学竞赛暨冬令营决赛金牌。毕业于清华大学国际金融专业，获经济学学士和硕士学位。2002年加入中金公司，曾任固定收益部董事总经理，从事国内固定收益市场策略的研究工作近十一年，其所带领的研究团队连续10年荣获《新财富》杂志评选的债券研究"最佳分析师"称号。2013年加入敦和资产管理有限公司，现任首席经济学家，从事全球大类金融资产配置的研究工作，并从2018年开始管理公司对外发行的宏观对冲产品。

视角,能力自然就会迅速提升。

由于化学成绩好,自然就萌发了参加化学竞赛的想法,在准备参加全国冬令营时我遇到了我的竞赛指导老师余直夫老师。他是附中化学组的老前辈,那时已经退休,因为他知识渊博,专业能力极强,学校将其返聘回来专门进行竞赛培训。化学竞赛涉及很多大学的知识点,对于我而言要在短时间内掌握那么多的内容是十分困难的,余老师从大学教材中提炼出与竞赛相关的体系框架,撰写了大量的授课笔记,用深入浅出的语言让我能尽快熟悉这些新的知识领域。更重要的是,我是一个喜欢打破砂锅问到底的学生,每次课后都有一大堆问题向余老师请教,他总是能不厌其烦地进行解答,不能当场解答的也会细心准备后再做解释。他是我见过的最有毅力的老师,常年坚持早练,无论刮风下雨,每天看起来都精神百倍。正是这种精神时刻鞭策我,不断磨炼吃苦耐劳的意志,找到适合自己的学习方法。最终能进入冬令营并获得金牌固然让人欣慰,但即使没获得金牌也没什么,重要的是参与过程中对个人能力的培养和意志的磨炼。时至今日,虽然我没有再从事与化学有关联的任何工作,但那段经历教会了我自主学习的能力和积极向上的精神,让我终身受益。

有人总结过:学好数学使人思维缜密,学好物理让人思维深刻,学好化学使人善变,增强应变能力。我在大学学习的专业是金融学,虽然很多金融理论也是数学模型,但金融市场的参与主体毕竟是人,变化规律不像自然学科那样固定,而化学的思维模式有助于我更容易理解这个多变的市场。我工作后主要从事利率研究,利率是所有金融产品的定价基础,也是最重要的政策变量,央行通过调节利率水平来影响宏观经济环境,而经济周期正是通过利率的变化在平衡和不平衡之间不断切换,但利率并不能改变经济周期的长期趋势。这和化学反应其实本质上是一个道理,外界条件改变时,平衡总是向减弱这种改变的方向移动,却无法逆转这种改变。中国执掌时间最长的央行行长周小川最早就在北京化工学院学习,可见学好化学确实能让人更擅于应对复杂多变的世界。

作为一名金融分析师,需要具备很多基本的素质,而我在参加化学竞赛的过程中潜移默化地培养了这些习惯。首先,最重要的是要有审慎严谨、客观求实的态度,对数据要不厌其烦地反复分析。这就和做化学实验一样,要有足够的耐心和细心,这些都是在实验过程中慢慢熬出来的。

其次,形成融会贯通的全局性思维。金融资产价格的变化往往是对某一类宏观因素的映射,而如何把看到的现象与背后的宏观驱动力有机地串联起来,形成统一的分析框架,是判断分析员是否优秀的重要标准。高中化学知识并不是零散的点,而是一张互相交织的知识网,有机、无机、元素、电化学等互相之间都可以建立起联系。只有把这些知识点联系起来,才能做到举一反三,将知识活学活用。

第三,拥有强大的逻辑分析能力。分析师最重要的工作就是预测,但预测不是凭空想象,而是在分析数据的基础上,大胆假设,小心求证,在理性、经验和直觉之间找到最佳的平衡点。而化学的核心素养也是推测推导,化学反应是有规律的,需要用现在的结果推测以往的经历,也需要用现在的状态预测未来的结果。

总之,高中的化学学习和竞赛培训是我人生中最美好的一段回忆,也从此改变了我的命运。衷心感谢母校的辛勤培育和老师们的无私奉献,是你们让我的生活变得更美好,人生变得更多彩!

化学竞赛与求学之路

肖康①

我中学六年就读于西南师大附中(现西南大学附中),高中在张万琼老师的指导下参加化学竞赛,高一获初赛一等奖并进入复赛前十,次年入选重庆代表队,有幸参加2002年在济南的全国决赛,获得银牌。2002年保送清华大学环境学院,2012年获得环境科学与工程博士学位,并在清华大学开展博士后工作。2014年至今就职于中国科学院大学,承担教学、科研和教务管理等方面的工作,讲授"环境数据分析导论""环境污染控制化学""环境计算毒理"等课程,从事水环境分析和水污染控制方面的研究,兼任《环境科学与工程前沿》国际期刊编辑。近年来,针对污水再生与资源化的膜分离技术,开展了数学建模、统计分析、机理探索、过程优化等方面的研究;探索污染物监测分析新方法,指示天然水体、污水、再生水以及大气颗粒物中污染物的赋存状态及归趋规律;发表学术论文100余篇。可以说,我是以化学为体,以环境为用,开启了教学科研的职业生涯。

回想当年,参加化学竞赛的经历对我的人生具有非凡意义。它为我打开了一扇窗,让我得以瞭望深邃广袤的化学世界。初三时王忠文老师讲授的化学基础课,让我初窥化学世界的门径。当时作为家庭作业完成的电解水、钙的酸碱反应等小实验让我记忆犹新,让我体验到化学在生活中无处不在,我们就身处化学的奇妙世界中。高中三年张万琼老师讲授的化学课程让我开始构筑自己知识体系的草图。化学竞赛的训练进而让我在理论层面触碰化学的奥妙,在实验层面掌握化学的规律,有一种万物皆有道、变化无穷尽的感觉,这种求索让人陶醉。化学竞赛的平台,在开拓科学视野、提升实践水平、培养科研素质方面的作用不言而喻。当年化学竞赛的训练和熏陶,即便在我如今从事的环境科学与工程领域,也让我受益匪浅。

在化学竞赛的各个科目中,无机化学让我又爱又恨,尤其是变化多端的过渡金属,它们是宇宙的尘埃,是多彩的釉色,是生命的要素,也是致命的毒药。这些元素曾经让人望而生畏,如今身在环境领域的我却必须直面,因为其中蕴含太多有害却有用的

① 作者简介:肖康,西南师范大学附属中学校高2002届8班,获2002年第15届全国高中学生化学竞赛暨冬令营银牌。本科毕业于清华大学,获清华大学环境科学与工程博士学位,现就职于中国科学院大学。

重金属元素,甚至可利用其多功能催化特性构造纳米材料,转变成降解其他污染物的利器。有机化学中的有机合成,曾经让人如痴如醉,如今的我却背道而驰,整日琢磨的是有机物的降解而非合成问题。在日新月异的人类工业化进程中,如何处理那些层出不穷的新兴污染物,是我们必须直面的问题。分析化学为我后来的环境分析打下了方法学基础,例如滴定的实验方法、迭代的数学思路、平衡的哲学思想。如今我在努力尝试建立光谱指纹的机器学习方法,追踪自然环境中污染物的蛛丝马迹。物理化学让我建立起能量的概念,它如同化学世界的通行货币,串联无数反应过程,解释万千自然现象。如今我形成了一种发散跳跃的思维习惯,仰望星辰时能联想到胶体与光的散射,炒菜洗碗时能联想到微界面的自组装。物理化学中的自发过程还启发我思索世界和生命的演变规律,环境污染和环境保护是熵增还是熵减的过程?我们在其中又扮演何种角色?结构化学让我初识量子的概念,不禁思考世界的宏观与微观、连续与离散、维度与误差。在一片混沌中我发现,任何理论都是不究竟的,理论不失为认识世界的方便法门,但现实世界远比理论纷繁奥妙。

参加化学竞赛这段经历,对我来说是半衰期极长的美好回忆,在我的记忆深处绽放光芒。化学竞赛贯穿在高一至高三的日常学习和假期生活中,充实却并不辛苦,因为热爱。在高一、高二的日常学习中,我们在对高考科目学有余力的情况下,在自己的兴趣驱动和老师的指导帮助下,利用空余时间学习奥赛知识、训练奥赛思维。这是一种发乎内而成于外的延伸学习,极其愉快而高效,从中获得的探索性思维和自学能力,提升了思考问题的自发性、敏锐性和灵活性,对日常高考科目的深入学习和综合贯通也大有裨益。在高中校园假期特训的日子里,教室里是与化学进阶讲义、发散思维笔记、奥林匹克真题的交锋,宿舍里是《天龙八部》和《笑傲江湖》的世界,实验室里是脑洞大开的化学探索,妙趣横生。在西南大学化学化工学院集训的日子里,除了每日如海绵般尽情吸取化学知识之外,与高手之间的切磋进步也其乐无穷。与小伙伴们在大学租房、在图书馆抢座上自习等片段,相当于是提前体验了大学生活,如今想起来不禁莞尔。

从初赛、复赛、集训到全国决赛,一路走来,我很感激中学母校及重庆赛区对我的精心培养。能代表重庆赛区参加全国决赛,我感到非常自豪。感谢西南大学化学化工学院对复赛集训的精心组织,我的大学生活初体验其实是从这里开始的。感谢化学化工学院敬爱的肖德超先生和杨学霖先生,以及周老师、柴老师、马老师、王老师、孔老师等老师对我的谆谆教导。特别感谢中学母校化学教研组,感谢张万琼老师对我的悉心指导和关怀鼓励。现在我也带学生了,我也要努力成为能够解惑授业乃至传道的优秀导师。

现在每每听到母校化学竞赛的捷报,我都感到由衷的高兴,这也许就是归属感吧。最后我想对学弟学妹们说的是,对于今后的求学生涯,化学或许是起点,但远不是终点。求学之路需要有更宽广的视野,以融会贯通;需要有更深邃的思考,以格物致知。学问不止于化学。数学物理生物语文外语直至哲学,都不可或缺。中科院有一句话叫作"致大尽微,家国天下",与学弟学妹们共勉。

Critical Thinking

袁沛锡[1]

大家好,我是袁沛锡,2005年毕业于西南大学附属中学,现在在美国英特尔(Intel Corporation)公司工作,现任研发以及化学原材料的项目经理。

2004年9月我在高三的时候参加了2004年全国高中学生化学竞赛,并取得了全国高中化学竞赛初赛(省级赛区)一等奖,参加了重庆市省队的选拔,我以第三名的成绩代表重庆队参加了在上海举办的全国高中化学奥林匹克决赛(冬令营),在冬令营比赛中取得了二等奖(银牌)。之后,我直接保送到南京大学就读本科,学的是化学专业。

在大学期间,我进一步提高了自己英语的水平,在南京大学参加英语演讲比赛并获得冠军。进入大学后,由于我的化学竞赛的基础,我在大二的时候就进入教授的科研室,参加科研活动,并在国际期刊上发表了3篇学术论文。在2009年初,获得了10多所美国高等学府的全额奖学金的offer。最后,我决定到伊利诺伊大学香槟分校(UIUC)就读材料化学博士。

在我25岁的时候,我博士毕业并拿到了Intel公司的offer。在Intel公司我最开始是从事研发工作,在电脑芯片制备极度细膜层上聚合硅。3年之后,我拥有了自己的团队,开始做工程师经理,继续推广芯片的制备以及研发。现在为了扩大自己的业务面,我开始领导新的队伍,在全球采购新颖以及高质量的化学原材料,从而进一步推进Intel公司的科技水平。

读到这里,很多人会想,你的经历倒是不错,但是又不是每个学习化学奥赛的人都能拿国家奖,又不是每个人都要出国留学,那化学奥赛对我能有什么帮助呢?

以我这么多年在科研和国际公司的经验来看,无论是做哪行哪业,领导们最赏识的技巧是批判性思考(Critical Thinking)。在我高中的经历中,化学奥赛在这些技巧方面给了我最多的培养。

Critical Thinking是一种多方面的技巧,包括观察(observation)、分析(analysis)、理

---

① 作者简介:袁沛锡,西南师范大学附属中学校高2005届9班,获2005年第18届全国高中学生化学竞赛暨冬令营银牌。本科毕业于南京大学,获美国伊利诺伊大学厄巴纳-香槟分校博士学位,现就职于美国苹果公司。

解(interpretation)、反馈(reflection)、审查(evaluation)、推理(inference)、辩解(explanation)、问题解决(problem solving),还有决论(decision making),要考虑到多方面的因素而做到最完整的策略。

举个例子,在科研上,我们发现了一个新的化学膜层,可以提高电脑芯片的效率。但是要如何应用这个膜层,那需要各个方面的考虑。

首先在技术上,要考虑这个膜层跟其他构造发生怎样的反应,它虽然会提高效率,但是会不会造成其他副作用,比如高发热、低产率等。

其次在制备上,要考虑这个新材料在制作流水线上会不会花费太多时间,训练做生产的技工会不会太复杂,每一次的制作容不容易出错,从而避免产生劣质产品。

最后在经济上,要考虑投入的研发资金、制备的成本、客户对芯片效率的需求和产品的价格承受度等。

根据这些多方面的思考,我们可以继续改进这个新的化学膜层,从而展示最好的产品。

全面思考问题以及解决问题的能力不是一天两天,甚至一年两年可以培养起来的,化学奥赛难就难在它对这些技巧的培养。

从微观上,我们要学习电子轨道的排布,电子如何影响一种元素的性质;

从原理上,我们要学习各种元素的性质,上百上千种应用,有机无机的反应原理;

从结构上,我们要学习各个原子怎样排布而体现出不同的表征;

从反应上,我们要学习反应动力学、热力学及化学平衡,了解化学反应是怎样发生的;

从应用上,我们通过学到的理论知识,了解它们在现实生活和生产实际中的应用;

从实践上,我们动手、动脑,在化学实验室里深刻体验如何把知识转换成现实。

化学是一门核心科学,学习它的过程就是提高你各种思考问题、提出问题、解决问题的基本素质的过程。没有我高中化学奥赛的学习,就没有我现在能在国际舞台上闯天下的能力。即使我没有做跟化学相关的事业,那些通过化奥学习的珍贵的能力,也会对我的事业有积极的推进作用。

感谢您阅读我的故事,我希望我的经历对各位的学习以及未来的事业有所帮助。

薄书读厚，厚书读薄

谢铭[1]

我在2009年9月就读于母校西南师范大学附属中学（现西南大学附属中学），由于离家较远，我住在学校宿舍，周末不回家。

那年11月，黄炜老师送给我一本第四版《无机化学（上册）》。在那些个没有移动互联网的周末，或是因为兴趣，或是因为实在无事可做，我把这本书翻完了，像翻《故事会》一样翻完了。毕竟，当成高中教材一样去翻是很累的，要是再写点笔记，那可太不适合休息日了。

翻过的书，再翻一遍，就算温故知新，也显得索然无味。我很快索要了《无机化学（下册）》，然后是《有机化学》《物理化学》，陈辉国老师闻讯后还送给了我他的藏书。但这些都不够，我是拿来当“故事会”看的，没个二三十本哪里够看？我最后跑到了母校的图书馆，翻了不少化学有关的和无关的闲杂书籍。当然，并没有学到太多的知识，这些书的内容，大多是忘了或者没有学明白。

转眼间到了2010年的夏天，我参加了省级的化学竞赛。虽然没有受过正规培训，但因为翻书太多，一力降十会，取得了不错的成绩（所幸当时的参赛选手还没有开始内卷）。

在母校的帮助下，我参加了重庆市各中学合办的化学竞赛培训班，柴雅琴教授闻讯，还安排我前往了西南师范大学化学化工学院学习化学实验。在老师们的指导下，我很快意识到一切化学知识都通过其背后的原理，在还原论意义上更本质的地方完成统一，只是这些原理或已知，或未知，或者不唯一。我再次翻阅了那些“故事会”，这一次，我成体系地认识了它们。

那时我已经知道了竞赛可以获取保送一事，但考虑到此事first or lost，我不敢冒进，仍然决定以备战高考为主，只以周末时间和晚自习剩余时间处理化学竞赛。直到2011年10月清华大学抛出橄榄枝，我开始全力备战化竞冬令营。此时能做的，也就只有真题、模拟题练习，制作错题集之类的工作，到这时其实大局已定，剩下的就是尽人事了。

---

[1] 作者简介：谢铭，西南大学附属中学校高2012届9班，获2011年第25届全国高中学生化学竞赛暨冬令营金牌。本科毕业于清华大学，获清华大学博士学位，现就职于南通药明康德医药科技有限公司。

回顾这些往日辉煌，我深切感受到我是七分运气、三分能力。我幸而拥有翻化学如翻《故事会》的天赋，又幸而获得母校的支持，才能在化学竞赛上取得成绩。

至于勤劳和努力，尽管很重要，但不是成事的关键。冬令营的选手，乃至省赛头部选手，人尽英才豪杰，可不是什么会打瞌睡的兔子。只要是乌龟，就算不眠不休也不可能赢下不打瞌睡的兔子。

要赢不瞌睡的兔子，唯一的办法是自己也变成兔子，而且跑姿比对手更高效。

不同人有不同的最适跑姿。在其他短跑健将训练步频的时候，尤塞恩·博尔特练的是起跑，因为他身高步子大，不需要高步频就能取得惊人的速度。

而我的方法，是薄书读厚、厚书读薄。

不必为自己的竞赛学习设限。除了老师推荐的经典图书外，任何书籍、网络资料，有兴趣的都可以看。自己突然有了想法或是奇怪的问题，也尽量第一时间查阅了解相关的信息。这些内容不需要咬文嚼字，留下印象就可以。厚实的积累是构建自己学科认识体系的基础，参考资料良莠不齐是必然的，大家有老师指导，不必担心，有一定积累之后自己也能判断。

有了足够的积累，就如同已修九阳真经的张无忌，虽然招式笨拙，但内功已然深厚。此时就需要用心领会自己已学知识背后的体系、现象背后的规律、规律背后的理论、理论所描绘图景里的实例。当一切都连接起来的时候，知识就能化作自己的直觉，一切都自然而然。就如同张无忌的太极拳一般，仿佛可以在一张纸上写下所有，但提起笔却写不出一个字。

例如，解释反应：

$$Cs_2O(s) \xrightarrow{400℃} Cs(g) + Cs_2O_2(s)$$

这是一个Cs(Ⅰ)将O(-Ⅱ)氧化的反应，Cs(0)的挥发性可以成为一部分原因，但此反应在Cs沸点以下200多摄氏度依然可以进行，凭借直觉，我们知道背后另有其他原因。

我们必须具体问题抽象分析，着眼于离子化合物本身。简单的离子化合物可以被理解为由均匀带电的球状阴阳离子组成，其中阴离子互相之间，以及阳离子互相之间都是相互排斥的，只有阴阳离子之间相互吸引，保障了离子化合物的稳定。

因此，阴阳离子体积的互相匹配，或者更确切地说，每电荷所占体积的尽量接近是离子化合物保持稳定性的关键。因为只有这种情况下，阴阳离子才能“充分均匀混合”，保证最大化的晶格能。

那么,如果不匹配会如何?

首先是易溶,离子化合物容易被溶剂“摧毁”,形成“介质中的离子气体”。例如Na_2CO_3易溶(大阳离子小阴离子),而阴离子电荷密度减半后的$NaHCO_3$溶解性差。$LiClO_4$(小阳离子大阴离子)易溶,甚至溶于THF等有机溶剂,而NH_4ClO_4溶解性差。

其次是易成为共价化合物。例如较小的F可以与较小的Al(III)形成离子化合物,但与较大的Cl则只能形成共价化合物;更小的Ti(IV)、Mo(VI)、W(VI)等则与F也形成共价化合物,只能与更小的O形成接近离子化合物的二元化合物。

最后当然是化学不稳定。当阴阳离子尺寸极度失衡时,阴离子之间或阳离子之间的互相碰撞就变得不可避免。一方面排斥力的增加使得化合物不稳定化,另一方面离子集中时电荷亦集中,氧化性或还原性成倍加强(为什么?),引起了题设的结果。

对于更小的N原子,其碱金属化合物中只有最小的Li对应的离子化合物对热稳定。叠氮化物的分解情况可以提供完全的证明。

$$LiN_3(s) \longrightarrow Li_3N(s) + N_2(g)$$

$$NaN_3(s) \longrightarrow Na(l) + N_2(g)$$

当然,我们分析的前提建立在简单离子化合物的情况下,复杂离子化合物需要“根据实际情况修正”。PCl_5和N_2O_5在固态下是离子化合物(气化后成为共价化合物),但却是以以下形式存在。显然,这是阴阳离子尺寸匹配的形式。

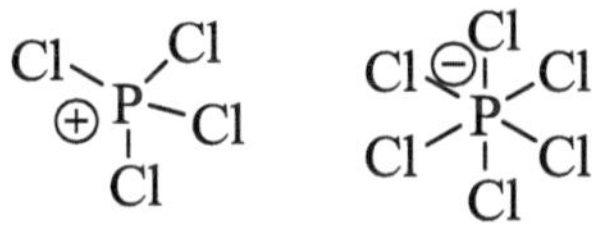

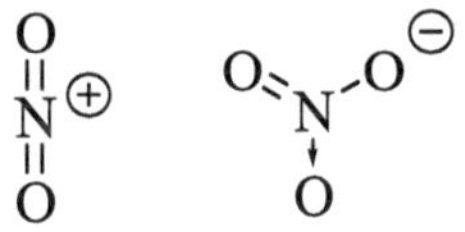

另一方面,1-己基-3-甲基咪唑氯化物具有明显的阴阳离子尺寸不匹配,但其阳离子上电荷分布不均,不能理解为一个均匀带电的球体。整个巨大的烷基几乎不带电,烷基之间的互相接近并不显著产生排斥,而是为化合物带来分子晶体的性质,令该离子化合物室温下即是液体。

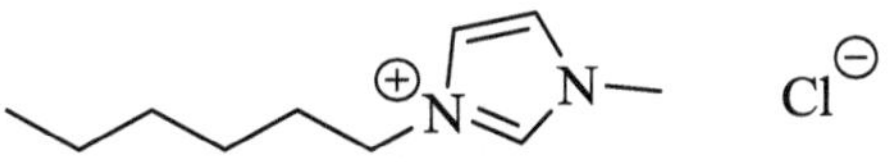

$$Na_2S(aq) + H_2SO_3(aq) \longrightarrow S(s) + Na_2SO_3(aq)$$

$$Na_2S(aq) + H_2SO_4(aq) \longrightarrow H_2S(g) + Na_2SO_4(aq)$$

$$NaCl(aq) + HClO_3(aq) \longrightarrow Cl_2(g) + NaClO_3(aq)$$

$$NaCl(aq) + HClO_4(aq) \rightleftharpoons HCl(aq) + NaClO_4(aq)$$

当然,化学毕竟是自然科学,自然科学以实验为本。如果确实对化学感兴趣,想要从事相关的研究或职业,则需要学好实验技能。实验的学习与理论相似,先尽可能多地尝试各种实验,然后融会一体,理解每一个操作的含义,最后指导理论的研究。与理论学习的书本不同,实验能提供立体生动的信息。实验的操作、现象、结果乃至事故都有背后的逻辑,用心体会就能获益匪浅。中学和大学本科的实验机会有限,望大家能珍惜并积极利用。

而若是立志成为化学领域前沿的开拓者,则除了扎实的实验功底,还需要流利的英语能力。自然科学的前沿动态都会最先发表在英文期刊或者会议上,务要加入他们才能成为前沿。本科时学好英语并申请出国交换,了解信息后深造是最简单的路径。我因为无知和傲慢,没能学好英语,加上屡次错过深造机会,现已无缘科研前沿。

最近接到母校的邀稿,惶恐之余想起了2012年我曾写过数万字的竞赛经历回忆,十年前的文字,想必比起今天的回忆要生动清晰。然而我翻找一月有余,最终仍然一无所获。于是我开始相信这一切都是上帝的旨意。十年来的一切,已经随着我迈出清华大学的东北门而消失在历史里,成为南柯的梦境。我只好根据那些已经残破的记忆,拼凑出这篇不知所言的文章,如能成为大家穷尽千里目的镜片,或是更上一层楼的阶梯,则是在下的荣幸。

合理规划，水到渠成

杨有为①

对我来说，竞赛是一件很遥远的事情了，弹指一算竟已有近十年光阴。思索回忆间，当年竞赛的那段时光，很多细节已记不太清，但竞赛带给我很多精神层面的东西，直到现在仍然伴随我成长。

回忆整个化奥的成长经历，我最需要感激的，是带我入门并从始至终带领我前行的、我的高中化学老师蒋邦龙老师。高一的时候，起初我是数学、化学、物理三门竞赛都一起学习的。高一寒假，蒋老师觉得我的天赋不错，让我在家自学了一部分的分子结构和杂化轨道理论，从而加深了我对于化奥的兴趣。于是，从高一下学期开始，正式决定专攻化奥。从此之后，除了日常的学习任务之外，每周二、周四的晚上，以及周末的大部分时间，我都是在化奥的陪伴之下度过的。寒暑假的时候，更是飞往全国各地去参加培训。现在想来，当初竟是如此地乐此不疲，像是发现了一片知识的新大陆，就一头扎了进去，每天在里面遨游，为学会一个新的知识点，理顺一个新的知识框架，做出一道新的题而欢呼雀跃。这种单纯的在学习上的快乐，想必是弥足珍贵的。

竞赛对我最大的价值有三点：第一，让我进入了北大，这也是最初我学习竞赛的一个原由，并且也有惊无险地实现了这个目标，让我拥有了一个较高的起点，也让我有机会能在大学4年中接触到许许多多优秀的同学和校友。第二，培养了我极强的自学能力，我觉得这是竞赛的经历带给我的最大的收获。除了小学和中学阶段，其他任何时候都没有老师再带着你去学习去感悟，更需要的是自我探求的能力，而竞赛经历就是一笔宝贵的财富，让我明白我有这个能力能够坚持下来、静下心来去学习，这个能力将在之后几十年里伴随左右，是受益终身的。第三，竞赛的经历让我拥有了很强的自信心，让我心中有种信念，即做一件事，难度再大，只要有心去做，并为此付出足够的努力，就一定能成功。这份信心，是在整个竞赛道路之中所带给我的真切体验。

对于整个竞赛学习经历，我觉得兴趣、时间、心态是最重要的三点。首先兴趣至关重要，化竞的很多内容是大学乃至研究生阶段所学习的知识，难度大，范围广，涉及有

① 作者简介：西南大学附属中学校高2013届1班，获2012年第26届全国高中学生化学竞赛暨冬令营银牌。本科毕业于北京大学，获得北京大学硕士学位，现就职于深圳融通基金管理有限公司。

机、无机、物化、分析、结构五大方面，因此一定是要对化学学科感兴趣的同学，才能坚持下来。另外，时间必须合理规划，因为需要学习的内容多，所以想要成体系地理解吸收，并融会贯通，需要付出大量的时间，因此高中阶段合理的时间规划是极其重要的。最后，心态一定要平和，要知道“事物发展是前进性和曲折性的统一，事物发展的方向是前进的、上升的，道路是曲折的、迂回的”，整个化奥学习过程当中，一定会遇到许许多多的槛，在面临某个槛的时候，可能会很久都没法提升认识，但一旦迈过去，又会达到一个新的高度。因此，良好的心态管理，也是十分重要的，“不以物喜，不以己悲”，理性地面对竞赛，面对自己，才能做到不骄不躁，最终取得理想的成绩。

在北大，我学习的是药学，仍然是与化学紧密连接，整个医药研发、合成机理的梳理过程中都用到了很多化学知识。研究生阶段，我转专业考研转入了本校的金融学，能有转专业考研的勇气并取得成功，也是因为竞赛培养出来的自学能力和自信心，这是我的宝贵财富。回想当初确定好跨考目标时，周围的朋友都觉得我太过于冒险——零基础跨考，而且是十分热门的金融学，无异于万人中过独木桥，而只有我自己才有那么一份不可与外人语的自信，坚信自己能成功。毕业以后，我将药学与金融两个方向相互结合起来，成为了一名拥有复合背景的业内人员。目前，我就职于国内一家公募基金公司，从事医药行业的股票研究，也取得了小小的成绩，入行以来公司的医药主动管理型基金业绩处于全国所有公募医药基金同期第一名，帮助投资人取得了可观的收益。

在国内人口老龄化相关问题日益突出的当下，作为每年占 GDP 比重 8% 的大行业，医药行业可以说是国内二级市场里面一条非常重要的赛道，多年来，也孕育出了例如恒瑞医药、迈瑞医疗、药明康德等行业大牛股。而能有幸从事这份职业，也与我通过化学竞赛进入到药学，拥有了相关背景密切相关。现在想来，高中时曾学过的一本书《有机合成人名反应》，当时的出版方就是药明康德，而多年以后药明康德已经成为了 A 股医药 CRO 公司的龙头企业，代表着我国药物实验室合成和大型生产制造能力的国际化竞争力，冥冥之中也是有相当的缘分吧。勤奋、好学、钻研、批判精神是成为一名优秀的研究员以及未来成为优秀的基金经理最需要的品质，而这些品质，在当初进行竞赛学习的时候，也帮我打下了良好的基础。我痴迷于探索企业商业模式的优劣并寻求结论，正如我当初痴迷于探索一个个不同的有趣的化学反应并想总结出它们之间的关系；我参与许多家企业的调研并与高管们交流，渴望从交流中寻找到企业经营的变化，以及医药行业未来的发展方向，正如我当初与竞赛的朋友和老师们每天探讨进步一样,从相互间思维的交流和碰撞中收获方向,收获灵感;每个夜晚深处,我翻阅着企业一份份财报,看着全球创新药最新的临床进展,正如我当初在竞赛中挑灯阅读着一本本图书,收获的是内心的满足与自得。

在日常工作中,我也时常能够感受到竞赛所学的相关知识带给我的帮助。举两个例子,有一次去调研一家从事原料药相关生产的企业。调研过程中,得知他们新掌握了一项酶催化的不对称合成技术,能将生产环节中某一步骤本应对称生成的左旋异构体和右旋异构体不对称地生成所需要的右旋异构体,因此可以显著地提升生产率,降低成本,从而提高其在行业中的竞争力。如果没有相关背景,想要理解并论证这一说法是否准确可能就需要耗费比较多的时间,而我调研完之后,通过查阅相关文献,咨询行业内的专家等,验证出了这家企业的说法是靠谱的,因此前瞻性地预判企业的盈利能力将迎来比较大的提升,而后公司的股价果然在半年的时间内涨了一倍有余;另一个例子,则是在调研某家创新药企业时,该企业宣称自己在临床阶段的某新药物比之前同靶点的药物好非常多,并展现出了一系列临床前优效的数据去论证。而我在之后找到该药品的专利申请,查询到了该药物的化合物结构,与之前的药物去进行了对比,发现其药物结构在核心官能团上并没有发生改变,而仅仅是在某些边缘基团上做出了修改,但并没有文献能证明修改对于药效的帮助。因此,我得出了该药品的设计仅仅是为了规避此前产品的专利,实际药效并不一定更好的结论。而后一年,该药品的临床2期试验果然失败,与原研头对头对比没有产生优效,公司的股价也随之产生了较大的跌幅。这两个例子都是拥有相关背景所带给我的帮助。

作为化竞人,回想一路走来的经历,时常感叹自己虽然小的挫折时常有,但是关键时刻的结果往往挺不错,也许这也是竞赛时的种种磨砺所带给我的小幸运吧。心怀感恩,自信前行,希望母校未来发展越来越好,希望化竞人们最终都能收获自己的果实。

挑战自己，不断成长

胡俊男①

对于我来说，学习竞赛是偶然的。

刚入高中的时候，学校鼓励大家几门竞赛课都去听一听，找找自己的兴趣。我当时同时旁听了数学、物理和化学的竞赛课。大概一个月后，到了需要做决定的时候，我却并没有对某一门竞赛特别感兴趣。在某次化学竞赛课结束后，我像往常一样路过讲台走出阶梯教室。这个时候曹健老师站在讲台上，像是随口地问了一句，“你要选化学竞赛吗？反正就是一周多上两门课嘛。”我想了想，好像也是，没多想就答应了。

第一年学得浑浑噩噩，我也真的就怀着“一周多上两门课”的心态在学，课后没有投入任何精力在化学竞赛上面，自然也就学得普普通通。随大流学了一年后，我才在学习有机化学时找到了真正的兴趣。有机化学可以说是化学竞赛里面最有意思的内容了，知识点有规律、成体系。成熟的有机机理研究诞生了成熟的理论解释，很少会出现令人沮丧的用现有理论不好解释的“特例”。恰好也是这个时候，曹健老师鼓励我们可以多投入一点精力在上面，他相信我们有冲击省队的潜力。也就是这个时候我才认真对待竞赛这件事情。所以，我在初赛前认真学习竞赛的时间也不过一年，只要认真对待，开始一件事情再晚也不算晚。

在第二年暑假，曹健老师组织了冲刺集训。高强度的集训一方面加固了自己的知识体系，另一方面长期只专注于化学竞赛的内容也让我彻底形成了一种特有的学科思维体系，或者说是化学竞赛的思维体系。不同学科有不同的特点，在解决问题时思考过程是不一样的。如果能形成这种特有的学科思维去思考，往往有事半功倍的效果。

如果说初赛前的暑假是冲刺训练，那么通过初赛和省队选拔之后的省队集训就是一场马拉松了。初赛之后，大家的知识储备其实基本上都已经足够应付“国决”了，需要干的事情，更多是一些“再学习”，也就是把那些已经学过无数遍的东西再学习无数

① 作者简介：胡俊男，西南大学附属中学校高2014届1班，获2013年第27届全国高中化学奥林匹克（决赛）金牌。本科毕业于北京大学，获美国普林斯顿大学博士学位，现就职于美国英特尔公司。

遍。在这个过程中，一来知识的印象得到了加深，二来在已经有扎实知识体系的情况下，再学习的时候往往会和旧的知识点发生碰撞，产生新的感悟，学科的思维体系更加完善。

接下来我想谈谈我在竞赛学习中收获到的东西，这一部分可能会比较具有普适性。有些时候你不去逼一下自己，真的不会知道自己的极限在哪里。对于我来说，学习竞赛就是一场对自己的挑战，逼自己不断成长。

一是专注的能力。在高二的时候我特别忙，需要同时兼顾课程、竞赛。每天晚饭前后还有一个半小时的学校足球队训练。也就是那段时间，我发现我的学习效率反而变高了，更容易进入一种绝对专注的状态，一旦开始干一件事情就很难被外界干扰。

二是抓重点的能力。竞赛的学习不像普通课程那样很成体系，更多的是零散却数量巨大的知识内容。这个时候就要求自己对哪些是重点有一个大致的判断，在大篇的章节里面找到关键点进行重点理解。说实话这能力也是逼出来的，因为初赛前我根本没有那个时间去好好把一本大学教材嚼烂。为了节省更多时间学习竞赛，我通常是上课的时候做作业，但是普通课程也不想放下，于是就慢慢养成了能一边上课一边做作业的能力，抓住老师在讲重点时的语气变化，认真听知识浓度最高的那一部分。

三是自学的能力。化学竞赛更多是大学课程的提前学习，而且往往需要阅读大量的教材扩充自己的知识背景，这需要一定的自学能力，从高中的被人带着学习的模式提前转变到大学自己带自己的学习模式。这让我在上本科之后能很快地适应大学的学习节奏。

我觉得竞赛学习和高中课程是相辅相成的。一方面，在竞赛学习过程中所培养的能力是能够很好地帮到高中课程学习的；另一方面，对于高中知识的扎实理解，特别是数学和物理，能够帮助自己更好理解一些竞赛知识。学好高中知识，也很能缓解竞赛学习时的精神压力，毕竟退路还在，竞赛走不通，还可以回来高考。我考完“国决”后，也回来参加了高考复习，对于那些高中的知识，有一种降维打击的感觉。不仅仅是化学科目，各个科目的知识都能轻松掌握，成绩居然还比学习竞赛前有提升。

在我看来，学习化学竞赛需要灵活和想象力。涉及化学的体系往往是复杂的，学化学的过程也是混沌的，这些体系往往无法用简单的数学物理知识进行精确描述，需要用另外的语言来描述，这便是化学。化学，尤其是那些化学竞赛所能涉及的范围，往往是用粗糙但直白的方法去拟合世界。在拟合的过程中，往往会遇到一些不符合实际的、所谓的反例，那么此时就需要对理论进行修正，在不断完善中提供一个对于真实体系的近似描述。随着认识的不断进步，旧的知识不断失效，新的、更完备的知识也会随之出现。落实到竞赛学习上，一方面需要我们用一种灵活的姿态去运用各类理论知识，明白并理解它们的适用范围。另一方面，需要我们有一定的想象力。在化学竞赛里，没那么多定式，很多时候需要发挥自己的创造力，尤其是涉及物质结构和有机反应的时候。很多时候，我感觉我不是在做竞赛题，而是在创造一幅作品，它可以是推出一个配合物的结构，也可能是写出一步反应机理。但是这绝不是天马行空，首先我们要有一定的积累，看得足够多了，才知道哪些是合理的，哪些是可能的，哪些是错误的。因此，踏实地学习必不可少。举个例子，学习有机一定是先学习“邢大本”，把它嚼烂了再看更进阶的讲义。

最后，我想感谢一下竞赛学习中的良师益友。曹健老师，我的竞赛领路人，在每一个阶段他都发挥着无可取代的作用，一路推动着我。张万国老师，我的班主任，非常支持、理解我们的竞赛学习。学校的领导，对竞赛的培训予以了足够的重视。还有就是一起学习的同学，大家形成了良好的学习氛围，在此特别感谢张思源同学和殷晨同学在最后阶段对我的扶持。

希望附中的竞赛能越办越好！

热爱可抵岁月漫长

殷晨①

作为一个2014年高中毕业的学姐,很开心能够在高中毕业后的第九年受邀给学习化学竞赛的学弟学妹们分享一些人生经历,如果大家能从我的分享里收获一些启发,那将是我的荣幸。请大家放心,通篇无大道理或者心灵鸡汤,只有来自一个学姐的碎碎念。关于这个题目,出处无法考证,但肯定是在豆瓣上很火的一句话。如果十年前还在读高二的我看到这个题目,一定会觉得有点矫揉造作,但如今我已经博五,即将真正步入社会,我是无比真诚地认同这个观点。因为从2011年开始接触化学竞赛,到现在我还在化学系读博,与化学相伴已十年,思考是什么动力驱使我在这条路上坚持,我想,一定是有热爱的。

高一开始接触竞赛的时候,觉得学科竞赛是一件很酷的事。为了显得自己加倍酷,于是数学、物理和化学,三门竞赛我都报了名。后来果然遭到了现实的"毒打",除了化学竞赛还勉强跟得上进度外,数学和物理都停留在"不知其然,更不知其所以然"的阶段。于是,我终于认清了事实,最后把全部精力留给了化学竞赛。从踌躇满志,想要同时在三大竞赛中大展拳脚,到最后被数学和物理捶倒在地,和化学"相依为命"。这听起来是一个合格的喜剧故事,当然这是此时此刻作为一个欢乐喜剧人所描述的场景。遥想当年,我远没有这么豁达。当时的我持有一种刻板印象,那就是数学和物理竞赛的学习对于智商有较高要求,于是我陷入了一种自我否定,认为自己的智力水平不足,即使是在化学竞赛中取得一点成绩的时候。但这种过度的否定其实是不利于个人发展的,这也导致了我在很长一段时间都处于一种负面情绪累积的状态,我无法看到自己的优点,只会因为自己没有达到预期而感到失望和遗憾。直到遇到了我的先生,一个非常善于夸奖我的人,我才慢慢地找回了自信,逐渐变得从容和开朗。我想鼓励大家学会自我欣赏,适当的自信会激励自己继续进步,而且自信的人是会闪闪发光的。所以学弟学妹们,一定要掌握发掘自己特长和优点的能力,做个自信的人呀。

---

① 作者简介:殷晨,西南大学附属中学校高2014届2班,获2013年第27届全国高中化学奥林匹克(决赛)银牌。本科毕业于清华大学,获清华大学博士学位,现就职于重庆大学。

回到正题，虽然故事的开头并没有想象中的顺利，但好在后来的结果还算如人意，不然我的碎碎念也不会出现了。总结一下自己的竞赛经历，我百分之百属于那种“勤能补拙”型，因为学竞赛的那段时间无疑是我人生中最为勤奋的一段时光。因为高一到高二，竞赛属于“支线任务”，这意味着“主线”的学习是不能耽误的。为了兼顾二者，我进行了精确且严格的时间规划。早上6点不到就起床，看一小时竞赛教材再去吃早饭。然后晚上自习尽快完成作业，争取在9点之前能继续看书，回到宿舍熄灯后再看一小时。当时就像装了一个小马达，每天乐此不疲，每次获得一些奇妙的新知识都会在QQ空间炫耀一下，那些有点幼稚甚至轻狂的发言都被时间酿成了黑历史，成为了我写梗的素材。毫不夸张，我当时就是一个狂热的化学爱好者，一个小小的人儿，搬着一大摞化学教材，有一次国哥看到了，还问我累不累。我乐呵呵地回复道：“不累，这都是知识。”这个梗，一般人我都不告诉他，是我压箱底的素材。看似喜剧效果十足，但确实是16岁的我所秉持的真实想法。也就是这股子劲，支持我一路向前。

鉴于当年的记忆力还不错，再加上高二下学期的高强度集中训练，我顺利通过了初赛和省队选拔，但由于基础不牢固，最后冬令营的时候表现得比较逊色，再加上当年心理素质较差，决赛最终没能取得好成绩。允许我扮演一个事后诸葛亮，现在反思当时的学习方法其实是存在不足的，主要是自己的刻板印象将化学等同于死记硬背了，因此一直处于“填鸭”式看书。记忆这件事确实是很重要的，因为不可否认的是化学的基础知识点确实较多，再加上各经典规则总是存在一部分“例外”。但大家需要注意的是，在学习化学反应的时候，我们不仅要记住反应物在不同条件下生成什么产物，更需要主动地思考反应过程的机理是怎么样的，更进一步，是什么决定了具体的机理过程。这种思考会帮助你在以后的科研和生活中发现一些新的角度，如果足够幸运，还能为你带来一些意外收获。

冬令营是在2013年的12月初结束的，从那一刻开始，我又回到了高考的队伍。最开始有很强的落差感，时隔半年又回到了熟悉的教室，但是又那么陌生。当学习计划从只包含化学，到需要兼顾语数外物化生，突然有点手忙脚乱了。还没来得及大展宏图，就被现实捶到了地上。“一诊”来得这么快，我的名次则降得更快。那是我高中第一次考到76名。我当时手足无措，又一次陷入了自我怀疑，意志消沉了好几天，万幸正值寒假，没有给我再一次考试受挫的机会。走出竞赛和“一诊”的双重打击是很艰难的过程，再加上执拗的我不愿找人倾诉，硬是独自熬过了高中生涯的至暗时刻。我不太建议一个小朋友独自承担太多，希望大家都能有一个或者几个好朋友，能倾听你的苦恼,也能和你一起分享快乐。关于最后我是怎么走出阴霾的,我记得是寒假集中自习的那段日子,每天坐在附中图书馆一个固定的座位,和大家一起认真复习,有一天我就突然开朗了。就像是你在一片迷雾森林中迷路了,你很惊恐,但是你没有放弃、继续前进,直到迷雾散去。当然,我没有忘记,迷雾之中是有光的,那束光也在指引我前行,那是我对清华的执念。

值得庆幸的是,我在高考前已经满血复活,最后凭借一些运气如愿以偿来到了清华,来到了化学系。但这种幸运是小概率的,如果大家没有进入dream school也千万不要一直消沉,可能你值得更好的选择。此外,其实进入大学之后还有转系的机会,如果大家找到了真正符合自己人生规划且感兴趣的专业,我非常鼓励大家及时转系,因为我身边有不少同学最后从学校毕业后,还是会遗憾自己没有去一个自己认为更好的专业。本科阶段其实是一个理想的试错期,比如你可以退课,也可以转系,但千万要有自己的想法,切勿盲目跟风。关于我为什么没有转系,甚至最后还在化学系读博,我想主要的原因是因为化学竞赛的经历也为本科生活带来了一些好处。例如在面对无机、有机和物理化学的时候能够更加从容,同时能够将省下来的学习时间花在其他棘手的学科上,最后我才能幸运地hold住了学分成绩,勉强做到每年都能拿"学业优秀奖"。待在我熟悉的赛道上,对我而言是安全的,甚至相对较为轻松,我对自己的"庸俗"非常坦诚。除了这个表面的原因,我想还有我对化学的认可。我认为化学的本质不是"try",而是创造,因此我相信化学是能创造价值的,不仅仅为个人发展,还有为社会进步。内、外因共同作用,帮助我走到现在,也许我以后不再从事化学相关的工作,但我依旧感激自己的这份坚持。其实学习和工作都是类似的,你可以强迫自己去完成任务,只是会比较辛苦,但如果你幸运地找到了热爱的方向,哪怕那种热爱很微弱,在你前进的道路上都会轻松很多。祝愿大家都能找到自己的热爱,也祝愿大家有一个光明的未来。

最后,祝愿母校能够越来越好,培养更多拥有能力和情怀的学生。作为一名附中人,真的很自豪!

感谢年轻的自己

张思源[①]

一、对竞赛的理解

竞赛不仅是圆梦名校的垫脚石，更是非凡青春的谱写者。在大学校园学习，到全国各地培训；和志同道合者交流，与顶尖高手切磋；在高中课堂之外游走，与老师一同交流探讨；体会大学式自由学习的乐趣，打破上下课式学习的桎梏。以高中生的身份，体验远不同于同窗的生活，付出相对辛苦但令人享受的努力，收获骄傲的成绩与非凡的青春，得到进入全国乃至世界顶尖高校的机会，成为一个无比优秀的自己，这就是竞赛。

二、体会：辛苦但愉快

学竞赛相当辛苦，但与机械地刷题式劳苦有明显区别。学竞赛不是要挑灯夜读熬夜刷题，不需要利用打饭排队的时间看书，也不会有老师和家长的严格监督。学竞赛更多的是利用周末和假期，于我而言也有考前数月的停课时间，以平时上课的作息参加培训和自习，而自习会占到很高的比重。这就意味着每天都有大把大把的时间学竞赛，反而节奏更慢。辛苦吗？挺辛苦的，别人都在度假、旅游、休闲的时候，我们在学校学习。但困了就小憩一会儿，闲下来就逛逛校园，弄不懂就和同学讨论，甚至在外地培训时还能去逛逛景点和城市。这样的学习有着相当高的自由度，也许很辛苦，但并不会觉得累。相反，这样的经历让我明白了收获知识是快乐的。

三、感悟：非凡的青春回忆

化学竞赛给我带来的回忆远不止学习与考试。学习化学竞赛的那两年多是我青春中最辉煌、最骄傲、最怀念的时光。我曾如此努力奋斗、如此渴求博学、如此引人注目，我曾无比自信、无比自在、无比自强，我曾专精于一业，我曾朋友遍天下，我曾享受

---

① 作者简介：张思源，西南大学附属中学校高2014届5班，获2013年第27届全国高中化学奥林匹克（决赛）银牌。本科毕业于北京大学，现就职于中共重庆市委党校（重庆行政学院）。

对化学的每一份热爱，这是一般的高中生活所无法比拟的。

四、反思：竞赛缺课对高考的影响

当年选择停课背水一战，如果失利了会怎样？换句话说，停课竞赛对高考的影响究竟有多大？在这一点上，我亲身经历过，身边也有许多案例。

第一个是我自己。我停课时间不超过一年，最终也参加了高考，因此无论竞赛成功还是失败，高考准备时间只少了停课的那几个月，高考成绩不会有太大差距。我停课前成绩在全校前10%～20%，最终高考成绩与之近似，并未下滑。

第二个是同校的A同学。A同学学习能力很强，平时成绩在全校前列，竞赛也取得了耀眼成绩，不过A同学停课的时间相较更少，最终A同学高考全校理科班第一。

第三个是同样进入决赛的B同学。B同学竞赛成绩离自身目标有一定距离，但在大家眼中也取得了相当不错的成绩，同样拿到了顶尖高校降至一本线录取资格。但B同学偏科严重，停课时间相当长，赛后状态调整不到位，最终没有取得理想的结果。

可以发现，停课的影响很大程度取决于自身基本情况。基础好的，学竞赛赋予的自学能力和自控力锦上添花，能迅速填补过去数月的课程空缺；基础弱的，学竞赛带走时间，难以通过仅剩的几个月去重新打好基础。

因此，基础很差的同学如果没能顺利保送，那么停课对高考的影响会是巨大的。但以这类同学的课业基础，即使正常参加高考也很难进入顶尖高校，学竞赛是他们圆梦清北的最好方法。是稳步前进考一本，还是背水一战搏一搏？对他们来说，这是一条不成功便成仁的道路。

对此，我的总结是：平时学习能力强、综合成绩好的可以忽略数个月的短期停课影响；上一本线也很吃力的同学需要好好斟酌下自己的竞赛水平，看能否稳进决赛，最好不要用未来去赌。

五、竞赛与后续学业

最终我进入了北京大学生命科学学院，本科毕业并未选择传统科研道路，而是直接参加了工作。从后续学业来看，竞赛最终是为学校培养人才的途径。竞赛生拥有更高的起点，能够更快地进入科研圈。高中经历长期自主学习，能更快适应大学自由的环境；专业课、实验室里的化学问题很快就能理解，学习时会有更强的自信。因为有很扎实的自学基础，学业和课余活动协调起来得心应手。学生获得更好的培养机会，学校得到更优质的苗子，最终达到双赢。

六、总结

因热爱化学而加入，因清北梦想而奋斗，因收获知识而满足。能做好其中一点，化学竞赛便值得一学。理性衡量竞赛与高考，多享受学习竞赛的过程，好好利用高中仅有的三年时光，珍惜每一位陪伴的同学与老师，努力成为一个更优秀的自己。

七、致谢

最后，感谢对我悉心教导的班主任冯亚东老师、教练曹健老师和每一位对我学业、生活提供过帮助的老师和同学，感谢无条件支持我的父母，感谢一同拼搏的每一位逐梦人，感谢年轻的自己。

兴趣促人奋斗,热爱助人前进

杨琅轩①

站在今天,回望不远的过去,总能寻见昔日的幼稚、天真乃至可笑,可又是在昔日的幼稚天真和可笑中一点一滴地为今日的一切铺垫着。也正是因为如此,回望的眼神中往往充满了怀念、欣慰以及感激。

化学,我与这个充满万千变化的学科如此深切地结缘,并非旁人看来那般自然而然。初三的化学课,我如其他同学一般,对这一全新的学科兴趣盎然,缤纷的反应、奇妙的变化,无不令我惊叹喜爱。但是今日看来,当日我对化学难谈热爱,心中所想,唯有更多地背出反应,更快地做完作业,考试取得一个高分,得到老师几句表扬罢了。或许我与化学真正的缘分,起源于初三寒假的开始,陈老师抱着几本高中的教材走进教室的时刻。老师向我们介绍了化学竞赛,而在那个寒假学习新的化学知识时,突然发现,更加深入地认识和探索这门变化无穷、多姿多彩的科学,比反复地熟悉现有的知识更加有趣、迷人且有意义。感谢化学竞赛的出现,使我不再执着于琢磨选项间细微的差距,也不再为网上寻得的与教材不同的知识而沾沾自喜;感谢化学竞赛的引导,使我专注于向着更加深奥却精确的知识不懈地探索和挑战。今日想来,若非当日的结识和那寒假的发现,我虽仍然会好好地学习化学,或许仍能在中考和高考化学中取得高分,但化学或许不会成为我的热爱、我的向往,我不会为了一个巧妙的反应机理拍案叫绝,不会为了数枚漂亮的产物欢欣鼓舞。

兴趣往往最能促人奋斗,热爱往往最能助人前进。从高中的教材,到无机,再到有机,数本教材,几本教辅,翻来覆去,阅读勾画;最令人欣喜的便是昨日晦涩难懂的文字符号,变得明白显然,再到通透熟记,最终运用自如。今日回想,当时为了学习新知的诸多尝试,有些是如此笨拙可笑。无机化学学习的伊始,为了理清虚无缥缈的量子化学的描述,拿着当时看来满纸天书的教材,在几位化学老师间来回询问,又为了理解其中晦涩难懂的概念和定义,竟将教材这一部分统统抄写一遍;今日看来,空费时日,可当时这样的笨办法,却让这一部分的学习稍有眉目,也为之后无机的学习,铺垫

① 作者简介:杨琅轩,西南大学附属中学校高2015届1班,获2014年第28届全国高中化学奥林匹克(决赛)金牌。本科毕业于北京大学,现就读于美国华盛顿大学。

了几分基础。有机化学学习之初，亦是浑浑噩噩，一片混沌，尤其是机理的学习，箭头走向，分子键连，难以捉摸，无从记忆；书本上的反应尚有章法，稍一变化，便胡乱画写，千奇百怪；此时尝试抄写书本，毫无用处；唯有之后熟悉更多反应，总结思考，方才摸出几分反应机理中的规律和道理。化学竞赛的学习或许就是如此，过后看来最为要紧的是技巧和理解，但是对于反应本质深刻而具体的理解，是要建立在大量的实例积累和学习时间投入之上的；无论是单纯通过重复机械的大量记忆，抑或是试图通过直接获取所谓“技巧”“捷径”，都难以在化学的学习上取得长足的发展。无论是老师的讲授，还是从各方获取的经验，都需要自己有大量的自主学习和阅读积累的基础，才能发挥点石成金的效果。

回顾竞赛的学习，困扰我最多的莫过于实验。在初赛后的各次考试中，实验均带给我不小的挑战和麻烦，我也一直被各位老师重点“关照”。在今日回想昔日弄得我狼狈不堪的各种基础的实验操作，不禁哑然失笑。总结当时的问题，无非“紧张”二字而已。过度的紧张导致手忙脚乱，难以控制实验的时间和安排，进而忙中出错。而紧张的根源，还是实验练习不足，不熟悉各类基础的操作。当时为了弥补我在实验上的不足，学校的各位老师颇费周折，从学校实验室里翻出仅有的几件适合的仪器，周末单独安排实验的机会；我也想方设法从市场买来几瓶常用的试剂，对着一本实验教材翻来覆去寻找能够完成的实验。如此种种，真是一段滑稽而又珍贵的记忆。大学和来自湖南等竞赛强省的同学聊天中得知，他们即使是暑假，一周中也会有数天待在实验室练习和完成实验，而非像我一般考前抱佛脚。或许每个人动手能力都有所差异，但是只要付出努力，特别是在学校实验条件大幅改善的今天，实验不应也不会成为阻碍前进的绊脚石。而我相信，对每一个热爱化学的同学来说，实验并非一种煎熬或者折磨，恰恰相反，实验的过程是化学学习上极为有趣且记忆深刻的一部分。

完成本科的学业后，如今我继续着对于化学的研究，攻读有机化学的博士学位；或许今后我会继续从事化学的科研工作，继续为我所热爱的化学探索新的可能性。化学永远是一本难以看尽的书，在不同的学习阶段，化学展现出万千的变化和乐趣。昔日高中觉得捉摸不透的有机机理，如今看来，却是有章可循，逻辑清晰，电子和空间的排布，精确而巧妙地影响和控制着从宏观到微观的林林总总，而尝试着去理解、去控制分子的组合、电子的流向，是一门奇妙而意义非凡的科学。回顾至此，心中亦是思绪万千，高中那段稚嫩却又激情澎湃的时光，曾经一次次浮现在我的梦里；也真心感谢附中各位老师——我的化学学习的引路人，各位和我一起学习奋斗的同学，还有西南大学的各位教授们,没有你们的帮助和陪伴,我不会走上这条探索变化与创造的道路,也不会在茫茫学海中走得踏实而坚定。最后,希望看见本文的学弟学妹们,寻找你们自己的热爱,为了自己的理想而奋斗,是一件幸福的事情。

将目标投向更远方

任翰林[①]

大四毕业之际，回味高中的化学竞赛，我的化学旅程正是从那里启程的。从无机化学中的晶体和矿物，到有机化学中的天然产物、药物合成，再到分析化学中的滴定测量，化学竞赛让我感受到了化学的无处不在以及分子的魅力。借助化学竞赛来到清华大学，让我有幸能与全国的优秀同学交流，听取世界各国教授的报告，感受良好的学习科研氛围。化学竞赛教给我的知识和自学能力，也让我能应对大学课程的压力，有更多时间加入科研前沿的课题组学习工作，了解前沿，思考问题。

但我更想提及的是，化学竞赛不仅仅引领我进入了理想的大学，还将我的目光投向更远方。这对人生方向的影响，在参加化学竞赛前，甚至到投入竞赛学习的最初阶段，其实我并未意识到。高中入学时，抱着借助竞赛进入理想大学的动机，加之额外的竞赛学习在时间相对充裕的高一对课业并没有太大影响，我参加了数理化生四科的竞赛课程，仅仅是当作课余的知识补充。然而随着时间的投入和知识的累积，化学逐渐以它独有的魅力吸引着我。最初是丰富的元素和它们的来源、名字背后的故事，以及辨认包装标签上成分的乐趣。随后是蒋邦龙老师常常兴奋地提及的化学发展对社会的贡献，印象尤为深刻的是催化合成氨和侯德榜制碱法的例子，它们让世界粮食供应得以保障。在书中读到了矿物开采，染料、橡胶、塑料生产，食品、水源分析等化学领域的进步能引起社会的革新和变化，这进一步向我展示了化学家的伟大。我开始立志要成为一名材料化学家，与前人一样用化学来造福人类。于是渐渐地，化学变成一条绵延不绝的，充满历史、现在和未来的河流，我不再满足于在河畔涉水行走，而是踏进河流深处，在河流中央行进。

因此，到高一末尾，我便全心投入化学竞赛的学习。在我看来，化学竞赛学习中最重要的还是“扎实”，细致地阅读和做题才能理解看不见的原子、分子世界。因为我第一年的广泛涉猎计划，化学竞赛的学习进度落在了其他同学的后面，连基础的《无机化学》上、下册都还没有看完，在聊化学时几乎参与不进去。我也利用自己后起者的

① 作者简介：任翰林，西南大学附属中学校高2016届2班，获2015年第29届全国高中化学奥林匹克（决赛）金牌。本科毕业于清华大学，现就读于美国得克萨斯大学奥斯汀分校。

优势,同学看过的书做过的题,有推荐的,随后就借来学习。有同学的笔记帮助,我一开始便一目十行地浏览,只挑圈画出来的题做。快速地读完就想在竞赛模拟题上一展身手的结果就是发现自己只能勉强做出靠记忆的元素题目,碰到物化计算、有机机理又得返回书中。理所当然的,高一暑假的竞赛培训我听得一知半解,深感自己浪费了大好的进步机会。于是,每天我都迅速地做完作业,便于在晚自习多点时间学习化学竞赛。那段利用周末、假期上课和闲暇时间自学大学教材的时光,现在仍然觉得辛苦。特别记得高二结束的暑假,为准备"国初",整个假期都与同学自发地聚在学校看书做题,看过的书本和做过的题集堆在一起及腰高。回想起来,它们便是鼓满我风帆的朔风,让我一路向前而无暇旁顾,为实现远方的目标而感到满足和快乐。

"国初"之后,我们只剩下三人继续准备冬令营,每天与班上同学们一同上学放学,但同学们上课时我们却单独待在一间小教室自习。原本害怕枯燥准备了一本小说,在蒋老师的劝导下也将其搁回了书架。每日所做所思纯粹在化学,焦虑也只是因为遇见了未掌握的知识,这段不担心作业考试、不操心人事杂务的时光带来的幸福感甚至高过高中的毕业旅游。后来再有如此心无旁骛的时刻就已是大三暑假到国外实验室访问做科研课题了。当与同学在休息时闲聊化学也兴趣盎然时,我发觉这是一门值得终身投入的学科。最后的金牌更是坚定了我的信念,让我相信这是我可以终此一生而投入的事业。

在填写大学志愿表时,尽管有选择的权利,我也没有从众选择"好就业"的专业,而是毅然地选择了化学。大学的学习让我踏入了此前并不了解的化学的一个分支——化学生物学。从化学的角度、用化学的手段分析DNA、蛋白质、脂质等物质带给了我们对细胞对生命体的全新理解和随之而来的医学药学进步。于是在毕业之际,我决定要出国读博深造,进一步了解这门正蓬勃发展的学科,希望未来能归国从事相关的研究。

感谢高中化学竞赛开启了我的化学之路。如果说还有什么遗憾,那就是太多化学知识还没学到,特别是生物化学方面,以及最后一同选择化学专业的同学有限。祝愿附中化学竞赛未来能引领更多人了解化学,热爱化学,并把化学作为未来学习的方向。

积攒的知识不会变成沉没成本

谭骁[1]

我的化学竞赛旅程在初三已经拉开了帷幕。在正式升入高中前，我就开始自学高中的化学知识，为正式开始竞赛做准备。那个时候我对化学竞赛的感受就是——“潮流”。因为当时年纪尚小，见识也不多，就觉得自己如果开始学化学竞赛，是一件非常值得炫耀的事情，出去跟其他同学说也感觉非常光荣，甚至拿着化学竞赛的书进行阅读，我的自信心都会瞬间提升不少。但无论如何，这一切的一切，都大幅度地提升了我对化学竞赛的兴趣与热爱。

在初三毕业的那个假期，我也和很多同学一样，没有安排出行与旅游，而是在家里开始自行学习高中的化学知识，我当时的目标是在暑假期间能够打下较为夯实的基础。这也是我第一次感受到学竞赛和正常高考的同学有不一样的地方，大量的课外时间，甚至课内的时间，你都需要奉献给竞赛。谁不希望在暑假好好玩玩呢？但最终我的整个假期都沉浸在蒋老师厚重的教学笔记中。

就这样，我在高一正式踏上化学竞赛的征途。高中的课业压力相对较大，不仅白天要学习各个学科的知识，晚上还要进行竞赛培训，而有些同学可能会同时学习几门学科的竞赛课程，相对而言压力会更大。对我而言，忙完正常的课业之后，我就开始满怀愉悦地打开“邢大本”刷题和阅读。实际上，高二的时光中，化学竞赛是我的温柔乡，在学习化学竞赛时，我能暂时忘却一些日常课程中的烦恼。

在化学竞赛的几大板块中，我更喜欢有机化学的部分，这个部分的内容相对更加有趣，更加丰富，结构上更加巧妙，机理的研究也能够反向地促进我对一些知识点的理解和记忆，我一直在这个领域寻求着突破。化学竞赛的每个部分固然都很重要，但是也我们也要找到自己最喜欢的领域，找到自己能够扎根的点，这对于建立兴趣，以及建立自己的成绩优势是尤其重要的。

进入到了高二之后，升学的压力就慢慢来到了各位同学的身上。那个时候，可能纯粹的热爱少了，更多的是竞赛成绩和高考升学的压力。会考虑到自己为竞赛付出

---

① 作者简介：谭骁，西南大学附属中学校高2016届1班，获2015年第29届全国高中化学奥林匹克（决赛）银牌。本科毕业于上海交通大学，现就职于阿里云计算有限公司。

那么多,我最终会收获什么样的成绩呢?大家纷纷在心中定下目标,我自认为我的高考学业不是最有优势的,即使我全心全意投入高考,也很难进入到top2,与其千军万马过独木桥,不如另辟蹊径。那段时间我一直在各地参加竞赛课程,竞技状态达到顶峰。那个时候我信心十足,副作用当然也是人比较浮躁,这也是我后面开始逐渐走下坡路的原因之一。

国赛压线一等奖其实对我的打击是巨大的,因为省选要考虑这方面的成绩,在当时我觉得无疑是给我宣判了"死刑"。刚得知这个消息的时候,我在竞赛小教室里哭了一下午,这之中的情绪可能有对自己的自责,对未来的迷茫,对教练的愧疚,对父母不知道如何交代。那时候准备省选,压力太大,我经常去洗手间的隔间里待一会儿,用以缓解自己的焦虑。这一段经历让我终生难忘,在之前我没有经受过这么大的压力,也没有需要调节自己情绪的时间,但在这之后我觉得自己的抗压能力和自我调节能力有了很大的提升。

省选的结果是我以最后一名的身份进入到了省队。进入省队之后,也不能掉以轻心。就具体情况而言,我的实验水平确实是比较差的,每天都会在西南大学进行实验培训,我应该是被老师批评的次数比较多的学生。在此也非常感谢当时指导实验的老师,每次实验结束时间比较晚,只剩我一个人的时候,老师都会耐心地指导我,和我一起收拾好实验台的物品再离开,也是老师的严苛教学让我在决赛场上实验部分取得了较为满意的成绩。

决赛成绩中居然是理论部分拖了后腿,这是我没有想到的,那时的想法非常简单,内心就只有一个念头——"我不能一无所获"。忙忙碌碌去参加各个学校的面试,最后获得了南京大学和上海交大的青睐,最后选择了上海交大。

进入大学之后第一年的化学专业课对我而言是轻车熟路,面对没有参加过竞赛的同学,我的实验水平似乎都是比较突出的,我在大一就进入了一个有机化学实验室,开始跟着师兄做科研工作。过了一段时间之后,我转到了软件工程专业,现在是在做云计算方面的工作。

很多人会问,那之前积攒的化学知识不就变成沉没成本了吗?你会觉得可惜吗?这里要提到"技术"一词,拆成两个部分来讲,"术"更多指的是具体的知识,"技"更多指的是掌握知识的方法,化学竞赛的整个过程,是寻找掌握知识方法的过程,也是认识自我的过程,在整个化学竞赛的过程中,我尝试从各个不同的角度去归纳总结,我的归纳能力有了很大的提升,同时化学实验让我的动手能力也有了极大的提升。在整个竞赛过程中，我学会了面对压力，这极大地提升了我的心理承受能力，这对我的帮助远大于一个竞赛成绩！这一切对我在学习计算机以及其他方面的知识时有非常大的优势，面对一个陌生的领域，我使用了曾经在高中学习时积累的方法，逐步地掌握了新领域的知识。化学知识在我的头脑中也不是完全沉默的，在当今云计算普及的时代下，云计算能够助力计算化学方面的发展，在今后也会成为“互联网+”的领域之一。

我的教练蒋老师对我的照顾可能比其他同学都要多，因为我那时候比较调皮，如果不是蒋老师的教育我很难取得今天的成绩。

过往即是前章，希望附中学子能在今后获取更大的辉煌！

从一箱酸奶谈起

张文豪①

前不久，我在路上远远望见一位阿姨手里提着一个写着“炔烃”的箱子，吃了一惊。直到她走近我才看仔细，原来是一箱“焕轻”酸奶。我不由得哑然：我已经离开化学竞赛圈子许多年了，但化学竞赛在我身上留下的印记可能是永远的。

我初次接触化学竞赛是在初三，那时还在带高三的曹健老师让我在课余时间开始接触高中化学和竞赛内容。当时我对化学竞赛还只有一个朦朦胧胧的概念，只知道附中高中优秀的学生都会去学习竞赛，而我，也要向他们看齐。因为我还相对学有余力，初三毕业前我就看完了高中的化学必修教材。

时间到了初三暑假，刚刚结束中考的我们即将踏入人生中一个崭新的阶段，也将是一个厚积薄发的阶段。曹老师给了我几套学长学姐留下的竞赛教材，并且为我们讲述了竞赛为学长学姐们升学带来的帮助，我头一次深刻地认识到，化学竞赛可能是我走进梦想中大学殿堂的一条道路，尽管这条道路可能布满荆棘。

竞赛生的高中生活似乎与其他同学有不少区别。记得高一高二时，一起学竞赛的同学们每天互相比较的，就是谁可以先把作业做完好开始看竞赛书，谁看竞赛书的进度快，还有谁背的元素多，谁画的机理好……为了加强同学们之间的这种竞争和合作关系，曹老师还让我们互结对子。前几天，我又看到QQ空间的“那年今日”里，我高一发的一条某位同学又在抱怨没有竞赛书可看了的说说，不由得露出了感慨的笑容。这样的互帮互助极大地提高了我们的自学效率，也增强了我们竞赛生之间的友谊。时至今日，我们一起学竞赛的同学也是相对联系得比较多的。一同辗转各地去上培训课，一同跑到北京去参加暑校，从西大的快乐食间到北大的农园食堂，都留存着我们这一批竞赛学子的青春记忆。

然而在这条满是荆棘和汗水的道路上，不止有阳光和欢笑，也有失望和泪水。我曾因为轻度色弱的缘故对是否要继续学习竞赛充满犹豫。在那段阴沉的日子里，老师和朋友们给了我极大的鼓励，我终于擦干了眼泪，继续前行。这个时候，我的目标

---

① 作者简介：张文豪，西南大学附属中学校高2017届1班，获2016年第30届全国高中化学奥林匹克（决赛）金牌。本科毕业于清华大学，获清华大学硕士学位，现就职于重庆市国有资产监督管理委员会。

更为坚定了，我就是要通过竞赛这条路走进我理想的大学。

但竞赛终究要经历许多场残酷的考试，每场考试之后，总会留下些许庆幸，些许泪水。有的战友不得不中途离开，有的战友拼尽全力走到了最后。终于，我也走到了“国决”的赛场上，我拿到了梦寐以求的前往清华园的“门票”。

化学竞赛是尤为锻炼发散思维的一门学科竞赛，许多题目都需要选手利用自己的知识积累和题目要求进行联想和推断。而到了大学这种能力是学生进行科研或者完成课题项目时必不可少的。至于自学能力，更是在人生的各个阶段都发挥着重要的作用。在大学里，老师讲授的课程与布置的作业、最后考试的题目常常都有许多差别，所以只有拥有良好的自学能力才能学有余力，去参与更多的活动。而如果要从事科研项目的话，老师更是只能在组会上给予学生一些方向上的指导，其余的难关则都是要靠自学去攻克。凭借着化学竞赛培养的这些能力，我也在本科生学术上小有突破，完成了数个校级大学生研究训练项目。

最后我想说，高中三年化学竞赛的宝贵经历，不仅给我带来了心智上的成长，还有能力上的提升，是我一生中最珍贵的财富。化学竞赛极大地改变了我的人生，我将永远感谢她，感谢曹老师，感谢附中教练组的所有老师，还有曾陪伴我一起学习进步的战友们。

人生第一个自发努力的契机

杨可欣[①]

前几日收到曹老师的邀请,记录一点自己对于高中化学竞赛学习的理解和反思,我才突然意识到,距离知道化学竞赛这个名词,已经有六年了。从初三晚自习的走廊上的第一本高中化学必修一教材,到刚刚才交上去的界面化学作业……蓦然回首,这些日子和化学及化学竞赛的激情、荣光、苦楚与一次又一次地奋起前进,在我身上留下了不可磨灭的印迹。

我知道竞赛并不晚,初三时曹健老师便让我们课余时间看一些高中的化学教材,为高中的竞赛学习做准备。那时我对化学竞赛的学习并没有概念,但对成绩骄人的14级学长学姐非常仰慕。收到曹老师的嘱托时,有一种被认可和看重的强烈快乐——但我本人当时并不是一个勤奋且自觉的孩子,和一些当时就花心思投入的同学比,在进入高中之前,我在化学竞赛上的进步几乎是可以忽略的。这也导致我在后面追赶时花了不少工夫——在此也给学弟学妹一个警醒:想要获得成绩,当下就是最好的努力时机,学习的事情一定要趁早。

由于此前没有什么横向对比,上了高中以后我才突然发现,原来小伙伴们几乎都把高中教材看完了——而我望着自己崭新的高中化学必修二教材,又看看高中突然变难的数学和物理,萌生了强烈的得过且过甚至放弃的心理。同时,沉迷于各种活动的我课内学习亮起红灯,竞赛基本按兵不动。

在一次晚自习期间,曹老师把我叫到走廊上询问竞赛的进度。"必修二……快看完了吧。"我战战兢兢地说。曹老师默然良久:"那,你直接看'蓝皮'吧。"我的视线越过曹老师,望着初三时第一次接过必修一的那个办公室门口。后来,数学老师涂登敖老师在一次谈话中也对我语重心长地说:"你不要辜负你的天赋。"

高一的寒假集训,学校规定模考(普通小测验,不是真题难度和题型)上60分的同学可以免寒假作业以投入竞赛。啥都不会的我自然被虐了个死去活来,对自己的弱有了进一步的认知。可是,完全不抱希望的我在几天后竟然接到了曹老师的电话:

---

① 作者简介:杨可欣,西南大学附属中学校高2017届1班,获2016年第30届全国高中化学奥林匹克(初赛)一等奖。本科毕业于北京大学,现就职于平安集团总部。

"恭喜哦可欣,寒假加油看竞赛哈,不多不少,恰好60,想不到吧?"向来不善于察言观色的我竟然瞬间脑补出了一出曹老师对我放水的世纪大戏。这件事成了我竞赛学习强大的推动力之一,不管过了多久回想起来,都是直抵心窝的温暖。

高一下学期伊始,因为各种活动和课内学习,我竞赛学习的脚步又放缓了。期中后北京游学期间,某晚的返程大巴上,在和班主任张万国老师的谈话中,他的一句"你的心思,就没放在学习上"再次把我惊醒。北京游学期间,我和小伙伴也去清华会了殷晨学姐,听到学姐说她基本都是晚自习之前写完作业,然后整晚都投入竞赛时,我深深地吃了一惊,对于这条路的荆棘坎坷才有了更深刻的认识。

从北京落地重庆,我为自己制订了周密且紧凑(至少当时看来)的学习计划。向来上学踩点的我每天七点十分之前就坐到了座位上,抓紧各种空余时间学习课内知识,然后把大块大块的晚自习时间投入竞赛学习。具体的时间安排已经模糊,但那段日子真的非常开心——是人生中第一次自发地努力,而且眼看着自己每天都在进步的充实感。这样,我高一下学期期末的时候,突破了自己此前靠文综拉总排名的魔咒,拿到了理科和全科的两个年级第一,而且竞赛上也大大地有长进。

但是此时高一已经结束,时间非常紧迫了,我在暑假读了"蓝皮"下册和大部分的"邢大本"(现"裴巨本")。实话实说,记得的东西很少,甚至"蓝皮"读完以后连很多元素的元素符号都不记得。但文理科分班后,各科老师给了我们非常大的支持和鼓励,我得以花更多的时间在竞赛上。高二的时候,白天差不多会花两个小时看竞赛书,其他都是(选择性地)做作业,一般下午6点之前做完作业,然后把直到睡觉前(深夜12点左右)所有的时间都投入在竞赛的学习上。

回想当时大量看书的历程,有几点想要和学弟学妹们分享。

1.给自己目标感,做不到时要有负罪感。比如:"我每天都要在六点之前写完作业""我今天一定要看完第六章",没有做到就要反省。

2.不要过度追求快。我看书的速度从中期开始已经很快了,大概对自己的要求是约15~20页/时,约100页/天;若是较难的新知识点(物化分析等)可能放慢到10页/时,基础书籍(比如"蓝皮"、"祖德")甚至要求更高。看书快是我后面赶上进度的一个重大因素,但自己回想起来,可能有些太快了,导致对于较难的内容,最开始一两遍基本上没学到什么东西,需要二刷三刷,总体来说性价比也不是很高。

3.重视基础。看书,特别是有机科目可能会让你学到一些炫酷的技巧,获得强烈的快感。但是摸着良心说,你基础够扎实吗?"大本"上的每一个基本反应都能背画机理吗？各种碱的使用范围都有数吗?“大本”实例里有两个位点的分子,为什么反应这个不反应那个？你真的去思考过吗？还是简单地一晃而过？我知道现在竞赛的竞争越来越白热化,对于同学们的要求也越来越高,但是背诵炫酷的技巧和把基础搞扎实相比,是鱼和渔的区别。特别是路易斯酸碱性的有机反应,很多看似炫酷的人名反应对于基础扎实的同学来说甚至不用背诵也可以自己推导。而沉迷于新反应而不加以咀嚼的同学,下次遇到稍微变形的反应就不会了。对于基础课本千万不要看不起,例如“大本”重点章节,每个反应都值得你仔细推敲,包括催化剂、温度、反应物的选择和多位点底物位点的选择等。“大本”在考前我看过10+遍,“蓝皮”无机下册看过至少7遍,当然遍数不是目的,这里是说一定要角角落落都搞明白。

4.竞赛学习很忙,但是课内不可完全放弃,上课要听讲。客观来说,目前竞赛自招的形势动荡很大,而且我作为一名差一名进入省队而回归高考的学生,在回归后确实吃了前期不听课的亏。高二时我课内听课很少,大考全靠考前一两个星期抱佛脚,考完就忘完。但生物老师林艳华老师几乎是用种种方式“强迫”我踏踏实实跟着学习生物。后来在回归后,我的生物基本上瞬间进入高考状态,而英语、数学和物理都经过了极为漫长的挣扎。同时,同样回归高考的另一位同学,虽然前期也投入大量精力在竞赛上(并且取得物理银牌),但课内基础很扎实,回归后光速般就回到了年级top的排名。总结起来,我还是最开始学得少,为了追赶,轻慢了课内,所以大家一定要早学习!

5.争取给自己使命感和学习的快乐感。学习竞赛的过程虽然辛苦(家人评价),但是我当时和现在回想起来并不这样认为,似乎每天都被目标感和获得感填满。我当时特别爱分子结构,把各种书上的结构画了大半个笔记本,甚至梦想以后要去做相关的研究。虽然大学时被量子化学虐了半个学期,但后来也确实加入了相关的课题组,算是实现了曾经的愿望。我还是建议有志于竞赛的诸君要能够在其中发现快乐,竞赛是高强度、长时间、大投入的工程,没有对这些知识本身的兴趣和爱,走到最后获得好成绩的概率比较小。

6.戒骄戒躁。书是看不完的,题是做不完的,不要因为今天比××多看了一本书,明天模考比××多得了5分就沾沾自喜。更不要因为和所谓大神可以谈笑风生就自感骄傲。吹牛不如去看书,互相膜拜不如去做题。请抬头看看上面的第3条,看书做题多少不是目的,关键是你真正消化吸收的、经得起在不同场景下灵活应用和追问的知识点有多少。

7.学不会的再努努力。大家知道化学反应常常有个诱导期,学习也是一样。要一个高一的学生第一遍看懂很多大学生都挂科的教材那多半是不可能的,但是没关系,看不懂就再看一次,听不懂就请老师同学再讲一遍。我最开始学习元素的时候极其不开窍,看了以后什么都不记得,只好下笨工夫,找来各种元素书一遍一遍看,直到看到第5(还是7?记不清了)遍时,闭上眼,突然觉得元素周期表在我眼前徐徐展开,各个元素的家长里短我都能掰扯一番。总之,学习是有个过程的,开始很难,别放弃,后面就会越来越顺利。当然元素也没有这么恐怖哈,参见前面,可能是因为看太快了的缘故。

我在高一下学期的时候似乎就已经拿到了曹老师给的真题集,高二开始看书的同时也进入了真题和模拟题的尝试。其间,穿插着做课后题和看新书/重看旧书。对于做题阶段我的血泪教训是:

1.不要贪多图快,尽量动手算。一些优质的练习册("大本"、"祖德无机"、"北大结构"、"南大物化"、"武大分析"等中的习题)都是巩固基础的极好材料,不要嫌简单直接看答案,特别是结构定分物化大题,看懂答案和自己能做全对的中间隔着一个太平洋。

2.对答案的时候对自己要求严格。这条针对课后题和真题。比如在写有机方案设计时,可能很多同学酸碱随便写一个上去就是了,但是其实这些东西的选择都是很有讲究的——碱性谁强?什么溶剂配什么碱?考试错了就是实打实地扣分。而对于物化分析大题,不管是正负号、有效数字还是必要的说明文字,也是这样。在批改的时候一定要对自己痛下"杀手",这样才不会平时自我感觉良好一看考试分数就傻眼。

3.慎用模拟题。我个人认为竞赛同学们中隐隐有一些浮躁,很多模拟题也良莠不齐,甚至走向了"偏难怪"的歧途,当然这和真题风格波动大也有很大关系。我的建议是真题为王道,用大学教材习题巩固基础,模拟题一定要听老师的意见——切忌攀比"偏难怪"。

我的状态在高二寒假左右达到了一个比较理想的水平,二月到五月家里陡生变故,导致后期心态上波动很大,加上此前做题习惯不好,各种小错,看题不仔细,批改不严格,一直到七八月做真题都总是差那么一点。最后也是因为这些毛病加上心理上的强烈负担(心理负担比较个人,参考价值很低),导致"国初"发挥不理想,在2016年10月结束了化学竞赛之旅。

有人问我,你学了那么久竞赛,最后还不是苦哈哈地进行高考和自招,其实也没有靠竞赛进入北大,那学竞赛的时间精力是不是浪费了呢?

我认为不然。回首往昔,竞赛学习给我整个人的改变和提升可以说是极为巨大的。

1.竞赛给了我人生第一个自发努力的契机。如果没有竞赛上老师的期待鼓励,同学们的横向对比,我可能课内学习不错就满足了。而且当时竞赛的小伙伴们普遍课内成绩也很优秀,在这样的环境下形成了良性竞争。

2.竞赛让我确立了更高的目标。我是高一下学期正式投入竞赛后才确立了上北大清华的目标,而且也正是竞赛时期北大清华的目标让我在回归高考后依然有努力的方向。

3.竞赛锻炼了我强大的心理素质和学习能力。回归高考后,我落下了大半的数学一轮复习,而且此时我的数学一塌糊涂,甚至还在三位数附近挣扎。英语、物理也很艰难。很难想象,如果没有学习竞赛时那种"一本全新的书砸下来三天四天看完"的经验,我怎么有信心和能力去面对那样的局面。同时,在大学期间,除了选课之外,我自己也看了一些非化学的学科专业教材。如果没有竞赛的经验,可能我也万万没有动力和信心去学习这些。学习竞赛给我的最大财富之一就是这样一种无畏感和理解力,面对各种未曾涉足的专业教材和知识,我都多了勇气和脑力去啃下来,跨过去。

以上就是关于高中竞赛学习的一些经验教训和感悟。回头看,如果没有竞赛,可能今天的我远比现在庸庸碌碌,正是竞赛给了我一个认识和开发自我的全新窗口。深深感谢当年领我进门的教练曹老师、冯老师和陈老师,给我极大帮助和支持的各科老师,家人和同学,也深深感谢那个及时"浪子回头,奋发努力"的自己。诚然竞赛的竞争走向白热化,同学们的负担越来越重,但我仍然真切期待着越来越多学有余力的同学可以了解,尝试,投入竞赛。

化学竞赛——人生中的一块起跳板

耿祥瑞①

我向来有探求未知领域的好奇心，但也仅限于好奇，大多浅尝辄止、不求甚解，合乎自己兴趣的才会深入研究，化学就是其中之一。化学是变化的科学，在描绘大千世界种种奇观的同时也在探求万物内部之理。化学变化带来的感官冲击令人着迷，学习化学是一件幸福的事情。而化学竞赛于我而言，则是继续追求的目标和自我提升的途径。两年半的学习充满了艰辛与曲折，但当我站在终点回头望去之时，眼中看见的是丰收的硕果，心中激荡的是无穷的回味。

我在初中时期便对学校的化学竞赛水平有所耳闻，升入高中后，在兴趣的驱动下选择了化学竞赛。当自己的兴趣和学业挂上了钩，就不可避免地带有了强迫的色彩。我相信很多人都会对自己被强迫做的事有抵触情绪，加之化学竞赛要求更高的知识深度和广度，即便热爱化学的人也可能会望而却步。我一开始也是抱着试一试的心态，并没有特别重视，毕竟在传统的观念里，高考成绩才是更重要的。

事实证明，心态的影响是十分重要的。当你在给自己留后路的时候，你就已经离目标越来越远了。我永远忘不了第一次考试的成绩，它让我差一点儿选择了退出化学竞赛。在那之后，老师和我谈了很久，我意识到既然想要做成一件事，就一定要有自信和决心。这句话可能在旁人看来是老生常谈，甚至不能得到所有人的认同，但我可以很负责任地说，正是自信与决心这两种品质伴我度过了两年半辛苦而充实的时光。

学习化学竞赛需要极大的付出，无论是时间还是金钱，对你的学习能力都是一次极限的考验。在这一方面，学校、老师和家长都给了我很大的支持。学习化学竞赛只能利用课余的时间，因此就要跟周末和假期说再见了；不仅如此，高中正课的学习时间也会被挤压，因此需要在更短的时间内掌握好这些知识，切忌顾此失彼。压力自然是会有的，尤其是在平时学习和竞赛两方面同时高不成低不就的时候。但是不要怕，冷静下来，必要的时候向老师和父母寻求帮助。只要处理得当，此刻的压力都会转化

① 作者简介：耿祥瑞，西南大学附属中学校高2018届1班，获2017年第31届全国高中化学奥林匹克（决赛）金牌。本科毕业于北京大学，现就读于新加坡国立大学。

为今后前进的动力。

在别人休息的时候,我也没有闲着。我利用假期的时间多次报名参加了专门培训机构组织的化学竞赛班,还远赴湖南、浙江和北京等地学习,这些经历对我来说尤为重要。因为在那些地方有许多长期奋战在化学竞赛教育一线的老师,还有许多和我一样为了自己的兴趣和理想奋斗的人。在和他们交流探讨的过程中,我学到了很多新的知识,也认识到了自己有哪些不足,还获得了许多化学竞赛的前沿信息,对学习和备考都有很大的帮助。“走出去”这三个字无论是对于学习化学竞赛还是其他的事情,都是非常重要的,因为你能看到更加广阔的世界,说不定就能遇到改变你一生的人。

相信很多同学在一开始学习化学竞赛的时候都会被庞大的知识量和复杂的理论体系吓倒,这的确是没办法的事,因为化学的世界就是这样丰富多彩。然而学习总是有方法的,既然有这么多成功的经验,总有一款是适合你的。我的学习建议是,化学竞赛至少要学三遍,也就是老生常谈的先把书读厚,再把书读薄。

第一遍主要是知识的获得。在这个阶段,如潮水一般的知识会向你袭来。不要害怕,也不要贪心,要将你的精力集中在基础知识上,因为扎实的基础是后续发展的前提,基础的重要性是再怎么强调也不为过的。基础知识一般是比较抽象的,要舍得花时间钻研,更要学会提出问题。举出几个好的例子可以加深对抽象知识的理解。

第二遍是知识的强化。要注意这个阶段一定要在掌握了基础知识之后再开始,因为在没有打好基础的时候贸然深入,就像悬在高空一样,虽然会有刺激的成就感,但是缺乏安全感,自以为掌握了知识,但只是徒有其表,问题的些许变化可能就会让你手足无措。当遇到难点时,要尽可能逆向分析出其所属的基础知识类别,如果能在强化知识后隐约地发现那些所谓高深的知识都是有一定内在逻辑的,那么就离成功不远了。

第三遍则是归纳和总结。这一个阶段不一定要在知识强化之后进行,甚至可以从第一阶段就开始。为何?因为看似独立的各个自然科学其实是存在严密的逻辑关系的。为什么两种物质容易发生化学反应?为什么有的物质具有反常性质?为什么很多化学变化伴有颜色反应?这是因为它们的空间结构和电子结构决定了它们的性质。现代量子力学已经能够很好地预测物质的反应性,而这种预测仅通过计算就可以实现。虽然化学竞赛并不要求掌握量子力学,但是也可以从复杂的体系中总结精炼出几条规律,它们在各自的领域内都是普适的。融会贯通之后,你便会如庖丁解牛般得心应手、游刃有余。

化学竞赛是人生中的一个起跳板，它可以助你登上更高的阶梯，但到底要跳多高还是得看你自己。虽然大多数人的竞赛生涯只有短短两年，但是学海无涯，进入大学之后还有更多知识和挑战在等待着你。学习化学竞赛能够帮助我们更好地适应大学生活，也能帮助我们提前做好学业规划。如果你在进入大学之后仍然选择钻研化学，我会为你的矢志不渝而感到敬佩。但千万别忘了，聚集在你身边的人都是和你一样优秀甚至更加优秀的同学。不要因为自己提前学过一点大学的知识就洋洋得意，要知道，化学竞赛的内容终究只是皮毛，而且缺乏系统性与数理基础的支撑。对于所有的化学学科，请拿出与其他学科同等的重视态度。更不要因为自己之前取得了一些成就便觉得自己高人一等。请记住，不管你拿了什么奖，走上了怎样的升学捷径，这些东西在你得到的那一刻就已经作废了。在那之后，你还是会与别人站在同样的起跑线上。这些不只是我的个人见解，也是我的所有同仁的一致见解。

可能有人会问，学习化学竞赛的目的是什么，难道就是为了进一所好大学吗？是的。我的答案可能会让很多人感到吃惊，或者感到俗气，但事实就是如此。我有幸进入国内的最高学府——北京大学求学。北大化学可不只是徒有虚名，其学术成就、学术氛围、学术领域与后勤保障在国内均是首屈一指。对于感兴趣的东西，我喜欢深入研究其中的原理，特别是抽象的原理。现代化学与物理学密不可分，而借助数理方法研究化学体系的物理化学正好符合我的兴趣。在北京大学，无论你是否与他人有着同样的学习兴趣，你都能得到支持，找到归属。我现在的研究方向便是固体表面的催化反应机理研究，所使用的扫描隧道显微镜与近常压X-射线光电子能谱仪等都是最先进(也最昂贵)的仪器。

不仅如此，北京大学还极其重视通识教育。在北大，没有你不能上的课，只有你不想上的课。你能够认识各种各样的人，接触到许多前沿的知识与理论，碰撞出新奇的思想的火花。北京大学于我而言，就是实现我梦想的地方，也是一个更高更广阔的平台。这就是进入一所好大学学习的意义。我喜欢大学，因为大学兼具文化底蕴和创新活力。如果将来能够在大学从事研究或者任教，对我来说将会是一件非常好的事情。

两年半的化学竞赛生涯让我学到了很多。在此感谢我的家人，你们是我坚强的后盾。感谢我的教练王航老师，以及西南大学附属中学高2018级化学竞赛组的张文灿老师、黄炜老师和陈辉国老师！感谢西南大学化学化工学院的柴雅琴老师、陈静蓉老师、杨俊老师、王福昌老师、何荣幸老师、马学兵老师和申伟老师！感谢西南大学附属中学张万琼校长和曾万学副校长，感谢附中为我提供了良好的学习环境和资源！感谢一路陪伴我走来的老师们、兄弟们和同学们！

雕琢曾经，以期未来

卿瀚中[①]

七月流火，九月授衣。岁月会如期吞没骄阳下最后一点倔强的翠色，沿着波浪老去的方向展望，旅人们接踵而至，或许有人往回走了，但那支队伍仍然气势磅礴，以至于在偌大的阶梯教室都差点不能举行“第一次会师”。

并不是每个人都向往着曲径通幽，相比正常的高考路径，这一条实在是狭隘以及充满了风险——毕竟它把平时的学业作为机会成本。这并不是每个人都有能力或愿意承担的。

也没有人愿意一直维持这样庞大的规模，毕竟这是一场角逐而不是戏剧。竞赛队伍终究会主动淘汰掉一部分人，自然有很多人是不愿意面临这种结局的。那既然不想做一抹平凡且黯淡的星云，就必须历经漫长且大量的积累，同时能够承受因为积累浓缩而带来的压力，最终才能点亮深邃的空间。

最初的光是有限的，鲜有完全不迷茫的学子。竞赛教学会占用原本属于学生自己的时间，有时候也为我们拖延或者其他成绩下滑的结果买单，有时候我们可能对复杂的公式和枯燥的理论会产生排斥感，在某些时候也没有尊重竞赛学习的氛围。当然这主要来源于对省内其他选手实力的不了解以及盲目自信，而第一次初赛可以说是毫不留情地打破了我的黄粱美梦，剩下的是一些荒诞的碎片，每一片仿佛都在嘲讽把这一年挥霍得心安理得的我。

走过了半瓶水响叮当的时期后，我在自身上发现了严重的纰漏，那就是基础不牢，以及学习过程中的不求甚解和浮躁。尽管一年的青春悄然逝去，我却连高中的选修知识都没有明确把握住，五大板块除了无机以外几乎都局限于课堂内容，而此时同一级的部分选手已经开始进入复习甚至是冲刺阶段，我逐渐也意识到了危机的来临。

但这并不是童话故事，良心发现并不意味着立即获得蜕变，总得为之前的自负付出代价，心理落差会时不时地导致一些负面性的思绪产生。2017年冬季的北碚没有像2016年那般银装素裹，但我仿佛已经停滞不前，如果说那时候要点出有希望代表重庆市参赛的选手，我大概不能上榜，至少肯定不是引人瞩目的那一群。

① 作者简介：卿瀚中，西南大学附属中学校高2018届1班，获2017年第31届全国高中化学奥林匹克（决赛）银牌。本科毕业于浙江大学。

这个壁垒最终在初赛前2个月被打破了,可以说,因为阅读量和练习力度的加大,通过较大的开支获取并领会到更深刻的知识点,质变在最关键的时候来临,但残留的那一点儿忐忑仍然挥之不去。

决赛前的“三场战役”可并没有像战争那样的摧枯拉朽之势。2017年夏季的最后一点愤怒像是印在了初赛的试卷上,之后的绝望气氛几乎席卷全国:足足两年,却让众多学子都如亲临滑铁卢一般。

当然,结果多少让部分人心里稍微舒坦了一些。之后的那几场博弈再也没有之前那样的规模,但更加能生产遗憾——由“可能”到“没能”带来的情绪自然比一开始就知道“不可能”的要强烈得多。

从最开始的表现来看,我的确没有竭尽全力,不过最后的奖牌确实是显得苍白了一些,曾经有人寄予的厚望,我也曾把“可能”达到的目标变为了海市蜃楼。但回想起来,不必为之而踌躇。竞赛不是“得之则生,弗得则死”的救命良方,也不是容许青春燃烧的唯一熔炉。我们收获的也不仅仅是几张奖状或者几块敲门砖。哪怕是作为茶余饭后的话题,哪怕换来的这张奖状没有受到名牌院校的青睐而只能尘封在相框内,这段回忆也拥有独一无二的价值。把竞赛阶段看作人格的苦修历程,或许能够体会到无法用数据表达的成绩。

当然,力图做到最好是无可非议的,但那大概需要我们刚开始就对竞赛抱有敬畏之心,同时不要一味地把它功利化,尝试享受拨云见日的过程,那大概是最纯真的乐趣。还有很重要的一点是不能好高骛远,适当尝试用中级的水平去做高级的题目是有益的,但脱离基础妄图一步登天的行为不值得,也没有任何意义。当然,一定要避免短板效应的产生,不能凭自己主观臆断哪个板块的好坏,在那些看似讨厌的领域内提升自己,同样也是作为一名有责任感的青年的加分项。

我大概已经忘记了初赛之后我的信心的树立过程,但有一个和它相关的单词已经刻入了脑海:“deserve”。竞赛教练在某种意义上也是一名良好的语言老师,至少这个词从他嘴里说出来的时候,就已经长久保存在我的词汇库内了。大概也没人能够忘记那些极大地鼓舞我们的语句吧:你值得拥有大好年华,如果你惜时如金;你值得拥有这块奖牌,除非你排斥寒窗苦读;你值得拥有这段记忆,只要你对自己的抉择能做到问心无愧。

这是同一条旅程,但足迹并不是千篇一律的,我们的竞赛故事已成为过去式,文字前的你也许正在或者即将开始书写自己的传记,可千万提防那些看似微小的败笔的产生，也千万不要随便画上全篇的句号。也大可不必遵循我们的曾经，但希望我们曾经的故事能够帮助各位不易迷失自我。

赤子们又到达了大洋彼岸，而带领他们的老师又周而复始地做着同样的工作。虽然那僻静的实验楼和附中教学楼里那个颇具特色的教室每年都会涌入新鲜血液，但那不是“清洗”而是渲染，有的老师可能不能再为竞赛学子提供帮助，但硕大的桃李不会因此而减少。They deserve admiring。

青春有遗憾,命运由我定

李雨轩①

作为西南大学附属中学原高2018级的创新一班的学生李雨轩,我很高兴能写出这篇类似于感想的文章来纪念伴随我走过两年的竞赛生活(之所以没有三年是因为没有进入冬令营)。一般写给他人看的感想都必须要由厉害的人来写,不然显得没有什么看的必要。我无法严格证明我在此文中表达的观点的合理性。我只好把自己的数据摆一摆,让大家觉得我写的这篇文章是“有借鉴意义”的。我当时的竞赛奖项是化学竞赛省级二等奖,高考成绩是686,以压线成绩进入了北京大学医学部药学院,按道理来讲我应该是药学院的最后一名,但是大一下来我是整个18级药学院的第四名。目前已经进入了刘涛课题组进行科研学习工作,是实验室最年轻,也是唯一的科研助理,正在与一名应届博士毕业生合作,他的毕业论文会冠名我为第二作者。同时自己手中也有科研课题正在进行,完成后就会是我自己的文章。所以,高中毕业的我来写这篇感想显得比不上一些“天才”,但我觉得大学现在的我还是有“资格”来写的。

一、我的竞赛之路

我第一次接触化学竞赛是在高一刚入学不久,当时有一名主任向我们说明了学竞赛的重要性,多是以“拿到一等奖能申请自主招生”为主的理由;又阐明了我校化学竞赛多年金牌的优势所在,所以我当时随波逐流地就随着一些有抱负的人,一些“不明所以但感觉很厉害”的人,还有一些“想玩”的人一起加入了化学竞赛。当时没有任何抱负,因为我是从比较差的初中学校出来的傻小子,没见过大学校也没见过竞赛。于是高一就这么混过去了,我的印象中高一上学期竞赛课程几乎没听懂,下去看书也几乎没看懂,浑浑噩噩地跟大家一起考不及格。

直到高一下学期,那个时候我的心理状况糟糕(当时我的心理状况一直很糟糕),我一个人住在租赁的小房子里,在狭窄有灯光的空间里拿起了《无机化学》看着。突然我就看懂了上面写的内容,这些内容是我之前看过两三遍的,但是一直不明白其中

① 作者简介:李雨轩,西南大学附属中学校高2018届1班,获2017年第31届全国高中化学奥林匹克(初赛)二等奖。本科毕业于北京大学,现于北京大学攻读博士学位。

的道理。从那个时候开始，我体会到了所谓的“学习”的乐趣，这种乐趣驱使着我看更多的书，也使得我的无机化学好了起来。(所以大家心理状况特别糟糕的时候说不定可以多看点书，万一就看懂了呢？)我没记错的话，当时我的成绩还是蛮高的，尤其是元素化学。就是从那个时候开始，一直到高二下学期，我参加了各种培尖培训活动，见了各种各样的竞赛大佬以及竞赛大佬老师。我曾经和曹居东爷爷留过影，要过张祖德教授的签名，也跟裴坚老师一起在北京上过课(他教我们)。北大举办过一个化学夏令营，我还是优秀营员。当然，对于一个高中生而言，时间是绝对有限的，花了大部分时间在竞赛上，平时成绩难免受一点影响。我高二期末还因为考得太差而考虑过放弃竞赛，但我还是坚持下来了，虽然结果不尽如人意。

高二下学期暑假，到了最后冲刺的阶段，当时还有十几天就要初赛了。我们的竞赛教练开始让我们做历年的初赛卷子，我考得总是很高，甚至前三，教练也觉得我十拿九稳。于是，当时还在办公室里面让我安慰一名丧失信心的同学，我仍然记得我那个时候说的话：“再怎么你都能拿到一等奖的，一等奖多简单！不要丧失信心。”我就在这样的极大的信心下去参加了初赛，当时离考前还有一个小时，大家都在疯狂地互相抽知识点，因为我过于自信所以我并没有参与。结果一开始考试，我就发现事情不对劲了，我的身体突然胃胀气了！由于开考前几天一直在咳嗽，所以我拿了一盒西瓜霜含片随身携带。开考前为了防止我在考场上咳得太凶影响他人和自己，我一个小时之内吃了四片西瓜霜含片。说明书上写着一个小时不能吃这么多，于是我就胃胀气了。当时脑子里面嗡嗡作响，疼得根本集中不了注意力，三个小时很快就过去了，考完我一身冷汗，直接就回家了。后来省队评选，虽然我也参加了考试，但由于我没有获得全国初赛一等奖，也就没有评选上。于是，我全身心投入到高三高考复习中，高考时虽然数学考试中又胃胀气了(中午我妈妈逼着我喝止咳的溶液)，但它实在是太简单了，所以并没有造成任何影响。

二、整个高中的个人体验

首先必须说明，我的竞赛成绩变好不是简简单单就随便变好的，也不是我聪明，只是我勤奋，又比较感兴趣，天天疯狂看书，所以才得以实现“反超”。

为了让大家更加全面地了解我的案例，我决定把自己的性格和习惯都说一说。我习惯讲段子讲笑话，我喜欢话多好玩的朋友，我自己就是个单纯搞笑的人。但是我性格要强,不服输(其实哪来那么多输赢),自命不凡(凡不凡不是命运决定的,如果是,那什么都是命运决定的)。我完美继承了当时创新一班的"战狼"思想,所以驱动我学习竞赛的理由有很多,但"不服输"绝对是排第一。当时一个竞赛获二等奖和一个博雅直接降60分的同桌坐我旁边,我没有妄自菲薄。更厉害的是后来某个叫耿祥瑞的18级金牌同学也成为我的同桌了(我也不知道老师怎么安排的),这个人北大化院直接给他降到一本线了,即使他每次数学不会做就在草稿纸上画北大校徽给我看,我也没有被他的"金牌光环"给影响过。我明白自己的实力,所以当时月考周考考什么成绩我都没有那么惊讶,因为考完以后心里就知道自己是个什么分数,明白我哪里不会哪里会。即使高考完以后我给自己估分也是最准的,我当时估的成绩是683到689之间。我觉得我的所谓的实力很大一部分来自这样的对事物的较准确判断。明白自己的不足和擅长的部分,再去弥补去提升就好了。

至于我是如何考上北京大学医学部的,对于想考好学校的高中生而言这个问题意义不大。如果你真的想考好学校,想学好一个东西,第一个想法不应该是问相应的人他们是怎么做的,而是应该首先思考你如果要达到那样的目标你需要做些什么。686拆分起来,有很多种不同学科分数的加法,每个学科达到相应的分数要花不同的时间和精力,这些都应该是自己去预测评估的事情。学不会这样的能力,到了大学也走不远。没有这种思考的能力,也经常会问出一些让人很生气的问题。

对于我考二等奖的感受,当时可谓是万念俱灰,觉得世界有些不真实,好几天都处于巨大的痛苦之中。所幸的是,对于我这种性格的人,痛苦是常态,我也经常去反思自己每一个情绪的源头。后来我就释然了,竞赛考差了也没有什么,不是还有个高考吗?既然我竞赛之前能达到那样的水平,我有理由相信我高考也不会差到哪儿去。就是这种想法促使着我疯狂地学习,那个时候真是"战狼"思想的顶峰,每天晚自习三节课都会做一张数学卷子、一张理综试卷,寒假数学布置的40道导数压轴题,在老师刚发下来的那天下午我就做完了,晚上拿着卷子去对答案(最后被骂了,因为做得太快写的步骤不详细,老师不想看)。数学、理综几乎不会有我没见过的题(高考试题除外)。这种思想主导了我整个高三生活,即使到了大学也还有"后劲儿"。

三、竞赛与平时学习的"矛盾"

很多人都认为竞赛会花费太多平时学习的时间。我觉得确实是这样的,之前高二去参加杭州的培训直接花了整整一个月。寒暑假几乎不会有休息的时候,任何时候都在学习竞赛。压力是挺大的,有点不符合如今教育的"减负"思想。

如果一定要说竞赛影响了平时的学习,那肯定是影响了的。可是如果一定要把平时成绩的失败归根到竞赛的时间花费太多上,这就显得有点不合理。学习这个东西也是要看天赋的,有的人习惯好,思想好,找准了学习的要点和方法,他不仅竞赛学得好,平时成绩也不会太赖。可是对于一些根本不知道如何学习的被动的人而言,竞赛和平时学习他都学不好,这个时候放弃竞赛确实是他最好的选择。因为竞赛要求自学,平时高中课程老师可以追着你逼着你学。某位高三旷课一两个月的耿祥瑞金牌同学,哪怕拿了金牌,旷了很多课,少复习了一堆东西,根本不想学高中内容,他第一次返校考试名次都很不错,最后高考考的也是666。附中还有一位既是金牌获得者、高考成绩又是703的任翰林同学,充分说明了竞赛和平时学习并不是完全处于对立面上。对于聪明、勤奋的学生而言,这反倒是相辅相成的过程——在竞赛自学过程中找到了学习的正确方法,从而运用在平时学习中。在平时学习中,刷题和掌握知识点的思想运用在竞赛的初期学习中,也可以使得竞赛基础学习得更扎实。更重要的是,竞赛的自学模式非常有利于学生在大学的发展,很多大学生都很迷茫,但我相信学会如何"学竞赛"的学生们不会那么迷茫。

四、为什么要学竞赛?

竞赛的学习对于个人而言意义是极大的,关键是自己一定要意识到竞赛学习的意义,这样才有助于你在真正学习竞赛时知道自己应该学些什么,而不是每天混日子。第一点就是学习相应的竞赛一定能学到相应的大学本科课程知识,甚至是研究生课程知识,这点在化学竞赛中表现很明显,我们当时做中科大研究生考试题的问题也不是很大。第二点就是学习竞赛能培养自学的能力,这种自学的能力包括了自制力、时间管理能力、形势判断能力以及思考的深度等。这些都是绝对的重中之重,是让一个人受益一生的。如果你想要从事相关工作,尤其是科研,高中竞赛的积淀能让你在起跑线上领先别人很多圈,而且你的跑步速度还比他们快。科研也是要比能力的。当你的竞争力比别人强,能力更大,你得到的自然也就会更多。第三点就是竞赛能拓宽视野,一位药理学的大专家在讲到本科生的任务时,他提到的比较重要的一点就是大一的你什么都可以不干,但就是不能不去拓宽视野。高中毕业后大家就要开始思考人生的具体走向,这些决定没有广阔的视野基础是无法选择出来的。我凭借着竞赛学习的胆识和挫折对我内心的磨砺,毅然选择了自己感兴趣的工作,作出了大胆的选择与决定。事实也证明了我选择的正确性,即使当时我的父母有些反对,我的老师们也困惑不解。但是现在的结果是好的,而且非常好。

竞赛的学习对于国家而言也应当是意义重大的,从严格意义上来讲高中的学习就相当于科普性质,如今世界形势变幻莫测,以美国为首的世界霸权主义已经在向中国全力施压了。中国近十几年的发展大大超出了世界的预期,实现中华民族伟大复兴的目标从未如此接近过。我们这一代人应该扛起这项重任。之前任何想做世界第二的国家都被美国打压得实力大减,中国的结局到底是世界第一还是从此国力大大下降,来源于所有中国人的努力。尤其是对于目前十分紧张的局势,中国也迫切需要更多的科学人才精英。即使如今自主招生取消,教育"减负"政策的颁布,强基计划的实施,我个人认为学校都不应该放弃对于竞赛的重视。中国的教育体系可以培养人才,也培养了很多人才,但是很难培养天才。你能想象一个化学天才因为语文不好而丧失了让他大放异彩的机会吗?竞赛给予了天才们这样一个展现自己擅长领域和实力的平台,竞赛教学的开展有利于天才的保护和发现。我希望任何学校都能稍微抛去功利方面,适当地开展竞赛教学活动,哪怕以培养学生对于学科的兴趣为目的,不强求学习。

五、如何做一个竞赛人?

学习竞赛有很多误区,我现在一一为大家列出来,希望大家不要犯以下错误:

1.学了竞赛觉得高中的知识很低级,高中知识都是错的,不值得学。

这种思想很好笑,为什么呢?即使学了竞赛,高中化学试卷你也不一定能考好。高中知识是错的?你就能证明你看的书里面的知识一定是对的吗?有这种想法的人就应少看点竞赛书,即使看了对你以后的发展也不好,这种人也不适合学竞赛。

2.学了竞赛我发现竞赛老师没我厉害,我喜欢打断他讲课,喜欢指出他的错误。

学习竞赛是让你看到高中学习的不足而感到知识的无边无际以及学科的深度,不是让你提前了解一点点东西就自鸣得意。我记得当时我跟我的导师谈论的时候,我说的所有理论都是对的,我自己的想法还跟一篇论文的想法一样,但是我的导师立马就批评了我:"你要谦虚一点。"水满了就不能再往里加水了,因为它会溢出来。你自满了就不会再学习到其他的思想和知识了，因为你会排斥它们。

3.学习竞赛，前期一定要打好基础，不要因为听不懂就不听，反而应该因为听不懂才更加努力地去学。

这个我是深有体会，严格意义上来讲竞赛我也只学了一年，高一都玩去了，这可能也是我只能拿二等奖的原因之一吧。基础没打好，考试就不会太稳，后面的知识也只能死记硬背。所幸我深知基础的重要，补上了，不然可能后面的平时考试也就没那么好了。基础一定是最重要的，你熟悉了一个热力学公式的应用甚至比看完一整本物理化学重要，因为光看能掌握多少呢？只能用来去做无意义的跟他人“找茬”和“辩论”。

4.学习竞赛，不应该专找疑难杂点，应该形成体系，偏的知识掌不掌握无所谓，基础理论和知识才是必须熟悉掌握的。

很多人因为竞赛学的是超纲内容，就认为竞赛学习就应该多学更超纲的内容。其实这是很大的误区。你仔细研究竞赛的考试，会发现它考的各方面内容都有相似之处，偏的知识不会考的，即使考也很少。比如想要学好无机化学，那你完完整整地掌握一本书就够了。

六、致谢

感谢高中三年来陪伴我的各位老师以及我的父母。尤其感谢高2018级创新一班“战狼”班主任王文姝老师，是她传给了我们“战狼”思想，王老师在许多困难时期与我们共同患难，为班级的每一个人操着心，是不可多得的优秀班主任。特别感谢高2018级化学竞赛教练王航老师，在我困难时期王老师持续着对我的信任，王老师的冷静、理性以及处理事情的方式深刻地影响着我，我从王老师那儿学到很多，不仅仅是化学知识。

特别感谢母校西南大学附属中学校。虽然母校的校长不时变动，但是附中的校风以及教学核心一直没有改变。如同校训所言：“行己有耻，君子不器。”每一位附中学子都有着约束自己的道德礼仪，这是当代学生不可多得的优良品德，即使是在北大这种地方也会有很多不文明的现象，但是附中的学子们都能替他人、社会着想，这是我当时返校宣讲时观察到的一个特别重要的点。同时，每一位附中学子也不仅仅局限于某一专科，不把自己变成社会的工具人，他们多才多艺，附中每年都会有相应的缤纷节活动,是所有人展现自己才艺的舞台。附中还会举办各种素质教育活动,经常邀请许多名人来到附中开展讲座活动,附中学子们也拿过各种体育竞技、科技创新的奖项。能在这样的母校进行学习是我的荣幸。

最后感谢那位拿金牌的耿祥瑞同学和那位博雅降60分的石淳安同学,他们陪伴了我整个高三,以及还有我其他的最好的朋友们。我们都对大学的真实意义有所了解,都对自身以后的道路有所规划。我们都明白自身承担的责任,也不会为取得一点点成就而沾沾自喜。感谢他们在高三以及整个大学一直到现在的陪伴!

欲穷大地三千里，须上高峰八百盘

王述冰①

壹

距参加化学竞赛的初赛、决赛，已经四年有余；在地球的另一端，忆起此事，仍然是心胸澎湃。我自认为是一个有些许小聪明，有闯不寻常路的勇气，但耐心和细心不足的人。在科技创新比赛等自主招生方式被基本取消的今天，竞赛是几乎唯一的中学快速道。高考是公平的、伟大的，但绝不是高效的。学生们需要花很多时间去重复，去小心翼翼地不放过任何一个细节。这对于我来说是不那么愉悦的，我可以比较轻松地考进年级前列，但再上一步，达到清北的分数线却非常困难。与其挣扎在重复与小心中，不如去更大的知识体系里徜徉。在初三刚接触化学的时候，通过宁老师的推荐和自身对于附中竞赛的了解，我迅速确立了参加化学竞赛的志向。在初三的时候，我开始学习北师大版《无机化学》等基础教材，也多次进入学校实验室。“争当小科学家”科学体验活动，给热爱化学的初中学生们一个了解竞赛的窗口。高中竞赛班的很多同学，我都是在这个比赛期间认识的。在这期间，我和同学们有了很多系统上课和进实验室操作的机会，最终也获得了金奖，为初中的化学学习画上了一个完美的句号。初三毕业期间，我主要系统地学习了高中教材，并没有花太多时间。在北大我认识了很多顶级强校的竞赛生，很多学校的竞赛是从初中选苗子的。

在高一的时候，我跟随竞赛课内容，系统学习了吉大版《无机化学(上册)》，熟悉了下册元素化学知识和邢其毅《有机化学(上册)》。参加初赛前，除电化学以外的知识板块外没有遗漏，附中竞赛课的进度已经基本完善了知识体系。最终，我获得了第31届全国初赛一等奖，并参加了省队第一轮选拔。在高二时期，我主要把时间花在了有机化学上，学习中级有机化学，练习基础有机化学课后习题。Art的逻辑与思维大大提升了我的有机化学能力，很早开始刷的300个人名反应也充实了我的有机化学“武

① 作者简介：王述冰，西南大学附属中学校高2019届1班，获2018年第32届全国高中化学奥林匹克(决赛)银牌。本科毕业于北京大学，现就读于美国加利福尼亚大学洛杉矶分校。

器库”。对于春季联赛等比赛来说，有机化学一直是区分度最大的内容。中级无机化学的酸碱理论和晶体结构，高等无机结构化学的晶体结构，暑期课堂和培尖春季班的课程都让我受益匪浅。裴坚老师、卞江老师、张祖德老师、曹居东老师、江国防老师等人的课我都认真做了笔记，方便考试之前进行复习，这些课程让我的晶体结构和有机化学提升了一个档次。值得一提的是，西南大学组织的实验培训无论在深度还是广度上，都高于决赛，为我的实验夯实了基础（决赛实验获得95分）。在初赛前的暑假，我多次刷初赛、决赛原题，每天完成一套模拟习题，并突击了格林伍德元素化学与无机化学，最终在初赛成功获得省选资格。实验是准备省选的重中之重，除此之外我多次刷了省选回忆题，熟悉题目类型，还补充了一维势箱等知识。决赛的备战期间，我二刷了格林伍德、物理化学和裴坚老师的中级有机化学，还研究了全合成文献以及高等有机化学。决赛模拟题千奇百怪，分数常常不够看，我并没有担心，而是保持了一个良好的心态，因为里面有大量不常见知识点为我查漏补缺。同时，这一时期也是社交的好机会，在与其他省队选手的交流当中可以分享很多图书与题目，很多人直到现在还有联系。在决赛中，我获得了第32届冬令营银牌以及北京大学降60分优惠政策，本科就读于北京大学地球与空间科学学院。

贰

化学竞赛是我高中三年的重心，为此我虽牺牲了超过半数的假期和休息时间，分散了许多本该用于高考学习的精力，但是事实证明，它是值得的。于内在而言，竞赛可以极大地提升学生的自主学习能力、理解能力，增加见识与阅历，为学生终身发展奠基。化学竞赛没有数学竞赛和物理竞赛那么大的思维量，天赋在化学竞赛里只占一小部分；化学竞赛没有生物竞赛那么大的记忆量，知识更活。凭借踏实、努力，加上一点点运气，我在竞赛路上成功远行。于外在而言，化学竞赛是我前往北大学习的通行证，给我带来了荣誉。在自主招生大换血的今天，许多比赛的认可度大大降低，五大学科竞赛虽然降分等优惠方面略有缩水，但是已俨然成为高考以外，最重要的录取途径之一。不同于许多竞赛，化学奥赛直接学习大学化学内容，与大学生活接轨，为未来铺垫了良好基础。

化学奥赛的学习是很有规律的，首先需要系统学习大学基础课教材，辅以其课后习题。当有一定基础后，刷题、刷书，一定要思考做题方法，归纳题目与知识点。比如说，对应一个全合成步骤的推断，首先要了解目标化合物和其他已知条件，判断此步骤的作用。其次，分析反应物的亲核亲电位点、活泼位点和可套用反应模板的位点，联想到所有有机反应分为哪几类——亲核亲电反应、自由基反应、周环反应、金属催化反应，推出反应物的结构，再代入合成路线，若有多个推断产物逐一检验。有机反应和无机反应都可以分类去找；所有无机化学公式一定要抄在一起，经常熟悉；元素化学十分耗时间，十分杂乱，但它是一种积累、一种感觉；自己易错的点和思维盲点（经常想不到的点）分条列出并记忆。我看过很多奇奇怪怪的教材，但事实证明它们大多没有帮助。最重要的是，基础一定要扎实，一定要落实。整理错题和教材批注等基本学习能力更不能缺失。在初赛前，不能有任何一个板块的知识遗漏。

化学竞赛赋予我一种独特的人生体验，这是一条人迹罕至的路。我最忘不了的是签约那个夜晚，我本想放弃在北大招生组门前的等待，因为清华北大那时似乎已经不再为银牌同学提供降分了，但在蒋老师的开导下，我决定坚持到底。重庆队的许多老师和几位银牌的同学都坐到招生组门口的地毯上，等待一批又一批的同学进去签约。一直到了凌晨两点，整个宾馆大部分房间的房客已然入睡，招办的老师终于把我们叫了进去，最终我获得了60分降分。很多同学因为睡着没有接到电话，与北大失之交臂，甚是可惜。我兴奋了一晚，因为无眠跑出房间，在外面踱步，又回到北大招办的房间，与里面的学长学姐交谈，与他们分享蛋糕。从决赛错失金牌，又到北大签约，苦与甘，泪与汗，从中我悟得许多。

叁

在北大的求学期间，化学竞赛的基础对我也是大有裨益。我能够节省很多的化学专业课学习时间，去实验室做科研，同时也可以轻松获得好成绩。从今天来看，化学竞赛经历给我的最大帮助是提前计划的能力。在繁重的学业和备考下，中学生们很难有经历和机会去思考未来。在填志愿时，很多人要么是在父母、亲戚的建议下选择专业，要么是为了一个不切实际的梦想而填报，他们上大学后常常会有极大的落差感。我必须指出，化学竞赛绝不是像很多批评者指出的那样，只是给化学专业输送大学生。化学竞赛是让你提前三年了解大学化学，提前四五年了解科研，提供一个平台给学生去更好的学校,并在了解科研之后去勇敢计划自己是不是走科研之路。在这种平台和思维下,我有能力有信心地从地球化学专业的科研转到了生物工程及生物材料上,并成功拿到了MIT最大生物材料实验室Langer Lab的访学机会。在整个过程中,我都能有效地提前制订计划并完成,而不是随着同学,随着实验室师兄师姐的脚印一步一步地走。

竞赛之路上,我最感谢的是附中的鼎力支持和附中教练团队的引领与指导,没有他们我不可能走得这么远。作为一个退役的老学长,我希望热爱化学的学弟学妹们能够打牢基础、刻苦钻研,获得好成绩;希望西南大学附中的化学竞赛越办越好,为更多的学生提供有挑战性的人生机会。

2

雄关漫道真如铁，咬定青山不放松

——竞赛教练的探索之道

竞赛平台助力师生缤纷发展

张万琼①

接到附中蒋邦龙老师布置的任务，我确实觉得这个事情是多年以前我想做的，特别是当校长的时候想做的事情，所以一定支持。本来我觉得现今社会资讯十分发达，出书的必要性不大了，所以不想梳理也懒得写。现在学校要写成书以记载下来，我就回忆着写一下。

回想那些年做竞赛辅导，做环境教育，搞研究性学习等，我都是亲自实践，不断学习创新，并且善于组建团队，所以在这三个方面都取得了一些成绩。初、高中化学竞赛取得的一系列成绩，也是因为自己是化学老师的缘故；把附中环境教育带到国际交流的平台，多次带领学生参加国际国内大赛，取得了非常突出的成绩；研究性学习在全国中学中都是领先的。其间，我还在重庆市首届研究性学习教师技能大赛中获得一等奖第一名。大学的附中一定要在课改特别是教育教学创新方面走在前列！

一、初中化学竞赛重在激趣

思绪回到那个年轻的时代，1991 年我从西南大学毕业后被分到西南大学附中，担任初三化学教学工作。因为自己一直喜欢化学，所以假期就做了许多化学竞赛题，第

① 作者简介：张万琼，西南大学附中原校长，正高级教师，教育硕士，西南大学兼职教授，硕士生导师。中国青少年研究中心特约研究员，化学奥林匹克高级教练员，中国教育学会学校文化研究分会常务理事，重庆创新教育学会副会长，重庆教育学会德育专委会理事，重庆基础教育评估工委副主任。全国科教先进校长，重庆市政府首届“重庆市名师”，重庆市首届“未来教育家”培育对象，重庆市创新型校长，重庆市基础教育先进工作者。

一次教学就同时辅导学生化学竞赛。我只教过两届初中，并带领学生参加了四川省天原杯初中化学竞赛，每一届都有十几个学生获得四川省天原杯一等奖。好多人都说，这样的成绩是前无古人后无来者。确实没有来者，因为几年以后四川省天原杯初中化学竞赛就没有再举办了。

初三那两年的教学对我的专业发展是很有帮助的，增强了我的自信，对于学生的兴趣培养也是非常好的。我带领学生演示化学魔术、做野外的考察和化学趣味实验等，如初中学习酸碱的时候课外教学生做了叶脉书签，发pH试纸给学生回家测体液、家里的液体或者土地的pH值等；农村孩子还让他们去指导家长依据土壤酸碱性种植庄稼等，激发了好多学生热爱化学的激情，主动参与化学竞赛和做化学趣味实验。我自己只要有空就到实验室去，我特别敬重的余直夫老师也是经常在实验室做实验。他还订有大学的化学杂志，一直都没有停止过对于化学的学习和追求，这对我一生都是很好的榜样激励。也是基于他的严谨，我对化学实验特别地重视，增加了许多课堂演示实验。陈灌祖老师上化学课我都要去听课，她年龄大了不方便，我就帮她做课堂演示实验。

附中的科学馆很美，我常常带竞赛孩子在黄桷树边讨论。学生对化学的兴趣越来越浓，自觉学习化学，成绩自然好！化学实验室门前有两株桃树非常特别，每一株桃树上的桃花都是开的粉红和白色的双色花，甚至有的一朵桃花上都是双色花，我觉得就是桃花对我的陪伴让我对化学实验室、化学教学与化学实验有了很深刻的爱！后面因为化学实验室改造，那两棵桃树被移栽到了岱宗楼旁，依然美丽，只是少了阳光，没有以前灿烂！

二、高中化学重坚定信念，培养学生自觉深入学习钻研的习惯。

我教的首届高中是1996级，也就是1993年进入高一的学生。第一届教高中时就担任化学教练和班主任。现在回想起来那是我特别有冲劲的一届，虽然教学和搞竞赛都是走第一遍，但依然信心十足。当时是魏文全老师当教研组长，我特别感谢他的指导和他带给化学教研组的温暖！我依然经常待在实验室，一是准备实验，二是研究竞赛题和实验改进。现在还记得王清宇老师经常来找我玩“抓鸡脚爪”游戏，也就是在纸上画几个鸡脚爪，每个脚爪上写上不同的钱数，在每个脚爪下面再画一条长长的线，然后把纸卷过来让你看不到脚爪及钱数，只能看见长长的线，游戏者任选在哪根线下写名字，展开后线另一端所连脚爪上是多少钱谁就出多少钱，然后大家一起出去吃火锅。这对于化学组的团队凝聚力打造是非常好的。因为那个时候我经常在实验室，所以他们来找我的时候鸡脚基本上已经被他们选过了，只剩下一两个可以让我选，好像我出钱的时候特别多。现在回想起来觉得那个时候他们有"作弊搞怪之嫌"，因为当时我是化学组年龄最小的。

1996级的时候有徐小庆、王辉等学生，他们都是非常喜欢化学，由于自己第一次做高中化学竞赛，看了很多书，做了很多题，把那个时候能够买到的竞赛教辅都买来做了，甚至连大学的无机化学和分析化学都用上了。但是我自己对于结构化学计算部分是比较欠缺的，所以无论是在1996级还是2005级，我都是请余直夫老师或蒋邦龙老师来帮我上这部分的课。我觉得每一个人都有自己擅长的，也有自己的弱项，所以无论是在竞赛辅导还是在常规教学中，大家对自己要有一个清醒的认识，在此感谢这两位老师！1996级竞赛特别突出的是徐小庆同学，他要代表四川队参加冬令营，我立即请余直夫老师给他辅导，这对徐小庆的帮助和提升很大。我记得他当时取得了全国冬令营决赛金牌以后先保送到北大，然后由于他家人的要求又转到清华大学。徐小庆确实是非常聪慧、学习能力非常强、学习品质很优秀的学生，同学们叫他"徐不倒"，因为只要有他参加的考试，别人都不可能拿到第一名。在他保送了之后，徐小庆还是要来听化学课，我就跟他说，知识你早已超过了，可以不听我的化学课了，但是他仍然坚持听。他说听老师的化学课总有一些启迪，他觉得知识是一个方面，但是思维和教学方式对于他来说还是很受启发的。他是一个永无止境地追求高阶思维的学生。我就安排徐小庆备课，让他给差一点的学生补课。徐小庆周末来打球以后就给自愿报名的学生补习化学，补习班学生的化学成绩大幅度提升。那一年虽然是我第一次教高中，但高考成绩在重庆市是非常优秀的，教育科学院王作民老师还邀请我在重庆市的高三教学研讨会上作了两次发言。多年以后，徐小庆曾经跟我说，他感谢老师那个时候让他去体验了当老师的感觉，特别是锻炼了他的演讲能力，让他体验了怎样才能把差生讲懂。所以，他当经济分析师时，他不但会分析，还会让不懂专业的董事长特别容易听懂，特别愿意听他的分析讲解。

在1999级时因为生孩子，所以对竞赛的投入偏少，故1999级竞赛只取得了重庆市一等奖的奖项，无人进入冬令营。

在2002级的竞赛辅导中，自己投入了大量的时间和精力，也取得了一系列的成绩。我当时的主要做法就是让学生们形成学习小组，激发他们的兴趣，小组之间相互激励,同时也不断让他们把化学与生活、化学竞赛与科技前沿相联系。除了培训竞赛知识和解题能力之外,我更注重培养孩子们的科学精神、做事韧劲、科研的严谨态度等。很多孩子参加竞赛其实都是靠他们自己的坚持、自己的兴趣和爱好挺下来的。

我会想尽一切办法找多种机会让他们增强自信,不断给自己的兴趣爱好加油助力。比如:我那个时候有很多的教学方法在后面看起来算是教育教学方法的改革,我让学生分组进行比赛学习和命题比赛,分小组进行相互测试。对于专题复习,我会利用假期的时间把班级分成几个小组,每小组8~10人;每小组选一个专题,进行专题复习资料准备和习题编写,可以搜集资料和好题,也可以自己编题。开学以后,我会对几个班同一个专题的资料进行整合、修改和提升,然后再发下去,每小组再派代表来给大家讲解,不过需要先在我这里试讲合格后才行。同时,每小组命的题如果没有创新就要扣分,如果命的题让其他小组的人轻而易举地过关,那也得不到高分。所以这样一种比赛下来,即使不是自己准备的专题,同学们也会想尽一切办法把那个专题学习好,这样才会在其他小组讲那个专题的时候容易突破,让对方得分偏低;自己的专题更是想尽办法编一些新题,并且增加一定的难度。因为编题是容易出错的,所以我都会把他们编的题一个一个题地亲自做和审核,做到科学而严谨,同时对难易程度做总体控制,引导良性的竞争。积极主动的学习是非常愉快和高效的。讲得特别好的,我会让他到其他班讲课。试讲时可能有的一遍就通过,有的可能要讲两三遍,当然我也不会让学生做太多次的尝试,担心打击他的积极性,而且耽误他的时间,所以我会把讲得好的一些同学派到其他班去讲。当时徐小庆、周勃、袁佩锡、王航等的讲解都很优秀,都被我派到其他班去讲过课。这增强了他们的信心,提升了他们的兴趣。在多年以后,他们都记得这种经历,对于他们未来的工作都是有极大的帮助的。许多人站在台上就可能很害羞,不愿意去进行竞争演讲,而他们却可以很自然很大方地站出来,所以我觉得这是竞赛之外的对学生的一些帮助。

在教2002级的时候,由于自己还做了一些行政工作,所以精力也有些不济,我就开始聘请大学的教授过来给学生们上部分课,特别是肖康他们参加全国冬令营决赛前的培训辅导。感谢肖德超老师、杨学霖老师和柴雅琴老师等的大力支持。在他们的帮助下,学生得到了更大的提升,2002级是西南大学附中竞赛史上的奇迹。

从1999年开始,我分管竞赛。1999年到2002年以及到2005年,这一段时间在附中竞赛史上都是非常辉煌的,数学、物理、化学和计算机竞赛取得了非常突出的成绩,如2002级化学获得了4个一等奖,其中周勃获数学和化学两个一等奖,最终他选择参加全国数学决赛，还有肖康、冯桢等，其中肖康和冯桢一直从事与化学有关的行业。我记得当年送肖康到济南参加全国化学奥林匹克决赛，当时他对北方气候不适应，而那个时候为了节约钱，在比赛前一天晚上才到达，没有提前去适应屋内暖气。第2天参加笔试的时候，肖康正好坐在了一个暖气出风口下面，被热风吹得晕晕的，对他的正常发挥是有一定影响的。而且那一年有个题是我们当年在进行讲课的时候分析到的，也就是说我们找准了方向，但是竞赛组委在命题时出了点错，然而肖康是非常严谨的，他当时就在这个题上花了很多工夫，而且把这个题错在哪里都指出来了。但是在阅卷时组委会决定大家都不计分，所以肖康就错失了进入国家集训队的机会，这是我最大的遗憾。因为肖康的知识和能力水平都很高，他被保送进入清华大学后，在学校开学时进行的一个类似于化学竞赛的活动中，那些拿了国际金牌、银牌的人都没有他考得好。也是因为那一次肖康没考好，所以他北大清华的保送备受曲折，我找过北大清华的招办，找过他们的竞赛负责人，找过他们的化学学院的教授和领导。在那一段时间，我大哭过好几次，发誓再不做竞赛！但是在2005级和2008级的时候，我还是组织了化学竞赛小组，由于我当了副校长，在化学竞赛方面投入少了，也就基本上退出了化学竞赛，主要靠其他老师和大学教授来进行化学竞赛辅导。没有坚持下去，这也是一种遗憾！

总之，高中化学竞赛对教师知识能力水平要求很高，要付出常人难以想象的精力，但如果有效激发学生兴趣，形成学习小组，鼓励自我钻研，并在老师的引领下，学生不但会取得优异的竞赛成绩，还会在非智力方面大大提升。

三、竞赛辅导的反思

无论竞赛跟高考保送、自主招生、强基计划是不是有关，都应该进行相应的竞赛辅导，让学有余力和有兴趣的同学参加竞赛。因为在竞赛的过程中，主要不是为了让孩子们获得竞赛成绩，而是激发孩子们对于化学的兴趣，提升孩子们的韧劲和毅力，培养不怕吃苦的科研精神。这对于他们的未来，无论是从事科研还是其他行业的工作都能起到很好的促进作用。所以，我觉得竞赛不只在于竞赛本身对于知识和解题技能的提升，而更在于一个人的非智力因素的培养，在于科研精神、科研意识的培养，让学生体验苦中寻找乐趣的美好，有助于学生在未来进行科学研究，有助于为国家培养相应的科研人才。

但是无论是什么样的学校，都不要强迫学生参加竞赛，在给学生做竞赛辅导的时候一定要注意度的把握，功利性不能太强，不然会扼杀孩子的兴趣和爱好，会让孩子在中学过得非常地痛苦。

祝愿附中化学教学和竞赛越来越好，祝愿同学们学得愉快，祝愿老师们教得幸福！

和竞赛一起走过的日子

蒋邦龙

1997年7月,重庆市成为中国第四个直辖市。

1997年7月,我毕业于西南师范大学(现名:西南大学),带着向往来到重庆市直属重点中学西南师范大学附属中学校(现名:西南大学附属中学校),跟随指导老师和同事开启了我的中学化学教学和化学竞赛职业生涯。

1997年9月,在学校安排下我担任初三3个班的教学工作,和施奇老师搭档一起组织和辅导初中化学竞赛。经过一年奋斗,有6位同学获得重庆市初中化学竞赛一等奖,顺利完成任务。余直夫老师是我校德高望重的高中化学竞赛培训的老前辈,多年从事竞赛培训工作,1996年张万琼老师和余老师指导的学生徐小庆入选四川省省队,在全国高中化学冬令营决赛中获得金牌,保送清华大学。当时,余老师已经退休,为了支持学校的竞赛,返聘回校给高中生上竞赛课,非常投入。从1997年9月开始,学校特意安排刘红萍老师和我一起听余老师的竞赛课。至今还记得,余老师一般提前1个小时到科学馆的化学实验室,将黑板擦得干干净净,然后到科学馆门前的坝子来回走动,抽烟。其实他是在仔细回顾要上课的内容,理清思路,为课前作充足的准备。我们每周听一次课,竞赛听课笔记记了两大本,并且还批阅竞赛生的竞赛作业,给竞赛学生答疑。既要抓常规教学,又要上初中竞赛课,还要听高中竞赛课,三头跑,马不停蹄。1998年9月,我校有7位同学参加全国高中化学竞赛初赛,5人获省一等奖,2人获省二等奖,其中曾华轶获得初赛一等奖第一名,化学竞赛成绩得到学校的进一步肯定。

1998年以来,在学校安排下,我担任所在年级化学竞赛主教练。受余老师竞赛课的影响以及余老师的指导,我逐渐学会查阅大学教材,收集整理竞赛资料,做大学教材习题,写教案,上课,批阅作业,找学生交流等。由于经验不足,我向张万琼老师、数学代宇老师请教,他们给了我很多帮助,指导我备课、上课、与学生交流等。经过几年的奋战,高2001届侯伟同学获得全国初赛一等奖,并保送华西医科大学(现名:四川大学);高2004届张犇、刘洋获全国初赛一等奖,张犇在省队选拔赛中获得第五名,保送北京大学。相应这几年,张万琼、刘红萍老师的竞赛培训也取得了可喜的成绩。高2002届肖康入选冬令营,获得银牌,保送北京大学;高2005届袁沛锡入选冬令营,获得银牌,保送南京大学。

2005—2008年,有了高中竞赛政策调整的传闻,说“省赛一等奖可能不再加分了”,而原省一等奖在高考中加20分。这一传闻影响了竞赛教练和竞赛学生,附中各科竞赛成绩出现滑坡,全国化学初赛一等奖人数锐减,竞赛培训进入彷徨时期。大家都在想,走竞赛培训这条路需要坚持吗?当初的愿望还能实现吗?张万琼老师认为,不管竞赛政策怎么调整,高中竞赛培养的是拔尖创新人才,大学和科研单位都迫切需要,西南大学附中作为重点中学,为了增强学校的核心竞争力,树立良好的社会品牌,理应继续进行竞赛培训,而且还应加大力度。

经过几年的调整,同时化学竞赛组又引入了一批新教练,黄炜、陈辉国、曹健、王航、张文灿、周正东、杜亚、冯家梁、曾坤、平静等陆续加入,竞赛培训实力逐渐增强。在学校领导的指导下,我校化学竞赛团队逐渐成长为一支忠诚敬业、恪尽职守、薪火相传、团结合作、资源共享、努力拼搏、锐意进取的战斗队伍。张万琼校长在学科竞赛培训上做了重新部署和安排,并亲临一线指导,鼓舞士气。功夫不负有心人,高2010届周游、王璟获得全国初赛一等奖,一同考入北京大学。高2013届杨有为同学入选省队,冬令营决赛中获得银牌,保送北京大学。高2016届邱占萱、任翰林、谭骁入选冬令营,邱占萱获得金牌并入选国家集训队,保送北京大学;任翰林获得金牌,获得清华最优惠录取政策,考入清华大学;谭骁获得银牌,获得上海交大最优惠录取政策,考入上海交大。高2019届莫昊凌、王述冰入选冬令营,莫昊凌获得金牌,获得北大最优惠录取政策,考入北京大学;王述冰获得银牌,获得北大降60分优惠录取政策,考入北京大学。这几年,其他教练带领的竞赛生也取得非常好的成绩。

2018年,欧健校长调入我校主持工作,学校高度重视竞赛工作,大力调整优化竞赛培训方案,增强了竞赛培训的力度,加大了竞赛奖励政策,调动了竞赛教练的热情和积极性。从2011—2024年,各年级化学竞赛捷报频传,共有139人获全国初赛一等奖,37人入选冬令营,20人获得金牌,7人入选国家集训队,近50人因化学竞赛保送或考入北大、清华。化学竞赛又一次迎来了春天,阳光明媚!

下面是我经历竞赛培训工作的一些感悟,与大家共勉。

1.发掘苗子,激发潜能

竞赛生除了兴趣、勤奋之外,更重要的是要有悟性。化学悟性主要是看年级综合排名,成绩越靠前,说明学生综合能力越强,应试能力越强,学习化学更容易,走得更长远。在竞赛这条路上要走得长远,想要在全国冬令营决赛上获得金牌,甚至进入国家集训队，需要选拔年级综合排名靠前的学生，因为竞赛到最后拼的就是综合实力。竞赛教练需要慧眼识珠，及时发掘竞赛苗子，并尽快给学生推荐学习所需的竞赛书籍、大学教材、文献、网络资源等，鼓励学生多看书，把有意义的记下来，向教练、教材、网络资源请教学习。厚实的积累是构建学科认识体系的基础，这样才能形成良好的竞赛学习方法，增强自主学习能力，激发潜能。

2. 日积月累，坚持不懈

广泛阅读大学教材，高质量做题，做各种笔记，积极外出培训，认识更多志同道合的竞赛生，接触高水平的教练，与教授、名师积极交流，不断提升自己。这些需要长期的坚持和积累。坚持和积累虽然是痛苦的过程，但却能让我们见多识广，站得高，看得远。这不仅适用于竞赛生，同样也适用于教练。生命的意义在于奋斗，人生的意义在于历练。只有长期坚持奋斗和历练，教练才能遇到优秀的学生，学生才能遇到优秀的教练，从而师生相互成就。

3. 用心陪伴，有效指导

在教练生涯中，最大的感悟就是陪伴，给学生授课是陪伴，守自习是陪伴，改作业阅卷是陪伴，给学生答疑是陪伴，一同外出培训是陪伴，给学生准备试题资料是陪伴，和学生交流是陪伴，省队选拔后期指导是陪伴，送学生进冬令营决赛考场是陪伴……陪伴是教练的辛勤付出、无私奉献，陪伴是竞赛生最坚实成长的基石，陪伴是教练对竞赛生最长情的告白。没有十全十美的老师，也没有十全十美的学生，只有欣然地悦纳了学生和自己，才能用心陪伴，有效指导。

4. 忠诚敬业，团结合作

竞赛教学内容是有广度和深度的，需要我们多年用心钻研才能逐步理解和掌握。学生提出的问题，我们不一定都能解答，有时我们的理解力可能比不上一些优秀的学生。因此，我们教练团队需要定期研讨，相互学习，不断寻求资源整合，才能给学生更大的上升空间。学校之间竞赛竞争越加激烈，学科竞赛要求也越来越高，面对多重挑战，我们唯有不断学习和积累，不断加强年级之间、学校之间的竞赛交流，才能逐步提高竞赛团队的整体战斗力。

5. 资源整合，薪火相传

书籍资源是学生广泛阅读、提高认识、厚积薄发的重要基础，书籍资源的筛选，安排合适的阅读顺序可以让竞赛生少走弯路，在有限的竞赛周期内尽可能提高效率。试题资源包括大学教材章节练习题、国外教材练习题、全国高中化学初赛模拟试题、全国高中初赛真题、全国高中决赛真题、国际竞赛预备赛试题、国际竞赛试题等，通过强化训练是学生提升解题能力的重要手段。视频资源是互联网时代为竞赛生学习提供的又一重要资源，包括大学国家精品课程、培训机构开设的在线竞赛视频课程、习题讲评课程等。文献资源是来自于科研一线的研究成果，查阅文献是培养竞赛生“崇尚科学、追求真理”的一种重要方法。培训资源是竞赛生与大师、高水平教练对话交流和提升认知的重要平台。还可以邀请大学教授、专家、毕业的竞赛生来校内培训学生，同时也可到让学生到校外培训机构或学校学习，以增强竞赛生的整体实力。竞赛教练团队需要不断积累，整合多种有效资源，实现资源共享，薪火相传。

6.完善机制，提质升位

近年来，为了促进竞赛提质升位，学校逐步完善竞赛管理机制。年级积极参与管理，为竞赛保驾护航；竞赛总教练带领团队研讨学习，把握方向，使竞赛得到落实；主教练担任竞赛班班主任，选举班委，设置班会课，在竞赛教室前面的黑板上张贴班训，在后墙上树立班级目标，在内墙和外墙上设计布置班级誓词、历届获奖学生简介、本班学生照片等资料，这些布置不仅可以建立起有学科特色的班级文化，还能起到宣传作用，激励学生努力学习，积极奋进。竞赛班级管理须抓好“四个建设”。一是学业建设：学风建设突出，学习氛围浓厚。二是班风建设：班风优良，班级成员饱含集体荣誉感。三是制度建设：管理制度全面，团队向心力强。四是文化建设：文化引领前进方向，凝聚奋斗力量。竞赛班级的有效管理为竞赛培训奠定了坚实的基础，为竞赛取得优异成绩发挥了重要作用。

工作多年，我心存三个感谢，感谢附中的平台，感谢附中的老师，感谢附中的学生！无论外面的世界多么精彩，我们都需要沉静内心，只有经历人生的艰苦磨炼，才能真正肩负起责任和使命，才能成为更好的自己。

参考文献

[1]庞晓峰．浅谈高中化学竞赛资源的整合与使用[J]．化学教与学，2019(03)：63—64+68.

化学竞赛浅谈

黄炜

从2003年到2015年这十几年间，我带过几届化学竞赛，但真正有点成绩是在2011年和2014年。这两届共获得两枚全国冬令营金牌，省级一等奖十余人。其中2011年的冬令营金牌是我校有史以来第一块全国竞赛金牌，从此我校的化学竞赛开始了连续十几年的辉煌，现在仍是重庆市化学竞赛最好的学校之一。当然这里面不只是我一个人的功劳，还有陈辉国、王航等竞赛老师的辛苦付出，如高2015级那块金牌就是陈辉国作为主教练一手带出来的。竞赛教练在别人眼里是高大上，出了成绩时风光无限，其实酸甜苦辣只有自己知道。一旦你成为了竞赛教练，意味着你将不能照顾好你的家庭，甚至牺牲你的健康，你的大多数精力、你的业余时间都将投入到竞赛工作中去。你将背负来自学校、家长、学生和你自己的巨大压力，艰苦而孤独地前行……回望过去感慨万千，现在我以一过来人身份谈谈自己的一些体会。

首先，竞赛成绩是一所高中名校的标配，是清北等著名高校选拔优生的重要因素之一。特别是冬令营成绩直接关系到学生是否获得清北录取优惠政策，因此学校再怎么重视都不为过。我觉得学校的具体措施可以是这些：选拔好竞赛老师，特别需要引进高中参加化学竞赛并获得一等奖以上的大学生毕业生投入本校竞赛工作中；鼓励本校工作五年左右的年轻老师也投入到化学竞赛中去，因为这些年轻老师既有知识，又有经验和能力，干劲十足；投入更多的物质和精神上的奖励；重视小学和初中优秀学生培养选拔，注意各科协调发展；保持长期的耐心，用人不疑，疑人不用，建立对老师、对化学竞赛学生的阶段性激励机制。

第二，化学竞赛老师的工作是全方位的。要做化学竞赛苗子选拔工作，要做竞赛辅导工作，要做学生心理辅导工作，要做对外联系工作，等等。老师的业务水平要过硬这是必须的，一些老师虽然很重视对学生竞赛知识的辅导，但是往往忽略了其他几个重要方面：首先，你必须慧眼识珠，善于在几百个有兴趣爱好的学生中找出那些有天赋的学生，这是成功最关键一步；其次，你要规划好整个高中竞赛全部工作，包括结束之前的一切工作，一般在高一下学期三月之前要完成高中化学竞赛初赛的所有内容学习，后面就是专题、模拟题、真题训练；三就是给竞赛学生布置任务，备好大学教材以及竞赛专题资料，做好督促工作，每天要有检查，每周要了解学生的学习方向，每个章节、专题要过关,让他们从单纯的兴趣爱好转变为深入其骨髓地热爱并成为他为之奋斗的事业!在他们出现迷茫、困惑、懈怠的时候,你要及时鼓励并进行心理辅导以让他们坚持下去。

第三,鼓励学生多出去培训。现在全国各地化学竞赛培训层出不穷,五花八门,但有含金量的并不多。作为竞赛教师你必须知道哪些培训、哪些老师是货真价实的,并帮助学生选择其中的参加。我觉得学习化学竞赛的同学一定要出去见见世面。学生在这些地方学习,聆听名师授课,跟大师对话,与全国各地优秀学生交流,可以找到自己的优势在哪里,同时又可以明确自己有哪些缺点,从而加以强化和纠正。这些都是打通他们"任督二脉"的东西。经过这些培训,学生的能力和信心都会上一个台阶,并终身受益。可以是五一、国庆长假和寒暑假等让竞赛学生去学习,尽量不耽误高中课程;也可以是请名师进学校给学生上课。当然不同阶段学生培训的目标和方向不一样,老师在选择的时候一定要注意,你的学生到了哪个层次,应该做哪种培训必须清楚。

第四,竞赛后期多邀请以前在化学竞赛中取得好成绩的学生回来给竞赛学生做讲座,对他们进行试题训练讲解。以前学生的现身说法会让同学们有认同感,他的经历也是这些学生现在正经历的事,他以前遇到的困难也可能是这些学生即将会遇到的困题,有这样的学长来给他们提醒,会让他们少走弯路,更好地学好竞赛。另外,让以前学生来选试题可能会更有针对性,因为这些都是他经历过的,哪些是重点,哪些细节需要注意都很清楚,所以会让现在的学生在做试题和听讲评中获得更多的收获,提高也更快。从实际的情况来看,很多学生反馈效果很好。当然由于以前学生在大学学习并没有很多时间过来跟竞赛学生交流,所以可以利用寒暑假时间。

第五,竞赛教师要及时掌握当年竞赛方面的第一手资料和信息,了解竞赛的最新动向。比如,初赛考试时间、复试安排、冬令营在本地的名额、冬令营考试时间、是否有实验考查项目,等等。竞赛教师还要多与高校教授交流切磋,特别是我们学校背靠西南大学,是大学的附中,有非常好的资源可以利用,有很好的实验室,可以让学生去动手做很多实验。我们也可以请这些教授到我们的课堂来给竞赛的学生授课,或者给他们进行职业规划,让他们爱上化学,爱上化学竞赛,从而努力学习,为进名校而奋斗。

由于年龄的原因我离开了耕耘、奋斗多年的化学竞赛工作,从内心上讲我真心希望附中能把化学竞赛发扬光大,在化学竞赛上面更进一步,为附中争得荣誉。

培养兴趣，发掘潜力

曹健

我从事化学竞赛培训工作13年，担任过4届化学竞赛主教练，辅导的学生有30余人获得省级赛区一等奖，13人进入省队参加了全国决赛，5人获得冬令营金牌，2人进入全国前50名，1人入选国家集训队，近20人通过化学竞赛获得了清华北大的高考降分或者强基计划最优惠政策。

通过这些年的化学竞赛培训，我最大的感触就是学生对化学的兴趣是最重要的，学生的潜力是巨大的。化学竞赛的学习是一个长期的、艰苦的过程，如果没有兴趣作为支撑，一定是坚持不下来的，所以在培训初期，可以在保证安全的情况下开展更多的学生实验，通过各种方式介绍化学学科前沿，以激发学生的学习兴趣，调动起学生学习化学竞赛的热情，正所谓“热爱可抵岁月漫长”。我高2014届的一个化学竞赛生，殷同学，是个女生，因为对化学有着超高的热情，被老师和同学们戏称为“居里夫人”。她经常拿着化学书排队打饭，凌晨的灯光时常折射出她奋笔疾书做化学竞赛题的模样。作为一个竞赛生，要有大量的书要看，要有大量的题要做，对于大多数人来说，这肯定是枯燥的，但对于一个几近狂热的化学爱好者来说，这些都是不可或缺的精神食粮。两年的坚持，铸就了她绝对的实力。2013年的中国化学奥林匹克初赛，她在提前50分钟交卷的情况下，获得了重庆市第4名的好成绩，并最终进入省队，凭借清华金秋营、冬令营和高考的优异表现，在2014年6月圆了她的清华梦。同时也是因为这份热爱，让她在本科到博士阶段都选择了化学专业，2024年6月清华大学化学博士毕业的她，凭借优秀的科研能力和综合实力，在众多应聘者中脱颖而出，入职华为，为“中国芯”的研制贡献力量。化学竞赛要求学生有比较全面的学科能力，需要感性思维和理性思维俱佳。所以在选拔苗子的时候往往倾向于综合成绩比较好的学生，大数据也表明，很多的金牌选手都是综合成绩非常靠前的学生。但开展化学竞赛的目的之一就是要选拔出一些“偏才”和“怪才”，所以我们要坚信，在我们的学生中一定有这样一类的选手，老师要做他们的伯乐。我高2014届的学生中就有这样一位张同学，他的年级名次在200名开外，而他的化学成绩却位于年级的最前列，自己还组织创办了学校化学社并担任首届社长。凭着他对化学的热情和在化学方面的悟性，顺利地进入了省队，并凭借在北京大学金秋营和冬令营中的出色表现，被北京大学降至一本线录取，虽然他当年的高考成绩不到600分。另外一个例子是我高2023届的一个学生，伍同学。他和张同学的情况相似，对化学拥有极大的热情和很高的悟性，虽然他的其他学科不突出，在班上的综合成绩处于中下水平，但完全不影响他在化学竞赛上的发挥，在2022年的中国化学奥林匹克初赛中，他发挥正常，顺利进入省队，并在之后的决赛中拿到金牌，获得北京大学强基计划最优政策，最终被北京大学录取。更值得一提的是，在2022年10月举行的北京大学化学金秋营中，伍同学获得了全国第一名的骄人成绩。所以化学竞赛为真正喜欢化学且在化学学科有天赋的学生提供了另外一条进入名校的道路。

通过化学竞赛的学习，学生的学习能力会得到加强，学习能力是相通的，所以对其他学科的学习也会有促进作用。胡同学，也是我高2014届的一名竞赛生，他虽然综合成绩比较好，但在高一、高二的各次考试中极少进入前十名。在2013年的化学竞赛决赛中，他获得金牌，并拿到了北京大学降至一本线录取的优惠政策。在备战冬令营的时间里，他耽误了近三个月的课，但当他12月份回到高考学科的学习中来时，他发现他的学习效率高了很多，能够迅速地把落下的知识弥补回来。他的原话是这样说的："我觉得学了化学竞赛之后，脑袋好像开了光似的。"最终，在2014年6月的高考中，他考了年级第一，裸分也上了北大的录取分数线。这充分说明化学竞赛对其他学科学习的促进作用。上文提到的高2023届的伍同学也有类似的情况，他在学竞赛前综合成绩是中下水平，在拿到中国化学奥林匹克决赛金牌之后，回归高考备考，凭借在化学竞赛中培养的学习能力和学习习惯，在两三个月内就补上了落下的课，把综合成绩迅速提升了上来，最终以642分的高考成绩加上之前通过化学竞赛获得的强基计划最优政策，被北京大学化学与分子工程学院录取，圆了他的北大化学梦。还有很多的例子，学生在参加化学竞赛培训后，不但没有影响他们的综合成绩，反而在高考中取得了比参加化学竞赛之前更好的成绩。这充分地说明了学习是相通的，能力是相通的，习惯也是相通的。

作为老师，在培训学生的同时，自身的专业能力也得到了很大的提升，对化学问题的理解更能上升到本质，在给学生讲解问题的时候更能深入浅出，更通俗易懂，尤其是对一些信息题的理解。信息题中的信息一般都是化学竞赛要求的竞赛知识，比如有机化学题里那些陌生反应，其实都是竞赛里面的基本反应。有了这些竞赛知识做背景和基础，在老师们命制高考模拟题的时候，就更能得心应手。

回顾这十几年的竞赛培训之路，感慨良多，也收获满满，学生通过竞赛锻炼了自己的学习能力,培养了刻苦的学习品质,也有很多学生通过竞赛进入了心仪的大学。而我自己也在这个过程中不断地学习着,提升了自己的专业水平,为自己的高中教学起到了很好的促进作用。竞赛这条路很艰辛,但值得我们去走一走。

竞赛那些事①

王航

各位老师,各位同学,大家早上好!

感谢能有这样一个机会,让我代表全校竞赛教练在这里发言。

两周前化学竞赛决赛的成绩出来之后,大家向化学竞赛团队表示祝贺。有老师对我说,你这一届终于忙完了,可以稍微休息一下了。感谢同事们对我的关心。但我想说,也许在大家看来,钟淼存同学获得了北京大学保送资格,到此可以画上一个完美的句号了。但其实,我们这一届的竞赛还没有完全结束,钟淼存同学只是入选国家集训队,后面至少还有两轮大考等待着他;如果入选国家队,那要在明年暑期才会代表中国参加国际化学奥林匹克竞赛。所以,如果顺利的话,我们这一届的竞赛还有大半年才能完全结束。从决赛回来之后,钟淼存同学仅休息了两天,就又投身竞赛的复习。我们在此预祝钟淼存同学能在竞赛的道路上走得更远,取得更好的成绩!

正因为最终只有4位同学能代表中国近4000万高中学生参加国际竞赛,这样千万分之一的几率让大家对竞赛了解不多,所以我今天的演讲题目就叫"竞赛那些事"。

虽然竞赛是少数人的事,但归根到底是一种学习,与中高考的学习是相通的。我希望今天演讲的内容对准备参加竞赛的同学、正在上竞赛的同学,以及竞赛结束或没有参加过竞赛而准备中高考的同学都有所帮助。

我想先为大家介绍一下竞赛教练。竞赛的教练们是不需要吃饭、不需要睡觉、不需要放假的"铁人"。他们每天做最难的题,拖最久的堂,熬最深的夜;花学校最多的钱,吃食堂最多的饭,吹办公室最久的空调。我曾在万象楼关最后一盏灯,也曾在格致楼欣赏嘉陵的日出。我曾和生物竞赛的杨宇老师比谁先把打印室的复印机印坏,也曾和物理竞赛的赵桃老师比哪个办公室欠学校的电费更多。竞赛教练们有着"三头六臂",能够呼风唤雨,最神奇的是几年下来居然还有茂密的头发。数学竞赛的刘亮老师家里有两个小孩需要照顾,物理竞赛的邱清老师回家时不开车而坐大巴、挤地铁就是为了能在路上腾出手来多做两道题,生物竞赛的马特老师还担任着高三的班主任,信息竞赛的潘玉斌老师更是包揽了全校的竞赛课程。10月底到11月上旬的这

① 本文是作者于2020年11月30日在附中升旗仪式上的发言,入选本书时略有修改。

段时间，参加化学竞赛决赛的4位同学在长沙培训，同时我在高三还有两个班的日常课程。我愣是把飞机当公交车坐，在14天的时间里16次起降重庆和长沙两地的机场。另外，竞赛教练脑子里面只有看书和刷题。别人旅游是去各地景点打卡留念，我却是找寻当地最大的书店。每次旅游，大家都是大包小包地回来，但人家包里装的是特产和纪念品，我装的全是书。所以，化学竞赛的同学最不喜欢我出去旅游。

竞赛的道路是孤独的，一个人，在偌大的房间，一待就是一整天。但作为竞赛教练，我感到非常欣慰，每当我需要帮助时，之前的毕业生都会回母校帮忙。他们帮我批改试卷，帮我评讲试题，更重要的是可以给学弟学妹们传授经验和方法。正是在这样一届又一届地传承和发扬之下，附中的竞赛方兴未艾，如火如荼。

参加竞赛的同学们并不是神，只是比其他同学更舍得吃苦。竞赛的学习强度和任务都远远超过中高考，竞赛学生既要做到高考课程不被落下，又要把竞赛学好。竞赛能给予大家最大的收获，不是获得的一等奖或是金银牌，而是在竞赛学习过程中所养成的良好学习习惯，是在这两三年时间内学会的学习方法，这些才是能让大家享用终身的财富。

所以，参加竞赛的同学，会与其他同学有不一样的初高中学习生活的经历。在其他同学游山玩水的时候他们在全国各地求学，在其他同学享受温暖被窝儿的时候他们在奋笔疾书。竞赛的同学体验过格致楼40℃的热情，也欣赏过冰点之下万象楼的雪景。从博雅楼的“原子结构基础”到科学馆的“基本实验操作”，从西子湖畔的“有机反应机理”，到秦淮河边的“元素化学推断”，都留下了他们青春的点滴。一起打拼过两三年的同学，更像是并肩作战的战友；一同品尝过酸甜苦辣的同窗，更类似情同手足的兄弟。初赛结束时，我给高三化学竞赛的同学们说，竞赛不是青春的全部，但它一定是最绚烂的夏花，是夜空中最亮的星；竞赛不是高中生活的所有，但它一定是最掷地有声的誓言，是青春纪念册中最让人动容的那一页。竞赛的告一段落不是离别，是大家走向更远飞得更高的新起点。无竞赛，不青春。

经历两三年夏日冬霜的洗礼，竞赛的同学们终于迎来了高光时刻。我们这一届的高三，收获了全市最多的一等奖。

关于竞赛，我最后有这么一些关键词：竞赛是给大家提供的一个机遇 opportunity，竞赛是你可以尽情热爱你的兴趣 interest，竞赛需要你积极参与 participation，竞赛会让你养成良好的学习方法 method，竞赛需要一种态度 attitude，竞赛要下定一个决心 determination，竞赛是一种别样的青春 youth，竞赛也是一种生活 life。这几个词的首字母构成了 Olympiad。这个词不仅仅指体育运动会,也指学科奥林匹克竞赛。Olympiad 这个单词诠释了它自身的精神。

我只是竞赛团队中最普通的一员,我所做的也是最平凡的事。每一位竞赛教练都是最值得钦佩的,每一位竞赛的学生都是最可爱的。感谢学校对竞赛的重视。衷心祝愿各位竞赛的同学秉持着“竞赛虐我千百遍,我待竞赛如初恋”的执着,营造“衣带渐宽终不悔,为伊消得人憔悴”的境界,坚持到底,取得优异的成绩!祝所有同学学业进步!谢谢大家!

在路上

张文灿

我开始接触化学竞赛是高2014级，从那时开始就一直作为助理教练承担了部分的竞赛培训课程。虽然课程上得不多，但是依然感觉备课压力很大，毕竟竞赛内容深度和广度相比高考内容应该呈指数在增长。那时候我由衷佩服竞赛主教练们，他们除了学校正常的工作量外，还要承担主要的竞赛课程，相当于每天都要沉浸在竞赛的备课中，当然还有竞赛作业，竞赛命题，与竞赛学生交流，等等。若不是有三头六臂，怎能如此负重前行！当我看到我们的竞赛"帮主"蒋邦龙老师，优秀"后浪"曹健老师，以及"百科全书"王航老师，他们在一届一届竞赛带完后，附中化学竞赛史上又会增金添银，同时他们的头发也一层层变得"斑白"。我大概明白了竞赛这条路，是一条燃烧青春的路，是一条传承荣誉的路，是一条成就学生未来的路……

2019年（高2022级广延班）我也踏上了这条路。我很兴奋，因为前路充满挑战；我很忐忑，因为前路定不平坦；同时我也充满信心，因为前进路上有一个优秀的化学竞赛团队。

随着对竞赛的逐步投入，我意识到"兴趣是最好的老师，爱是永恒的力量"。不管作为教练还是学生，搞化学竞赛都是辛苦的，因为教练和学生都要同时承受高考和竞赛的压力。但是这又让我们的学习生活变得紧凑而充实，慢慢地我们学会了统筹和协调，习惯了制订学习计划，也明白了高效是破解"事多"的良方……我记得学竞赛的同学常常错峰吃饭、排队背书、课间刷题、晚自习延时……这种快节奏和高强度的学习是辛苦的，但我能感觉到带给大家的是收获的满足感，所以大家一直坚持；搞竞赛是寂寞的，因为教练和学生都是几乎没有节假日的。单休是常态，孩子们要面对那"连绵不绝"的作业，教练们又进入到"无限循环"的备课中。每次遇到节日，我们都是在学校集体度过，仪式简单，或吃个月饼或吃个粽子或聚个餐，但那种快乐好像能消除我们竞赛集训的疲劳。寒假和暑假是竞赛人最难忘也是最骄傲的时光，因为那是竞赛学习得最纯粹的时候，每天10个小时以上和化学单独相处，没有其他学科的"骚扰"，那一段时间学生的化学知识储备和解题能力都是直线上升。我们用"读万卷书"代替"行万里路"，是为了再"行万里路"时更从容更深刻，所以我们内心淡定且自豪。搞竞赛也是孤独的，因为教练和学生始终是那少数人。一群人，一间教室，一个目标……大家或课间打趣，或偶尔游戏，或细声讨论，或为题争论，或一起团建聚餐、看电影、爬山……一群人变成了一个集体，一个“家”。“莫愁前路无知己，天下谁人不识君”，好像是写给我们化竞人的，所以化竞人孤独却不寂寞。

所以如果不是对化学竞赛的热爱，我想任何人都无法在这条路上走远，这种热爱里有热情，有渴望，有荣誉感，有责任感，有爱不释手，有无法释怀……因为对化学的热情，你我才会在别人下课（下班）依然伏案，或看书、或做题、或沉思；因为对知识的渴望，你我才会仔细地研读每一句话，严谨地推导每一个公式，认真地做好每一道题；因为有附中化学竞赛的荣誉笼罩，你我才能耐住寂寞，享受孤独而不至于懈怠；因为有肩负书写附中化学竞赛辉煌的责任与使命，你我才能一次次地克服身体的疲倦，浑身充满能量。我想与走在化竞路上的人共勉：选择了化学竞赛，请爱它，请深爱它！热爱抵过岁月漫长。

“热爱”是不能敷衍的。你我都需要用心浇灌，用行动践行。所以，附中化竞人都需要踏踏实实地做好课堂笔记，这是我们在赛场争金夺银的基石；同时我们得反复地研读无机化学“蓝红皮”、有机化学“裴巨本”、结构化学、分析化学、物理化学等教材，每当再一遍翻阅书籍后发现先前认识的“肤浅”时，我们也逐渐体会到“书读百遍其意自现”的内涵，也更加理解“大神”交流时说的“裴巨本要读5遍以上”的意义了，“用遍数换记忆”也就成了我们化学竞赛人最朴实最有效的学习方法；扎扎实实地完成每一次作业、一丝不苟地对待每一套题也是我们的日常，还有那本越来越厚的“错题本”，它记录着化竞人每一次考试的“伤痕”，最后也是靠它治愈了这些“伤痕”，所以“知错就改”是我们独有的成长方式；当然每一个选择化学竞赛的人怀揣着“会当凌绝顶”的抱负，我们要保护好这一份霸气的初心，不轻易“服输”，但是同时我们也要明白“低处汇水，方能高处看景”的道理，所以我们化竞人虚怀若谷，虚心地向同学学习，向老师请教，向“大神”学习……既可以在书本上学，还可以在网络上学，总之学习是无止境的，不分场合，不论时间，不挑对象，只要你有俯身学习的态度，你会发现知识就像流水般向你汇集，所以“谦逊自信”是我们化竞人独有的学习品质！以上的种种要脚踏实地地做好，都需要与时间赛跑，我的体验是时间真的像海绵，越想奋斗的人，越善于挤时间。我想与走在化竞路上的人共勉：奋斗就是青春的底色，所以你我皆要成为挤时间的高手才不负自己的韶华！

化竞奋斗之路是漫长的，如果从初二开始，那么这场长跑要在高三时才算告一段落。你也许会在跑的过程中开始迷失自己，也许会在某个阶段性的考试中怀疑自己，也许会在身边人的质疑声中否定自己。那么,我想说目标是这场长跑中定位自己、肯定自己的一剂良药。目标是分阶段性的,比如初三结束时你应该在初赛赛场上获得“省二等奖及以上奖项”,高一结束时你应该在初赛赛场上获得“省一等奖及以上奖项”,高二结束时你应该冲出省赛赛场走向国赛赛场甚至国际赛场,在更高的赛场上摘金夺银……这些目标的存在会让你时刻清楚“你在哪?”。考试的偶尔失利也是正常的,因为越有挑战性的事情就会遇到越多的挫折,只要你努力的方向是向着目标进发,那就应该“越挫越勇、及时调整”。当然这些目标的存在也会时刻提醒“你该干吗?”。自习时是选择“摸鱼式”学习还是“沉浸式”学习?考试前是选择精心准备还是直接“摆烂”?在家时是选择手机游戏相伴一天还是劳逸结合度过一天……心中有目标就能做出无愧于心的选择!

高2022级的化竞团队是一个令人骄傲的团队,他们用3年的峥嵘岁月在附中化学竞赛的荣誉中添上了精彩的一笔。这个团队用热爱和付出一步步地去实现自己的目标,他们在初三结束时有5人获得初赛省二等奖,7人获得初赛省三等奖;高一结束时,有6人获得了初赛省一等奖,8人获得初赛省二等奖;高二结束时6人全部获得初赛省一等奖,其中有3人入选省队,并且在决赛中这3人均获得了金牌,其中1人进入国家集训队。这一刻我想他们所有的辛苦与投入都得到了认可和肯定,他们心中这份“热爱”的初心也得到了慰藉。正是因为热爱,所以他们始终坚持;因为坚持,所以他们越发坚定;因为坚定,所以他们克难攻坚......这个过程既是自我实现,也是自我突破,更是自我蜕变。最后,我想与走在化竞路上的人共勉:若要实现鹏程万里,则既要志存高远也要脚踏实地!

再学习——提升自我的阶梯

郑举

其实我一直总想为上竞赛课写点什么,静思时有很多感悟,也有很多的感慨,总体来说是累并激动着。当学校化学总教练也就是我们敬爱的教研组长蒋老师通知我担任新一届"广延班"化学竞赛主教练时,我内心的真实感受是高兴的。因为一直以来,很喜欢高中化学的知识,感觉有趣味,有挑战,有成就感,也许是内心深处的"虚荣心"在作怪吧。总觉得初中的化学知识太少,又很简单,觉得没有多大挑战性,解题就是读题的时间,瞬间"秒杀"。虽然有时高中化学的知识也是如此,但大多数还是要思考,有时思考的时间还很长,有时思考很久也没有完全想明白,当然会和同行的老师探讨、学习,但是感觉这本身就是一种快乐,一种乐趣。同时,上初中化学竞赛会涉及高中化学知识,有时稍高于高考的难度,这对自己来说也是一种复习,一种巩固,一种督促,一种鞭策,就会"逼"自己做高中的化学试题,研究某些高考题,总结一些知识点,同时还要查阅一些资料,不知不觉中加深和完善了自己的高中化学知识体系以及知识的广度和深度。所以说,带竞赛是一种"充电",是一种学习,虽然有些题很头疼,也少了很多自由的时间,但是心情是愉悦的,是充满能量的。

在上竞赛课的过程中,有如下的心得和体会。

1.老师要有非常扎实的基础,足够的水准,达到一定的基本功。能进入竞赛班的学生的确有些是很聪明的,脑子很灵光、一点就透。他们比一般的学生思考得要全面,要深刻,想轻描淡写地带过是不可能的,你必须讲到他彻底明白,必须讲到位,还要讲得有理有据。这样就要求老师提前充分备课,多做很多题,自己有一丁点儿不懂的要提前查阅资料,和其他老师探讨,否则,教学中可能会在学生面前"翻车"。在这个过程中,我还是发现了自己的很多不足,知识的广度和深度还差很多,所以要建立终身学习的思想准备,"活到老,学到老"。

2.无论老师还是学生,都一定要脚踏实地,埋头苦干。不能光说不练,要说干就干,勇于实践。英国出生的美国著名化学教育家亨利·阿姆斯特让曾对青少年说过:"I hear,I forget;I read,I remember;I do,I understand。"他生动地表达出了实践出真知的真理。许多科学知识,要想真正懂得和理解,非亲自干不可,亲自实践不可。不做,难似上青天;做,豁然开朗,奥妙尽在其中。做与不做,有天壤之别。中国核弹先驱、三次与诺贝尔奖擦肩而过的著名物理学家王淦昌也曾经说过:“首先要敢于大胆设想,只有这样才能创出新路,但光有新思路还远远不够,最重要的是干。”说的是不要坐而论道,要做,要做实验,要做大量习题,亲自查阅文献资料扩展自己的视野等,不错过任何实践的机会。

3.要学会培养学生的自学能力。有些学生学习能力强,老师讲述的知识他一下子就领会了,会出现“吃不饱”的现象,这时就需要让他向后自学,买更高阶的教材学习。因为初中化学竞赛的主要任务是把高中知识讲授完,同时初步培养他们的化学学科素养和化学思维能力,从而为高中竞赛的学习打好基础、选拔人才。更何况,到了高中竞赛培训中后期,自学要占据很大一部分比例。因此,培养学生如何学习、如何自学就显得十分重要了。美国国家智库进步中心高级研究员乌尔里希·伯泽尔在《有效学习》中就提到这样的观点:“学会如何学习,将是专家们所说的终极生存技能,这是现代社会超越其他一切技能的关键能力。因为一旦学会了如何学习,你就可以学习任何事物。”学会了如何学习,它将伴随学生的一生,且受益一生。在学校学习如此,将来走向人生大舞台亦是如此,这也和我校“为学生终身发展奠基”的教学理念一致。

4.要让学生明白学习竞赛很苦,很累,有时还很枯燥,但是对自己的前途是非常有帮助的。要让学生学会在学习中找到快乐,找到成就,找到自豪,要让他们知道:本身被选拔进入竞赛班就说明他们与众不同、智力超群,能够严于律己,完全能够胜任化学竞赛的学习,并有能力处理好竞赛科目和非竞赛科目的关系和时间分配。作为老师,要多找他们谈心,多了解他们的情况,真正走进他们的内心,了解他们学习的困难和学习的“瓶颈”;不但做他们的良师,更要做他们的益友。这样师生才会心往一处想,劲往一处使,智往一处谋,拧住一股绳,取得“1+1>2”的效果。

最后,想说的是,竞赛的道路很曲折,但是前途是一片光明,彼此共勉。至此,以飨大家。

兴趣起点,梦想起航

周正东

中学生学科竞赛不仅可以使人获得更多的课外知识,还可以锻炼人的意志品质。竞赛学习有助于培养学生的自学能力、自律能力、合理规划的能力以及独立解决问题的能力等,是培养拔尖创新人才的一条重要途径。

我于2011年进入附中高中部任教,有幸加入了曹健老师带领的高2014级竞赛团队,得以迅速成长起来。2014年,我开始进入初中教学,当时,初中虽然没有成型的竞赛培养方案,但在附中化学竞赛团队的指导下,我将竞赛思维融入日常教学中去,进行初中化学竞赛的初步实践。2019年,学校逐步建立了较为完善的初中竞赛培养方案,我协助张文灿老师进行初三"广延班"的竞赛教学。2020年,我独立担任学校第二届初三化学竞赛教练。2023年,我带领的竞赛团队有7名同学获得第37届全国奥林匹克竞赛初赛一等奖,1名同学获得第37届全国奥林匹克竞赛决赛金牌并进入集训队。在数年化学竞赛教学中,在学生成长的同时,我自己也得到了锻炼和成长,也有很多感悟。

一、兴趣起点

化学作为初三开设的一门新学科,主要强调启蒙性和基础性。初三教学通过认识身边一些熟悉的物质,让学生逐步建立起科学学习物质的步骤和方法,再通过化学实验培养学生的兴趣和动手能力,逐渐让学生步入化学的殿堂。竞赛培训加快了学习化学知识的进度和难度,可根据学生基本情况和年龄特点激发学生学习化学的兴趣,树立学习化学竞赛的目标,从而坚定学习化学竞赛的信念与决心。

1.情"化"冶情操

化学是一门有自己独立语言、有独特魅力的学科。每隔一段时间,让学生根据所学知识,给自己写一段情话,充分发挥化学的魅力,建立与其他学科的联系,不仅可以培养学生的学习兴趣,还能陶冶学生的情操,提高学习效率。

如在学写化学式时,有同学写到水(H_2O)是"亲亲我(HHO)",氯酸钾($KClO_3$)是"考差了饿3天"的首写拼音字母;还有同学写道"我是带着微弱火光奄奄一息的木条,直到你闯入我的世界，成为我的氧气，让我获得重生，你是我的救赎”“五氧化二磷，去掉氧化，就是我想对你说的话”“若你是过氧化氢，那我就是那二氧化锰，任世事变迁，我仍始终如一”“若我是化学平衡，你便是我的温度，一举一动，无时无刻不牵动着我的内心”“我和你的爱情，点燃了我们的青春，消逝的是时间，留下的是泪水（记蜡烛燃烧）”“一看到你，我就脸红（记 $2NO + O_2 = 2NO_2$）”……

情“化”让化学变得更加有趣，让学习变得更加轻松。

2.漫“化”扬个性

根据初中生对动漫和绘画非常感兴趣的特点，可将传统单元思维导图漫画化，重难点知识漫画化，不仅可以培养学生的学习兴趣，还能让学生把知识掌握得更加牢固，张扬学生个性。下图是一些同学的作品：

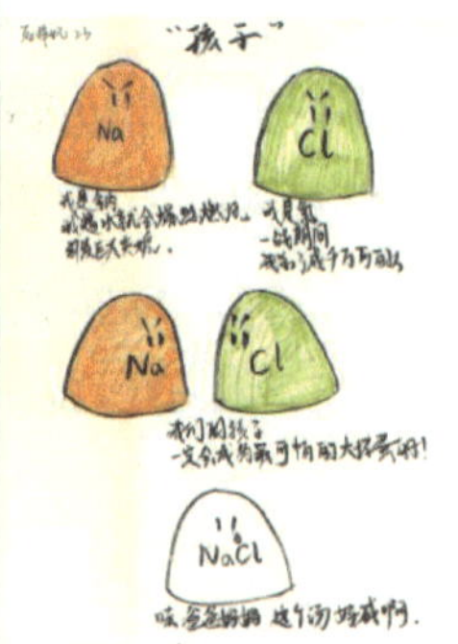

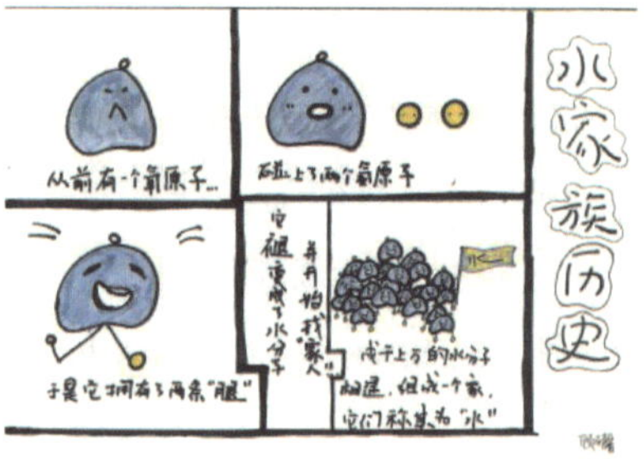

在漫画作业布置中，以小组为单位，有人设计文案，有人绘制图画，有人负责上色等，小组分工合作，不仅发挥了个人所长，提高了个人能力，还增强了小组合作的能力。最后，全班再将漫画收集起来办一个漫画展，能很好地激发他们的兴趣，逐渐形成良好的学习氛围。

3.动“化”提能力

化学是一门以实验为基础的科学，亲自动手实验是训练动手能力的有效方法。在理论学习的同时，贯穿一些课内、课外小实验，能收到更好的教学效果。

在学校，课本上所有的学生实验均要求学生走进实验室亲自动手做，同时增强学生的反思与交流能力。例如学习粗盐提纯时，学生实验完成后收集学生的提纯产品，拍照对比学生的提纯结果，与学生一起总结提纯过程中的经验和教训。

在家里，增加课外小实验。如学习酸碱指示剂时，让学生用蔬菜或者鲜花自制指示剂，然后再对生活中一些常见物质的酸碱性进行检测，并拍视频介绍；在学习二氧化碳的制备时，让学生用鸡蛋壳和白醋制备二氧化碳，进行二氧化碳熄灭蜡烛的性质验证实验，并拍视频介绍；电解水时，让学生用干电池自制少量氢气和氧气并拍视频介绍等。这样不仅能锻炼学生的实验动手能力，还能培养他们的语言表达能力。

二、梦想启航

1. 生涯早规划

2021年，教育部发布的《普通高校本科招生专业选考科目要求指引（通用版）》中提及，高校有92个学科门类，其中56个学科门类必选化学，占比60.87%，理学、工学、农学、医学四类本科专业基本都要求选择化学。学校提前给学生进行生涯规划教育，介绍化学学习及竞赛发展之路，能更快、更好地吸引学生。

2. 测评选精英

竞赛是一种高要求、高效率的选拔，这就要求学生在短时间内完成竞赛所涉及知识的消化、吸收、储存和应用，所以培养和提高学生的自学能力是竞赛辅导的一个重要目标。在培训过程中，课堂上为了提高效率，我一般选用《重难点手册》《划重点》等例题讲解较多的资料，采用“自学-讲授-测验-答疑”教学方式；课下采用“总结-归纳-课外小实验-预习”的教学方式，同时再给学生配备一本同步练习册，进行拓展提升；学生回家后则利用竞赛学习QQ群、微信群，定期督促指导，及时和家长、班主任沟通学生的情况，对自学的方法进行指导落实，充分挖掘竞赛苗子的潜力。

3. 规划树目标

初中化学竞赛不仅要培养兴趣，更要指导学生树立长远目标。根据现在竞赛形势，一方面，给学生展示历届学生化学竞赛成绩，让学生树立初三冲击省一等奖的近期目标，高三冲击金牌、集训队的长远目标；另一方面，关注、关心学生文化综合成绩，使学生竞赛和文化成绩平衡发展，让学生在竞赛学习上无后顾之忧。

2020年，学校对初中第二届化学竞赛也顺利开展了系统化培训，在学校化学竞赛团队指导下，初高中竞赛团队实现了无缝对接，建立了完善的初中化学竞赛培养方案。在2024年的竞赛培训中，高中主教练多次到初中竞赛班举办讲座、上课等，给学生树立竞赛目标，介绍学习方法，对竞赛各个阶段的学习进行指导等，逐步让学生建立从初中到高中再到大学的竞赛课程规划，更坚定了他们学习化学竞赛的决心。

以兴趣为起点，坚定学习信念，扬化学竞赛之帆，向人生梦想起航，结合新时代初中生的心理发展和认知水平，提前做好初中化学竞赛布局，不仅可以促进课堂教学，提升学生的科学素养,还能提升学生的化学思维,增强实验动手能力,开阔视野,培养攻坚克难的意志品质,有益于探索学生的生涯规划,为学生的终身学习和发展奠基。

3

问渠那得清如许，为有源头活水来

——竞赛专家的指导引领

化学对我们学习和工作的影响

柴雅琴[①]

在刚刚过去的20世纪里，化学取得了辉煌的成就。在这100年中化学合成和分离了2285万种新化合物、新药物、新材料，满足了人类生活和高新技术发展的需要。有报道20世纪发明了六大技术，包括信息技术、生物技术、核技术、航空航天技术、激光技术、纳米技术。徐光宪院士提出，除了这六大技术外还有第七大技术，即化学合成(包括分离)技术。从人类对七大技术发明的需要迫切性来看，化学合成和分离技术应排名第一。21世纪的化学将在与物理学、生命科学、材料科学、信息科学、能源环境、海洋、空间科学的相互交叉、相互渗透、相互促进中共同大发展。

一、化学是一门中心科学

化学是一门研究物质的性质和物质发生反应变化的科学。它涉及存在于自然界的物质：地球上的矿物，空气中的气体，海洋里的水和盐，在动物身上找到的化学物质，以及由人类创造的新物质……它涉及自然界的变化，与生命相关的化学变化，还有那些化学家发明和创造的新变化。

①柴雅琴，西南大学化学化工学院教授，博士生导师。任教育部高等学校大学化学课程教学指导委员会委员，重庆市中学生化学竞赛委员会主委。

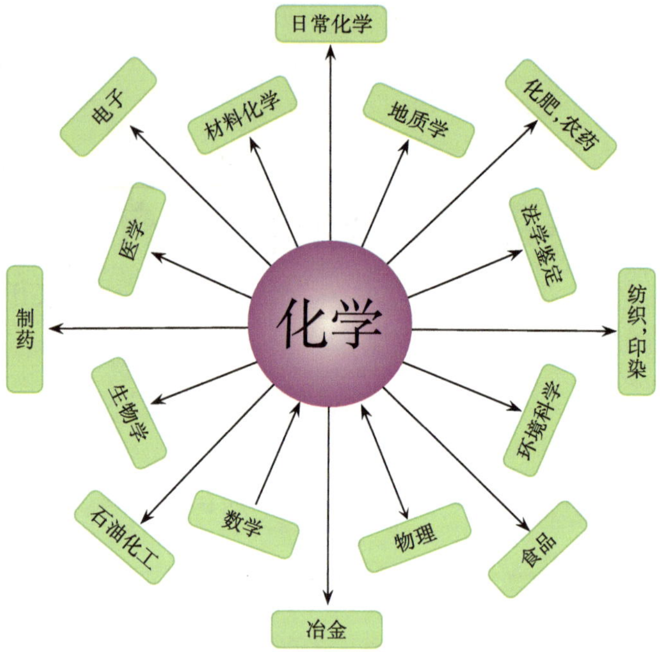

▶ 图1　化学是一门中心科学

化学作为中心科学服务于很多领域，包括我们的日常生活，如果有化学知识就不会说84消毒液和酒精一起使用会产生氯气而使人中毒了。

二、高中阶段化学学科素养的培养至关重要

在高中阶段，化学是基础学科，对未来的学习、发展至关重要。大学的理、工科中有许多学科需要化学知识，如化学、化学工程、信息科学、地球科学、生物学、农学、林学、医学、药学、工程与技术科学、冶金工程技术、能源科学、核科学、计算机科学、纺织科学、食品科学、土木建筑、航空航天科学、环境科学等。将来学这些专业的同学在大学第一学期都会学习无机化学或大学化学或普通化学，还有一些学科会学习有机化学和物理化学。所以，高中阶段有好的化学基础在选择专业时不会受到限制，而且在大学期间学习化学相应的课程效果更好。因此，在高中选择课程时一定要明确自己想学什么？将来要从事什么工作？要对自己的未来负责，不要人云亦云。

三、化学竞赛有利于培养学生的科学思维能力

对化学特别感兴趣的同学,在学习压力不是很大的情况下可以考虑进行化学竞赛培训,这个群体可以分成两部分:一部分是要在化学竞赛中获奖的,参加初赛、决赛,好的可以进入国家集训队,但这部分应该是少数人,而大部分同学是重在化学竞赛培训的过程。这个过程中,学生要学会自己看书,培养自学能力;看书过程中学会记笔记,全面考虑问题,培养分析归纳能力;在学习中遇到问题,能去思考,培养发现问题、提出问题、解决问题的能力。在这一过程中逐渐培养学生科学思维方式,实现养成教育。这些能力对其他学科的学习有帮助,更重要的是对未来的学习、工作至关重要。

我接触的高中学生很多,这样的例子比较多,如一个学生在高一半期考试中,年级排名在500多名,但酷爱化学,不顾家长和老师的反对,投入大量精力在竞赛中,一学期下来,年级排名明显上升,最后他参加了化学冬令营,获得一等奖,并进入了国家集训队,保送到北京大学。

还有一些同学在化学竞赛中成绩不错,也进入了清华大学、北京大学学习化学专业,但毕业后并没有直接从事化学相关工作,但化学学科的背景,有助于他们的事业发展。如商业咨询这个领域是很多人向往的,原本是学经济的天下,现在有更多理工科背景的人加盟,有专业背景更能高效解决相关问题。

四、化学史给人以智慧

对喜欢化学的老师和学生而言,除了学习、掌握化学知识,建议还要学习一些化学史,化学史给我们的启示是:科学的真理往往存在于微小的差异之中,平凡的事物内可能寓有不平凡的新东西,科学的发现只能在付出艰辛的劳动之后。

参考文献

[1]徐光宪.今日化学何去何从?[J].大学化学,2003,18(1):1—6.

附中化学，成就学子、改变世界的基石

何荣幸[1]

前几天收到附中老师的短信，邀请我给附中化学组编写的化学竞赛书写几句话，这让我深感惶恐！因为西南大学附中名气太响，近几年成为各大著名高校眼中的“香饽饽”，其培养的学生常常自带某种神奇的光环，尤其是化学组培养的众多竞赛选手，可以说个个身怀绝技，在赛场上叱咤风云、呼风唤雨，要给他们写几句话，这压力实在不小！好在我和化学组大多数老师比较熟悉，因此就不需忸怩作态了。

附中化学组是一个优秀的团队，多年来薪火相传，培养的竞赛选手取得了骄人的成绩，走出了一大批化学精英和化学爱好者，在社会上产生了巨大的影响。我熟悉的张万琮、蒋邦龙、杨亚华、黄炜、曹健、冯亚东、陈辉国、张文灿、王航、周正东、杜亚、曾坤……这些金牌教练不仅具有广博、扎实的化学知识，更兼具深厚的人文底蕴；他们不仅教授附中学子学习化学知识，还教给他们化学家的思想方法和工作方式，培养了他们卓越的化学素养和创造能力，成为学子们走向名校、走向世界的梯子和引路人。

附中的学子自信、坚韧、勤奋且富有创造力，这在化学竞赛场上可见一斑。据统计，在1995—2023年期间，有超过140人获得省一等奖，35人进入省队；在全国高中化学竞赛决赛（冬令营）中，17人获得金牌，14人获得银牌，4人获得铜牌，其中5人入选国家集训队，有近50人因化学竞赛成绩优异而保送或考入北大和清华。化学竞赛在附中五大学科竞赛中成绩最为突出，是附中竞赛最亮丽的名片和标杆。这些骄人的成绩正是附中学子们自我磨砺后发出璀璨光彩的体现！

这样一群师生的美丽遇见，注定会碰撞出绚丽的思想火花，演绎出精彩的故事：“门捷列夫施了什么魔法，让一切元素自动有序地填进一张表里”“原子内部90%以上都空空如也，可我为什么看不透你”“任何光子的速率都是一样的吗？谁给了它们初始的动力”“为什么由原子组成的人类大脑，可以产生快如闪电的思绪”“同样的组成，为什么偏偏只有你是晶体”……所有这些秘密都需要利用化学知识去探索，其过程充满变幻莫测的变化，无不向我们展示化学的无穷魅力！

要弄清楚这些秘密，附中的学子们就需要更好地掌握结构化学的知识，因为它是

---

① 作者简介：何荣幸，西南大学化学化工学院教授、博士生导师、巴渝学者特聘教授、重庆市英才计划创新领军人才、“唐立新”教学名师。

“四大化学”的理论基础，是现代化学的根基，是在电子、核、原子和分子层次上探究电子结构和分子结构如何决定“性质”的一门交叉学科。“形而上者谓之道，形而下者谓之器”，“化学之器”体现在五彩斑斓、纷繁复杂且收获巨丰的现代化学众多交叉学科和领域，而“化学之道”则在于结构化学。有专家认为，结构化学发展的前沿是“能根据特定需要，在分子水平上实现结构设计和施工”，其核心内容是贯通“性质—结构—制备”之间关系的一系列原理。为此，参加化学奥赛的附中学子们应建立量子化的世界观和科学观，深刻领悟“波粒二象性”的微观本质，理解轨道、对称性、点群、晶格等高度抽象概念的物理图像并能用之建立“构效关系”。无论面对初赛还是决赛，参加化学奥赛的学子们都必须系统掌握原子结构、分子结构、配合物结构和晶体结构的理论知识和基本概念，理解量子数的物理意义和价层电子对互斥模型、杂化轨道理论、分子轨道理论和对称性的概念，熟练掌握单电子轨道能的计算、一维势箱模型对分子光谱性质的解释和空间点阵型式的判别。为了夯实基础，准备初赛的同学应首先掌握好高中化学课内知识，在此基础上补充学习化学基本原理（含分析）、有机、无机元素和结构三大模块，参考书籍包括：《普通化学原理》（北京大学出版社）、《无机化学》（高等教育出版社）、《基础有机化学》（北京大学出版社）、《物理化学》（高等教育出版社）和《结构化学基础》（北京大学出版社）；对于准备决赛的同学，还需要在已有的扎实基础上更深入学习无机化学、有机化学、物理化学和结构化学知识，可参考的书籍包括但不限于《高等无机结构化学》（麦松威、周公度、李伟基编著，北京大学出版社）、《化学原理选讲》（严宣申编著，北京大学出版社）、《中级有机化学——反应与机理》（吕萍、王彦广编著，高等教育出版社）、《Inorganic Chemistry》（Weller Overton 等著，高等教育出版社）、《中级无机化学》（项斯芬、姚光庆编著，北京大学出版社），等等。

聪慧且勤奋的附中学子们，愿你们在充满挑战的化学世界里奋力拼搏，在拼搏中不断成长，在成长中享受磨砺，因为你脚下的土地，正是你成就自己、改变世界的基石！

从化竞到化境

陈静蓉①

这些年，西南大学附中的化学竞赛（简称“化竞”）在重庆独树一帜，不仅是因为他们的学子取得了一系列骄人的成绩，更是因为他们的教练团队建设和竞赛课程建设取得了亮眼的进步。我和附中的化竞教练团队甚至整个化学教研组都非常熟悉，很是欣赏这个团队的教育情怀和工作作风。

有人说，附中的化学竞赛教练团队是一个魔法师般的团队，因为他们往往能从并不非常拔尖的生源中独具慧眼发现种子，通过点石成金的神奇手段将种子培育成苗子，再通过画龙点睛的魔幻手法将苗子培养成参天大树，从而让附中的化竞成绩连年辉煌，夺人眼球。当然，根据我和他们的接触和了解，我觉得他们取得这样的成绩是必然的。

首先，附中化竞的教练团队建设是成功的。一方面要归功于能吃苦、能玩命、重合作的领头雁蒋邦龙老师，他接手化竞以来，留给我的是敬业、较真的拼命三郎印象。他深入研修所有与化学竞赛相关的课程和历届化竞试题，留下丰富的笔记心得，并毫无保留地与团队分享，促进团队共同提高。另一方面，化竞团队在外引、内培上也是高标准严要求，特别注重教育情怀，从而造就了黄炜、曹健、王航、张文灿、周正东等一大批金牌教练。附中整个化学竞赛团队团结一心，拧成一股绳，形成令人瞠目的合力，推动附中化竞之船扬帆远航。

其次，附中领导给了化竞教练团队充分发挥的平台。附中历届校领导一直高度重视化竞工作，并给予悉心指导。近几年，西南大学附中逐步建立竞赛系统培训方案，逐渐完善竞赛激励机制，并由校长带队长期指导竞赛工作，充分信任教练团队使其发挥主观能动性，极大地激发了老师们的工作激情和战斗力。

然后，附中化竞教练团队充分发挥了独特的资源优势。背靠大学，是每所大学附属中学的最大优势。西南大学附中的化竞教练团队一直都非常谦虚好学，经常与西南大学化学专业教授及全国其他化竞专家们研讨，深入了解学科前沿发展动态，不断提高竞赛指导水平。

① 作者简介：陈静蓉，西南大学化学化工学院教授。

总之,我非常欣赏西南大学附中化竞教练团队。他们不断指引着一届又一届学生通过化竞之门逐渐升入更高层次的化学境界,并茁壮成长为未来化学界的璀璨明星。

由衷希望西大附中的化竞团队在竞赛指导中更加得心应手、圆转如意、出神入化,从化竞进入化境,取得更大的辉煌!

附录

西南大学附中全国高中化学奥林匹克暨冬令营获奖学生名单

1. 徐小庆（教练：张万琼、余直夫）

获1996年第9届全国高中学生化学竞赛暨冬令营金牌。本科毕业于清华大学，获清华大学硕士学位。现任敦和资产管理有限公司首席经济学家、宏观策略总监。

2. 肖康（教练：张万琼）

获2002年第15届全国高中学生化学竞赛暨冬令营银牌。本科毕业于清华大学，获清华大学博士学位。现就职于中国科学院大学。

3. 袁沛锡（教练：张万琼、杨亚华）

获2005年第18届全国高中学生化学竞赛暨冬令营银牌。本科毕业于南京大学，获美国伊利诺伊大学厄巴纳-香槟分校博士学位。现就职于苹果公司。

4. 谢铭（教练：黄炜）

获2011年第25届全国高中学生化学竞赛暨冬令营金牌。本科毕业于清华大学，获清华大学博士学位。现就职于南通药明康德医药科技有限公司。

5. 杨有为（教练：蒋邦龙）

获2012年第26届全国高中学生化学竞赛暨冬令营银牌。本科毕业于北京大学，获北京大学硕士学位。现就职于深圳融通基金管理有限公司。

6. 胡俊男（教练：曹健）

获2013年第27届中国化学奥林匹克（决赛）金牌。本科毕业于北京大学，获美国普林斯顿大学博士学位。现就职于美国英特尔。

7. 殷晨（教练：曹健）

获2013年第27届中国化学奥林匹克（决赛）银牌。本科毕业于清华大学，获清华大学博士学位。现就职于重庆大学。

8. 张思源（教练：曹健）

获2013年第27届中国化学奥林匹克（决赛）银牌。本科毕业于北京大学。现就职于中共重庆市委党校（重庆行政学院）。

9. 杨琅轩（教练：陈辉国、黄炜）

获2014年第28届中国化学奥林匹克（决赛）金牌。本科毕业于北京大学，现就读于美国华盛顿大学。

10. 邱占萱（教练：蒋邦龙）

获2015年第29届中国化学奥林匹克（决赛）金牌，并入选国家集训队。本科毕业于北京大学。现就职于北京世纪好未来教育科技有限公司（学而思教育）。

11. 任翰林（教练：蒋邦龙、杜亚）

获2015年第29届中国化学奥林匹克（决赛）金牌。本科毕业于清华大学，现就读于美国得克萨斯大学奥斯汀分校。

12. 谭骁（教练：蒋邦龙）

获2015年第29届中国化学奥林匹克（决赛）银牌。本科毕业于上海交通大学。现就职于阿里云计算有限公司。

13. 张文豪（教练：曹健）

获2016年第30届中国化学奥林匹克（决赛）金牌。本科毕业于清华大学，获清华大学硕士学位。现就职于重庆市国有资产监督管理委员会。

14. 董硕（教练：曹健）

获2016年第30届中国化学奥林匹克（决赛）铜牌。本科毕业于复旦大学。

15. 杨艾琳（教练：曹健）

获2016年第30届中国化学奥林匹克（决赛）铜牌。本科毕业于厦门大学，获厦门大学硕士学位。现就职于宜宾市三江新区管委会。

16. 耿祥瑞（教练：王航）

获2017年第31届中国化学奥林匹克（决赛）金牌。本科毕业于北京大学，现就读于新加坡国立大学。

17. 卿瀚中（教练：张文灿、王航）

获2017年第31届中国化学奥林匹克（决赛）银牌。本科毕业于浙江大学。

18. 莫昊凌（教练：蒋邦龙）

获2018年第32届中国化学奥林匹克（决赛）金牌。现就读于上海交通大学。

19. 王述冰(教练:蒋邦龙、曾坤)

获2018年第32届中国化学奥林匹克(决赛)银牌。本科毕业于北京大学,现就读于美国加利福尼亚大学洛杉矶分校。

20. 廖文韬(教练:曹健)

获2019年第33届中国化学奥林匹克(决赛)银牌。本科毕业于北京大学。现就职于西南大学附属中学校。

21. 张峪齐(教练:曹健)

获2019年第33届中国化学奥林匹克(决赛)铜牌。本科毕业于浙江大学,现就读于瑞典皇家理工学院。

22. 邓瑞博(教练:曹健)

获2019年第33届中国化学奥林匹克(决赛)铜牌。本科毕业于四川大学,现继续就读于四川大学。

23. 钟淼存(教练:王航)

获2020年第34届中国化学奥林匹克(决赛)金牌,并入选国家集训队。现就读于北京大学。

24. 唐俊豪(教练:王航)

获2020年第34届中国化学奥林匹克(决赛)银牌。现就读于北京大学。

25. 户显恩(教练:王航)

获2020年第34届中国化学奥林匹克(决赛)银牌。现就读于北京大学。

26. 史峻嵩(教练:平静、王航)

获2020年第34届中国化学奥林匹克(决赛)银牌。现就读于吉林大学。

27. 黄昱涵(教练:张文灿)

获2021年第35届中国化学奥林匹克(决赛)金牌,并入选国家集训队。现就读于北京大学。

28. 丁立(教练:张文灿)

获2021年第35届中国化学奥林匹克(决赛)金牌。现就读于北京大学。

29. 汪义朋(教练:张文灿)

获2021年第35届中国化学奥林匹克(决赛)金牌。现就读于北京大学。

30. 汪江涛(教练:曹健)

获2022年第36届中国化学奥林匹克(决赛)金牌,并入选国家集训队。现就读于北京大学。

31.杨袁峰(教练:曹健)

获2022年第36届中国化学奥林匹克(决赛)金牌。现就读于北京大学。

32.伍家榆(教练:曹健)

获2022年第36届中国化学奥林匹克(决赛)金牌。现就读于北京大学。

33.夏培源(教练:曹健)

获2022年第36届中国化学奥林匹克(决赛)银牌。现就读于北京邮电大学。

34.刘博锐(教练:周正东、王航)

获2023年第37届中国化学奥林匹克(决赛)金牌,并入选国家集训队。现就读于北京大学。

35.詹淑涵(教练:冯家梁、王航)

获2023年第37届中国化学奥林匹克(决赛)银牌。现就读于北京大学。

西南大学附中全国高中化学奥林匹克初赛一等奖获奖学生名单

注：因时间太久，名单资料是不完整的，有些信息也许有误，望相关组织机构和我校校友能为我们提供相关信息，以便将这些资料补充完整。为谢。

年份	届次	排名	姓名	性别	年级	录取大学	备注
1987	1	资料缺失					
1988	2						
1989	3						
1990	4						
1991	5						
1992	6						
1993	7						
1994	8						
1995	9	缺失	徐小庆	男	1996	清华大学	保送
		缺失	徐洋	男	1996	西安交通大学	保送
		缺失	王辉	男	1996	中国人民大学	
1996	10	资料缺失					
1997	11	1	曾华轶	男	1998	中国科学技术大学	
		缺失	另4人	资料缺失			
1998	12	资料暂缺					
1999	13	缺失	林晨翔	男	2000	北京大学	
2000	14	42	侯伟	男	2001	四川大学	保送
2001	15	缺失	周勃	男	2002	清华大学	保送
		缺失	肖康	男	2002	清华大学	保送
		缺失	冯桢	男	2002	南开大学	保送
		缺失	另1人	女	2002		
2002	16	11	邓素	女	2003	北京大学	
		13	李凯	男	2003	西安交通大学	保送
		15	周闰冬	男	2003	国防科学技术大学	保送

续表

年份	届次	排名	姓名	性别	年级	录取大学	备注
2002	16	30	代青	女	2003	上海财经大学	保送
2003	17	6	张犇	男	2004	北京大学	保送
		31	刘洋	男	2004	中国人民大学	保送
2004	18	4	袁沛锡	男	2005	南京大学	保送
2005	19	0	无				
2006	20	0	无				
2007	21	0	无				
2008	22	0	无				
2009	23	25	周游	男	2010	北京大学	
		28	王璟	男	2010	北京大学	
2010	24	18	谢铭	男	2012	清华大学	保送
2011	25	5	谢铭	男	2012	清华大学	保送
2012	26	8	杨有为	男	2013	北京大学	保送
		29	刘亚	女	2013	中国人民大学	
2013	27	4	殷晨	女	2014	清华大学	自主招生
	27	5	张思源	男	2014	北京大学	自主招生
	27	9	胡俊男	男	2014	北京大学	自主招生
	27	18	杨琅轩	男	2015	北京大学	自主招生
	27	21	李俊杰	男	2014	东南大学	
	27	22	潘越	男	2014	中山大学	
	27	23	黄格超	男	2014	西安交通大学	
	27	28	何雨泽	男	2014	华中科技大学	
2014	28	2	杨琅轩	男	2015	北京大学	自主招生
		23	刘安航	男	2015	北京大学	自主招生
		25	黄海华	男	2015	兰州大学	
		32	唐珙根	男	2015	中国科学技术大学	
		37	侯军渝	男	2015	北京航空航天大学	
		38	江晓宇	女	2015	南开大学	

续表

年份	届次	排名	姓名	性别	年级	录取大学	备注
2014	28	40	高宇	男	2015	吉林大学	
		43	姚林鑫	男	2015	华南理工大学	自主招生
2015	29	4	向旭晨	男	2016	南京大学	
		7	任翰林	男	2016	清华大学	
		20	邱占萱	男	2016	北京大学	保送
		21	张芸浩	男	2016	武汉大学	自主招生
		33	谭骁	男	2016	上海交通大学	自主招生
		38	万灵峰	男	2016	山东大学	
		41	戢培根	男	2016	吉林大学	
		42	李奇阳	男	2017	武汉大学	
2016	30	4	董硕	男	2017	复旦大学	
		13	张文豪	男	2017	清华大学	自主招生
		16	王培宇	男	2017	西安交通大学	
		23	杨可欣	女	2017	北京大学	自主招生
		37	李奇阳	男	2017	武汉大学	
		43	杨艾琳	女	2017	厦门大学	
		49	蒋泓杰	男	2017	哈尔滨工业大学	
		51	谭鹏	男	2017	南开大学	
		55	曾俊菱	男	2017	厦门大学	自主招生
		57	王唯霄	男	2017	厦门大学	自主招生
2017	31	4	耿祥瑞	男	2018	北京大学	自主招生
		10	侯明昊	男	2018	香港中文大学	
		17	龚圣	男	2018	华东理工大学	
		18	王筵	男	2018	四川大学	
		24	卿瀚中	男	2018	浙江大学	自主招生
		27	杨星	男	2018	南京大学	
		30	朱文剑	男	2018	北京航空航天大学	
		40	吴敌	男	2018	哈尔滨工业大学	

续表

年份	届次	排名	姓名	性别	年级	录取大学	备注
2017	31	45	王述冰	男	2019	北京大学	自主招生
		51	廖俊可	男	2018	厦门大学	
2018	32	6	王述冰	男	2019	北京大学	自主招生
		15	莫昊凌	男	2019	北京大学	自主招生
		40	朱华霖	男	2019	中山大学	
		49	杨腾	男	2019	四川大学	自主招生
		55	唐乾蔚	男	2020	南京大学	
2019	33	6	廖文韬	男	2020	北京大学	强基计划
		16	张峪齐	男	2020	浙江大学	
		18	杨寒宇	男	2020	四川大学	
		19	唐乾蔚	男	2020	南京大学	
		26	邓瑞博	男	2020	四川大学	
		33	王浚麟	男	2020	北京航空航天大学	
		39	粟皓铭	男	2020	四川大学	
		41	冯云姗	女	2020	北京理工大学	
		42	孙园林	男	2020	南京理工大学	
		45	谭笑	男	2020	中南大学	
		46	彭越	男	2020	重庆大学	
2020	34	2	户显恩	男	2021	北京大学	强基计划
		7	钟淼存	男	2021	北京大学	保送
		18	史峻嵩	男	2021	吉林大学	
		20	耿浩轩	男	2022	北京大学	
		23	唐俊豪	男	2021	北京大学	强基计划
		24	何俊劼	男	2021	哈尔滨工业大学	
		31	李桢	男	2021	四川大学	
		33	唐若谷	男	2021	东南大学	
		35	罗天	男	2022	北京大学	
		41	黄昱涵	男	2022	北京大学	

续表

年份	届次	排名	姓名	性别	年级	录取大学	备注
2020	34	43	丁立	男	2022	北京大学	
		48	汪义朋	男	2022	北京大学	
		50	任治宇	男	2021	南开大学	强基计划
		53	周述余	男	2021	西安电子科技大学	
		57	杨睿昕	男	2022	重庆医科大学	
		65	李林蔚	男	2021	南方科技大学	
		66	李佩桦	男	2021	浙江大学	强基计划
		69	王一荀	男	2021	四川大学	
2021	35	3	丁立	男	2022	北京大学	强基计划
		12	黄昱涵	男	2022	北京大学	保送
		32	汪义朋	男	2022	北京大学	强基计划
		35	汪江涛	男	2023	北京大学	保送
		36	杨昕睿	男	2022	重庆医科大学	
		39	耿浩轩	男	2022	哈尔滨工业大学	
		43	伍家榆	男	2023	北京大学	
		70	邹承熙	男	2023	哈尔滨工程大学	
		74	曹永元	男	2023	东北大学	
		76	唐忠毅	男	2023	四川大学	
		80	陈君杰	男	2022	西南大学	
2022	36	14	伍家榆	男	2023	北京大学	
		16	汪江涛	男	2023	北京大学	保送
		26	夏培源	男	2023	北京邮电大学	
		38	曾晨	男	2023	合肥工业大学	
		44	杨袁峰	男	2023	北京大学	
		45	邹承熙	男	2023	哈尔滨工程大学	
		73	曹永元	男	2023	东北大学	
2023	37	6	刘博锐	男	2025	北京大学	
		9	詹淑涵	男	2024	北京大学	

续表

年份	届次	排名	姓名	性别	年级	录取大学	备注
2023	37	48	陈建宇	男	2024	南京大学	
		58	刘璧源	男	2024	哈尔滨工业大学	
		75	钱恒	男	2025	（高中在读）	
		76	蒋沁珂	男	2024	北京理工大学	
		78	雷炜宸	男	2025	（高中在读）	
		82	李居政	男	2024	厦门大学	
		83	向政霖	男	2025	（高中在读）	
		84	郑宇钦	男	2026	（高中在读）	
		85	周星宇	男	2024	（高中在读）	
		86	徐敏航	男	2024	北京大学	
		95	周炫	男	2024	浙江大学	
		99	刘鎏	男	2024	武汉大学	
		107	李光烈	男	2024	西北工业大学	
		116	邓皓天	男	2025	（高中在读）	
		118	陈道樵	男	2025	（高中在读）	
		119	黄翔宇	男	2025	（高中在读）	
		123	杨宇涵	男	2024	电子科技大学	

西南大学附中全国高中化学奥林匹克初赛二等奖获奖学生名单

年份	届次	排名	姓名	性别	年级	录取大学	备注
1987	1	资料缺失					
1988	2						
1989	3						
1990	4						
1991	5						
1992	6						
1993	7						
1994	8						
1995	9	缺失	樊春	男	1996	北京大学	
1996	10	资料缺失					
1997	11						
1998	12						
1999	13	缺失	陈鑫	男	2000	华东师范大学	
		缺失	崔百祥	男	2000	西南师范大学	
2000	14	资料缺失					
2001	15						
2002	16						
2003	17						
2004	18	1	喻贵源	男	2005	北京航空航天大学	
		缺失	王航	男	2005	四川大学	
2005	19	缺失	刘栩佳	男	2006	北京大学	
		缺失	杨昆	男	2006	四川大学	
		缺失	唐蜜铷	女	2006	武汉大学	
		缺失	刘强	男	2006	南京大学	
		缺失	李治廷	男	2006	南开大学	
		缺失	游璇	女	2006	清华大学	

续表

年份	届次	排名	姓名	性别	年级	录取大学	备注
2005	19	缺失	童思明	男	2006	华中科技大学	
2006	20	114	季春	男	2007	华中科技大学	
		116	李勋	男	2007	解放军信息工程大学	
		127	陈正龙	男	2007	四川外语学院	
		145	余春	男	2007	四川大学	
		150	伍众益	男	2007	同济大学	
2007	21	76	邓云路	男	2008	资料缺失	
2008	22	104	颜菁	女	2009	西南大学	
2009	23	1	周飞于	男	2010	天津大学	
		2	钟典	女	2010	清华大学	
		26	徐闻斌	男	2010	北京师范大学	
		32	胡寒	男	2010	同济大学	
		36	谢科	男	2010	北京理工大学	
		37	谢嘉珩	男	2010	西南财经大学	
		38	张宇辰	男	2010	武汉大学	
		44	冯适	男	2010	厦门大学	
		45	薛野	男	2010	四川大学	
		57	郝媛媛	女	2010	重庆邮电大学	
		58	莫阳春	男	2010	重庆大学	
		69	曹思瀚	男	2010	华东理工大学	
		74	龚媛倩	女	2010	四川大学	
		84	江泓波	男	2010	香港中文大学	
		87	黄子瀚	男	2010	中国农业大学	
		90	杜泽新	男	2010	华中科技大学	
		94	罗祥坤	男	2010	中山大学	
		108	胡建煜	男	2011	四川大学	
		120	王成蹊	男	2010	西南大学	艺术生
2010	24	18	胡建煜	男	2011	四川大学	

续表

年份	届次	排名	姓名	性别	年级	录取大学	备注
2010	24	42	秦辉环	女	2011	四川大学	
		57	夏子敬	女	2011	四川大学	
		65	王霁霖	男	2011	中国科学技术大学	
		74	何鸿儒	男	2011	中国人民大学	
		75	张婉莹	女	2011	厦门大学	自主招生
		100	周姗姗	女	2011	四川大学	
		101	阮弋帆	男	2011	南京大学	
		125	唐雪斐	男	2011	香港大学	自主招生
2011	25	26	周子涵	男	2012	西南财经大学	
		32	邓雁鹏	男	2012	哈尔滨工业大学	
		44	张鹏	男	2012	哈尔滨工业大学	
		48	杨宇舒	女	2012	北京大学	
		49	蔡佳成	男	2012	空军航空大学	
		70	杨有为	男	2013	北京大学	保送
		71	马健韬	男	2012	西南财经大学	
		84	郑奡文	男	2012	中山大学	
		100	黄云祎	女	2012	重庆邮电大学	
		133	李仁钬	男	2013	北京大学	
		141	刘丰华	男	2012	重庆大学	
2012	26	9	郑乃嘉	男	2013	中山大学	
		14	李仁钬	男	2013	北京大学	
		20	李嫣	女	2013	南京大学	
		27	谭玉欣	男	2013	中国科学技术大学	
		50	范庭轩	男	2013	解放军后勤工程学院	
		63	杨翌煊	男	2013	大连理工大学	
		77	贺禹	男	2013	中国石油大学	
		81	殷晨	女	2014	清华大学	自主招生
		82	胡俊男	男	2014	北京大学	自主招生

续表

年份	届次	排名	姓名	性别	年级	录取大学	备注
2012	26	92	袁盈	女	2013	北京理工大学	
		96	何梦婕	女	2013	哈尔滨工业大学	
		109	张思源	男	2014	北京大学	自主招生
		110	黄格超	男	2014	西安交通大学	
		118	陈世涉猎	男	2013	北京航空航天大学	
		123	李俊杰	男	2014	东南大学	
		128	石萧	男	2013	中南大学	
		135	夏若淳	男	2013	四川大学	
		144	王浚哲	男	2013	重庆大学	
2013	27	1	谢方刚	男	2014	复旦大学	
		14	王思宸	男	2014	湖南大学	自主招生
		51	罗悠然	男	2014	四川大学	
		70	钟国宸	男	2014	西安交通大学	
		78	王超	男	2014	厦门大学	
		82	刘安航	男	2015	北京大学	自主招生
		90	黄海华	男	2015	兰州大学	
		94	雍培	男	2014	清华大学	自主招生
		95	江晓宇	女	2015	南开大学	
		104	罗雪	女	2015	北京大学	
		110	姚林鑫	男	2015	华南理工大学	自主招生
		124	陈锴然	男	2014	北京航空航天大学	
		125	李泓麒	男	2014	上海交通大学	
		130	唐珙根	男	2015	中国科学技术大学	
		153	侯军渝	男	2015	北京航空航天大学	
2014	28	3	潘乾灏	男	2015	中国人民大学	自主招生
		4	张远瀛	男	2015	北京理工大学	
		8	罗雪	女	2015	北京大学	
		19	肖迪	女	2015	北京化工大学	

续表

年份	届次	排名	姓名	性别	年级	录取大学	备注
2014	28	21	施文杰	男	2015	北京邮电大学	
		22	赵子昱	男	2015	山东大学	
		23	谭骁	男	2016	上海交通大学	自主招生
		28	彭一峰	男	2015	中山大学	
		31	任翰林	男	2016	清华大学	
		50	李沛雨	男	2015	四川大学	
		65	王光磊	男	2016	电子科技大学	
		69	向旭晨	男	2016	南京大学	
		90	李奇阳	男	2017	武汉大学	
		108	张芸浩	男	2016	武汉大学	自主招生
		126	陈紫薇	女	2016		出国
		138	戢培根	男	2016	吉林大学	
2015	29	9	王光磊	男	2016	电子科技大学	
		19	李金星	女	2016	四川大学	
		21	汪子涵	男	2016	大连理工大学	
		24	张文豪	男	2017	清华大学	自主招生
		25	尹杰	女	2016	中山大学	
		27	周礼凯	男	2016	重庆大学	自主招生
		28	陶艺	女	2016	吉林大学	
		35	杨可欣	女	2017	北京大学	自主招生
		38	杨艾琳	女	2017	厦门大学	
		39	伍英铭	男	2016	电子科技大学	
		46	董硕	男	2017	复旦大学	
		52	刘亚恒	男	2016	北京航空航天大学	
		54	王安伟	男	2016	北京交通大学	
		70	王唯霄	男	2017	厦门大学	自主招生
		79	蓝皓琦	女	2016	重庆大学	自主招生
		99	杨蒙	女	2016	西南大学	自主招生

续表

年份	届次	排名	姓名	性别	年级	录取大学	备注
2015	29	100	向思磊	男	2017	上海交通大学	
		111	穆作栋	男	2016	中山大学	自主招生
		120	谭鹏	男	2017	南开大学	
		125	王培宇	男	2017	西安交通大学	
		143	赖俊林	男	2016	同济大学	
2016	30	7	龚鑫	男	2017	中央财经大学	
		13	耿祥瑞	男	2018	北京大学	自主招生
		17	辜博海	男	2017	电子科技大学	
		19	龙尤	男	2017	天津大学	
		25	何林峰	男	2017	四川大学	
		27	向思磊	男	2017	上海交通大学	
		28	钟佳志	男	2017	同济大学	自主招生
		35	刘逸然	男	2017	重庆大学	
		40	卿瀚中	男	2018	浙江大学	自主招生
		42	丁兴黎	男	2017	重庆医科大学	
		44	龚圣	男	2018	华东理工大学	
		49	吴鹏	男	2017	天津大学	
		51	秦源宏	男	2017	资料缺失	
		53	廖俊可	男	2018	厦门大学	
		59	李博文	女	2017	南京医科大学	
		60	李彦萩	男	2017	重庆邮电大学	
		74	周月如	女	2017	四川大学	
		75	向江钰	男	2017	哈尔滨医科大学	
		76	李雨轩	男	2018	北京大学	
		81	吴灿	男	2017	西南政法大学	
		82	谢颜檐	女	2017	湖南大学	
		86	杨星	男	2018	南京大学	
		93	张竞心	女	2018	四川大学	

续表

年份	届次	排名	姓名	性别	年级	录取大学	备注
2016	30	104	徐小丽	女	2017	西南大学	
		107	张晓雨	女	2018	新加坡国立大学	出国
		109	张荃珂	男	2017	西安交通大学	
		115	侯明昊	男	2018	香港中文大学	
		116	康泽灏	男	2018	哈尔滨工业大学	
		117	蔡博	男	2018	西南交通大学	
		122	欧明晖	男	2018	四川大学	
		123	谭可炘	女	2018	武汉大学	
		124	李嘉懋	男	2018	同济大学	
		127	汪园	男	2017	西南大学	
		129	代英杰	男	2018	华东师范大学	
		136	吴敌	男	2018	哈尔滨工业大学	
		147	龙在上	男	2018	西安交通大学	
		148	蒋国威	男	2018	哈尔滨工业大学	
		149	吴垚康	男	2018	武汉大学	
		152	胡鸿淋	男	2017	四川大学	
		156	常昕巍	男	2017	中国矿业大学	
		157	李沛轶	男	2017	西安电子科技大学	
		158	邓瑶	女	2017	重庆医科大学	
2017	31	2	代英杰	男	2018	华东师范大学	
		4	李雨轩	男	2018	北京大学	
		11	谭可炘	女	2018	武汉大学	
		16	贺陈	女	2018	中央财经大学	
		40	莫昊凌	男	2019	北京大学	自主招生
		44	李嘉懋	男	2018	同济大学	
		53	杨腾	男	2019	四川大学	自主招生
		56	刘林	男	2018	吉林大学	自主招生
		58	龙在上	男	2018	西安交通大学	

续表

年份	届次	排名	姓名	性别	年级	录取大学	备注
2017	31	75	张峪齐	男	2020	浙江大学	
		82	张竞心	女	2018	四川大学	
		87	梁耀嘉	男	2019	东南大学	
		89	周也	男	2018	北京师范大学	
		98	康泽灏	男	2018	哈尔滨工业大学	
		115	陈钎源	男	2018	北京交通大学	
		116	徐增	男	2019	新加坡国立大学	出国
		132	欧明晖	男	2018	四川大学	
		133	范浩然	男	2019	天津大学	
		134	赵一卓	男	2019	南京航空航天大学	
		141	龙俊江	男	2019	北京化工大学	
		146	张睿	女	2019	兰州大学	
2018	32	16	范浩然	男	2019	天津大学	
		21	吴雨桐	男	2019	西南财经大学	
		23	匡澳程	男	2019	北京中医药大学	
		25	梁耀嘉	男	2019	东南大学	
		37	蒲沅东	男	2019	北京理工大学	
		39	廖文韬	男	2020	北京大学	强基计划
		44	魏翼展	男	2019	西南财经大学	
		47	周澄绚	女	2020	复旦大学	
		59	王梓豪	男	2020	同济大学	
		66	赵一卓	男	2019	南京航空航天大学	
		70	谭炫	男	2019	吉林大学	
		73	邓瑞博	男	2020	四川大学	
		74	彭越	男	2020	重庆大学	
		77	张峪齐	男	2020	浙江大学	
		83	熊浩男	男	2019	四川大学	
		97	粟皓铭	男	2020	四川大学	

续表

年份	届次	排名	姓名	性别	年级	录取大学	备注
2018	32	104	谭笑	男	2020	中南大学	
		105	杨寒宇	男	2020	四川大学	
		127	孙园林	男	2020	南京理工大学	
		135	张睿	女	2019	兰州大学	
		136	田聃苧	女	2020	华东师范大学	
		139	王鹏凯	男	2019	重庆大学	
		146	薛艺丞	男	2020	苏州大学	
2019	33	3	史峻嵩	男	2021	吉林大学	
		27	王玙璠	男	2020	重庆师范大学	
		28	王梓豪	男	2020	同济大学	
		32	何俊劼	男	2021	哈尔滨工业大学	
		39	罗力衔	男	2020	哈尔滨工业大学	
		40	任治宇	男	2021	南开大学	强基计划
		41	户显恩	男	2021	北京大学	强基计划
		48	唐俊豪	男	2021	北京大学	强基计划
		59	钟淼存	男	2021	北京大学	保送
		71	邓云升	男	2021	四川大学	
		74	罗成栋	男	2020	重庆大学	
		75	王蝶	女	2020	南京航空航天大学	
		81	敬耀翔	男	2021	北京师范大学	
		99	汪义朋	男	2022	北京大学	
		117	耿浩轩	男	2022	北京大学	
		122	龙俊桥	男	2020	合肥工业大学	
		123	李佩桦	男	2021	浙江大学	强基计划
		133	周述余	男	2021	西安电子科技大学	
		140	丁立	男	2022	北京大学	强基计划
		145	唐若谷	男	2021	东南大学	
		146	林子乔	男	2022	资料缺失	

续表

年份	届次	排名	姓名	性别	年级	录取大学	备注
2019	33	158	邓嫣然	女	2021	北京邮电大学	
		159	周宗豪	男	2021	北京电子科技学院	
		160	黄昱涵	男	2022	北京大学	保送
		164	王一荀	男	2021	四川大学	
		172	朱思楠	男	2021	西南财经大学	
		180	吕璐瑶	女	2021	重庆大学	
2020	34	2	周宗豪	男	2021	北京电子科技学院	
		10	王轲	男	2022	北京大学	
		13	潘俊	男	2022	四川大学	
		18	陈君杰	男	2022	西南财经大学	
		23	敬耀翔	男	2021	重庆大学	
		28	汪江涛	男	2023	北京电子科技学院	保送
		34	郑焜予	男	2022	中央财经大学	
		35	邓云升	男	2021	哈尔滨工业大学	
		39	林子乔	男	2022	西南大学	
		44	鄢筱	女	2022	北京师范大学	强基计划
		50	曹永元	男	2023	北京大学	
		59	王施俨	女	2022	西南大学	强基计划
		64	唐于皓	男	2023	四川大学	
		67	伍家榆	男	2023	北京航空航天大学	
		73	张灵珂	女	2022	同济大学	成绩屏蔽
		77	刘峻材	男	2023	东北大学	
		130	邹承熙	男	2023	清华大学	
		146	邱培林	男	2023	厦门大学	
		147	唐忠毅	男	2023	北京大学	
		168	李建璥	男	2023	北京大学	
2021	35	2	罗天	男	2022	北京大学	
		3	邱培林	男	2023	浙江大学	

续表

年份	届次	排名	姓名	性别	年级	录取大学	备注
2021	35	12	杨文韬	男	2023	西安交通大学	
		16	钟辰运	男	2023	中山大学	
		17	杨袁峰	男	2023	北京大学	
		19	夏培源	男	2023	北京邮电大学	
		26	曾晨	男	2023	合肥工业大学	
		30	霍昕睿	女	2023	吉林大学	
		45	郑焜予	男	2022	西南大学	
		46	张灵珂	女	2022	北京大学	成绩屏蔽
		51	黄廷轩	男	2023	资料缺失	
		67	潘力鸣	男	2023	四川大学	
		70	王涵	女	2023	厦门大学	
2022	36	37	雷炜宸	男	2025	（高中在读）	
		38	刘博锐	男	2025	北京大学	
		46	周星宇	男	2024	资料缺失	
		48	钟辰曦	女	2024	华中科技大学	
		51	钱恒	男	2025	（高中在读）	
		53	徐敏航	男	2024	北京大学	
		55	陈建宇	男	2024	南京大学	
		59	刘鎏	男	2024	武汉大学	
		64	蒋沁珂	男	2024	北京理工大学	
		66	向政霖	男	2025	（高中在读）	
		71	李光烈	男	2024	西北工业大学	
		76	黄翔宇	男	2025	（高中在读）	
		77	张雨童	女	2025	（高中在读）	
		84	詹淑涵	女	2024	北京大学	
		86	陈道樵	男	2025	（高中在读）	
		87	刘朕君	男	2025	（高中在读）	
		88	廖祉惟	男	2024	四川大学	

续表

年份	届次	排名	姓名	性别	年级	录取大学	备注
2022	36	95	周成浩	男	2024	厦门大学	
		96	陈子恒	男	2025	（高中在读）	
		103	张云天	男	2024	南京大学	
2023	37	9	钟辰曦	女	2024	华中科技大学	
		11	曾俊尧	男	2026	（高中在读）	
		13	王爱民	男	2026	（高中在读）	
		14	周宇翰	男	2026	（高中在读）	
		15	颜宸锐	男	2025	（高中在读）	
		18	刘皓臻	男	2026	（高中在读）	
		19	陈思宇	男	2026	（高中在读）	
		29	刘朕君	男	2025	（高中在读）	
		36	张文韬	男	2026	（高中在读）	
		37	罗梓菡	女	2026	（高中在读）	
		41	陈弘浩	男	2026	（高中在读）	
		43	邵博远	男	2026	（高中在读）	
		56	陈苗	女	2026	（高中在读）	
		60	李坤一	男	2024	沈阳理工大学	
		64	汪敬和	男	2025	（高中在读）	
		65	余文泽	男	2026	（高中在读）	
		69	贾浠妍	女	2026	（高中在读）	
		70	黄宸宇	男	2026	（高中在读）	两江
		77	匡静远	男	2026	（高中在读）	
		78	孙颢丹	女	2026	（高中在读）	
		84	曾泳棋	男	2026	（高中在读）	两江
		94	李米	男	2026	（高中在读）	
		95	侯雨涵	女	2026	（高中在读）	
		99	李欣雨	女	2026	（高中在读）	
		113	丁海峰	男	2026	（高中在读）	

续表

年份	届次	排名	姓名	性别	年级	录取大学	备注
2023	37	118	王渝	男	2026	（高中在读）	两江
		128	陈宇轩	男	2026	（高中在读）	

西南大学附中全国高中化学奥林匹克初赛三等奖获奖学生名单

年份	届次	排名	姓名	性别	年级	录取大学	备注
1987	1	资料缺失					
1988	2						
1989	3						
1990	4						
1991	5						
1992	6						
1993	7						
1994	8						
1995	9	缺失	杨懋	男	1996	电子科技大学	
		缺失	杨波	男	1996	国防科学技术大学	
1996	10	资料缺失					
1997	11						
1998	12						
1999	13						
2000	14						
2001	15						
2002	16						
2003	17	缺失	喻贵源	男	2005	北京航空航天大学	
2004	18	缺失	张潜翀	男	2005	厦门大学	
2005	19	缺失	何中野	男	2006	北京大学	保送
		缺失	何嘉	男	2006	北京大学	
		缺失	封云	男	2006	北京大学	
		缺失	彭艺	男	2006	清华大学	
		缺失	廖晋陶	男	2006	西安交通大学	
		缺失	郭俊飞	男	2006	复旦大学	
2006	20	8	丁惢	女	2007	北京航空航天大学	

续表

年份	届次	排名	姓名	性别	年级	录取大学	备注
2006	20	18	唐庭	男	2007	重庆大学	
		29	刘逸骏	男	2007	南京大学	
		35	张伶婉	女	2007	同济大学	
		37	王朗	男	2007	电子科技大学	
		38	李真西	男	2007	北京交通大学	
		39	张毅	男	2007	中山大学	
		62	吴万红	女	2007	四川大学	
		63	张宇	男	2008	武汉大学	
		69	阙桂林	男	2007	重庆大学	
		73	江志军	男	2007	北京交通大学	
		80	安若曦	男	2007	中国人民大学	
		103	段牧	男	2007	重庆大学	
		104	周锦	男	2007	中国政法大学	
		131	吴锦宇	男	2007	哈尔滨工业大学	
		163	张杨	男	2007	重庆医科大学	
		177	刘志高	男	2007	电子科技大学	
		178	周谊	男	2008	重庆大学	
		185	陈理	男	2007	西安交通大学	
		186	张翔宇	男	2007	四川大学	
		201	黄治雄	男	2008	浙江大学	
2007	21	23	周谊	男	2008	重庆大学	
		35	谭骎	男	2008	华南理工大学	
2008	22	42	王厚呈	男	2009	青岛理工大学	
2009	23	46	王霁霖	男	2011	中国科学技术大学	
		91	夏子敬	女	2011	四川大学	
		102	肖航	男	2011	四川大学	
2010	24	10	郑寡文	男	2012	中山大学	
		19	黄云祎	女	2012	重庆邮电大学	

续表

年份	届次	排名	姓名	性别	年级	录取大学	备注
2010	24	28	蔡佳成	男	2012	空军航空大学	
		61	杨宇舒	女	2012	北京大学	
		78	刘丰华	男	2012	重庆大学	
		186	张鹏	男	2012	哈尔滨工业大学	
		187	周子涵	男	2012	西南财经大学	
		264	邓雁鹏	男	2012	哈尔滨工业大学	
		265	陈荔伶	女	2011	中山大学	
2011	25	11	刘亚	女	2013	中国人民大学	
		12	蒋建政	男	2012	西南交通大学	
		13	刘家铭	男	2013	兰州大学	
		55	郑钦丹	女	2013	北京大学	
		79	贺禹	男	2013	中国石油大学	
		138	杨雪松	男	2013	湖南大学	
		171	郑乃嘉	男	2013	中山大学	
		235	杨翌煊	男	2013	大连理工大学	
2012	26	6	王思宸	男	2014	湖南大学	自主招生
		7	龙昊	男	2013	清华大学	
		8	张琪	女	2013	四川大学	
		17	潘越	男	2014	中山大学	
		27	涂富艺	女	2014	武汉大学	
		44	何雨泽	男	2014	华中科技大学	
		64	谢方刚	男	2014	复旦大学	
		65	陈锴然	男	2014	北京航空航天大学	
		84	李泓麒	男	2014	上海交通大学	
		85	魏良源	男	2013	中国民航大学	
		86	杨涵	女	2013	北京大学	
		94	周川琦	女	2014	同济大学	
		131	刘华林	男	2014	南洋理工大学	出国

续表

年份	届次	排名	姓名	性别	年级	录取大学	备注
2012	26	143	杨蕾生	男	2014	南京大学	
		157	郑钦丹	女	2013	北京大学	
		158	陈巧棋	女	2013	中央财经大学	
		236	谭东	男	2014	四川大学	自主招生
		292	李东珍	女	2014	重庆大学	
2013	27	2	赵子昱	男	2015	山东大学	
		26	钟艺治	男	2014	天津大学	自主招生
		48	潘乾灏	男	2015	中国人民大学	自主招生
		68	谢金宇	男	2014	复旦大学	
		94	杨蕾生	男	2014	南京大学	
2014	28	2	汪子涵	男	2016	大连理工大学	
		6	陈戈雨	男	2015	重庆交通大学	
		16	钱亭宇	男	2015	北京化工大学	
		17	何清丰	男	2015	重庆邮电大学	
		39	陈彦伯	男	2015	浙江大学	
		55	李林珂	男	2015	北京航空航天大学	
		64	伍英铭	男	2016	电子科技大学	
		109	王安伟	男	2016	北京交通大学	
		110	寇梓黎	男	2015	东南大学	
2015	29	35	曾俊菱	男	2017	厦门大学	自主招生
		36	辜博海	男	2017	电子科技大学	
		46	袁沁妮	女	2016	北京大学	自主招生
		47	蒋泓杰	男	2017	哈尔滨工业大学	
		72	雷鸿菱	女	2016	厦门大学	
		73	陈紫薇	女	2016		出国
		74	刘振华	女	2016	北京航空航天大学	
		75	何林峰	男	2017	四川大学	
		109	钟佳志	男	2017	同济大学	自主招生

续表

年份	届次	排名	姓名	性别	年级	录取大学	备注
2016	30	1	王筵	男	2018	四川大学	
		7	刘林	男	2018	吉林大学	自主招生
		8	俞钟杰	男	2018	武汉大学	
		11	金陵	男	2017	香港理工大学	自主招生
		20	周子昕	女	2017	华南理工大学	
		29	王艺兴	女	2018	四川大学	
		44	杨彦嵩	男	2017	哈尔滨理工大学	
		45	陈科宇	男	2018	四川大学	
		46	朱文剑	男	2018	北京航空航天大学	
		70	闻鋆法	男	2017	四川大学	
		71	周也	男	2018	北京师范大学	
		93	吴佳峻	男	2017	空军工程大学	
		94	李昆朋	男	2017	西北工业大学	
		95	晏圣杰	男	2017	中国民用航空飞行学院	
		96	霍品杰	男	2018	暨南大学	
2017	31	12	魏翼展	男	2019	西南财经大学	
		66	杨安稷	男	2018	北京语言大学	
		67	朱华霖	男	2019	中山大学	
		85	秦霖	男	2019	重庆大学	
2018	32	1	王蝶	女	2020	南京航空航天大学	
		6	龙俊江	男	2019	北京化工大学	
		7	杨雨	女	2020	复旦大学	
		23	曾汝轩	男	2019	华东理工大学	
		28	秦霖	男	2019	重庆大学	
		48	龙俊桥	男	2020	合肥工业大学	
		57	曾诗棋	男	2020	电子科技大学	
		75	夏浣绮	女	2019	重庆大学	
2019	33	23	张雨铮	男	2022	资料缺失	

续表

年份	届次	排名	姓名	性别	年级	录取大学	备注
2019	33	29	王施俨	女	2022	清华大学	强基计划
		30	郑焜予	男	2022	西南大学	
		39	李桢	男	2021	四川大学	
		51	杨昕睿	男	2022	重庆医科大学	
		62	罗天	男	2022	北京大学	
		70	潘俊	男	2022	哈尔滨工业大学	
		82	任枳燃	女	2021	厦门大学	
		94	张灵珂	女	2022	北京大学	
		145	李林蔚	男	2021	南方科技大学	
2020	34	4	曾晨	男	2023	合肥工业大学	
		13	李晔冰	女	2023	武汉大学	
		14	毛蔚霖	男	2023	重庆医科大学	
		53	杜瑞	男	2023	华东师范大学	
2021	35	4	周星宇	男	2024	资料缺失	
		21	李建敖	男	2023	北京师范大学	
		27	刘峻材	男	2023	四川大学	
		38	廖祉惟	男	2024	四川大学	
		48	唐于皓	男	2023	厦门大学	
		62	蒋沁珂	男	2024	北京理工大学	
		114	李光烈	男	2024	西北工业大学	
2022	36	13	汪敬和	男	2025	（高中在读）	
		14	周炫	男	2024	浙江大学	
		17	刘璧源	男	2024	哈尔滨工业大学	
		26	尹正洋	男	2025	（高中在读）	
		27	何健琪	男	2024	华南理工大学	
		34	邓皓天	男	2025	（高中在读）	
		44	胡峻铭	男	2025	（高中在读）	
		46	吴锦瑞	男	2025	（高中在读）	

续表

年份	届次	排名	姓名	性别	年级	录取大学	备注
2022	36	49	杨宇涵	男	2024	电子科技大学	
		51	李居政	男	2024	厦门大学	
		75	颜宸锐	男	2025	（高中在读）	
		76	唐菁	女	2024	重庆医科大学	
		92	蒋盛乐	男	2024	（高中在读）	
2023	37	16	陈泊亦	男	2026	（高中在读）	
		63	董家豪	男	2026	（高中在读）	

后记

这是新的时代，一个现代科学技术高速发展的时代，能源革命，人工智能，新型材料……化学在推动整个人类的经济发展、人类生存条件的改善以及社会文明进步中起着重要的作用，化学充满着无穷魅力！化学正以它富有创造力的学科特点，不断地改变着世界。

当下，新高考背景下的基础教育课程，大学专业选择与高中选科课程紧密相连，这就要求整个社会对学生职业生涯教育高度重视起来。生涯规划，不再是学生个体的困惑，而是关系到所有学生未来如何找到适合自己的专业和职业，如何更好地适应社会的问题。

西南大学附属中学的化学组一直以来都是一支团结奋进、勇于拼搏的团队，其中特别是化学竞赛，薪火相传，创造了骄人的成绩，培养了一批批优秀化学竞赛学子，相信他们今后一定会成为未来化学建设的核心力量。西南大学附属中学一直走在探索基于综合实践活动的生涯教育课程的前列，集腋成裘、积沙成塔，值此时机，我们将竞赛培训的成果物化，以便更有效地指导学生努力拼搏、追求梦想。作为一代化学人，能有机会将化学的魅力、化学人的魅力展现出来，倍感荣幸和自豪。

在前期策划此书的过程中，编委们一直在讨论交流如何更好地展现化学学科的文化与魅力，提高学生学习化学的兴趣。只有学生明白了自己的兴趣在哪里，为什么而学，学习才是有趣和有效的。若要做化学学科的生涯规划，相信没有比化学大师的故事更具说服力的了，用他们的故事去感染学生、引导学生热爱化学，拟定今后的职业方向。编者们几经讨论修改，最终将此书的书名确定为《化学追梦人》。梦想总是要有的，它可以是化学。此书主要分为三个篇章，第一篇章简要介绍了化学的发展历史及未来，第二篇章重点展现了中外优秀化学家们的科研故事，第三篇章则是从竞赛学生、竞赛教练的角度分享附中化学竞赛多年来的心得体会，以及对未来学业和职业的规划。

本书编委均为西南大学附属中学化学组的一线教师，在成书的过程中，大家既要上课教学，还要利用业余时间阅读大量文献，编写文稿，然后每周定时小组例会，交流讨论，反复修改，精益求精。特此对参与编写本书的教师团队表示忠心感谢。同时，特别感谢欧健书记、张勇校长的充分信任，感谢课程创新中心罗键主任的悉心指导，感谢重庆市教育科学研究院化学教研员钱胜老师为本书作序，感谢重庆市竞赛委员会主委柴雅琴老师一直以来对附中化学竞赛的关心、帮助和支持，感谢西南大学化学化工学院的领导和老师多年来对附中化学竞赛在理论和实验培训上的指导和帮助，感谢北京大学、清华大学对附中化学特长生的厚爱和后续培养。

在西南大学附属中学化学竞赛发展过程中，特别感谢上届校长张万琼和本届的欧健书记、张勇校长等在竞赛培训和指导上的开创性贡献，感谢校领导对化学竞赛团队建设的厚爱和关心，感谢附中各年级领导、班主任和老师对化学竞赛工作的大力支持，感谢附中化学竞赛团队的辛苦付出，感谢附中化学组老师的无私帮助，感谢附中一代代化学人的努力拼搏。有了你们，才有了今天的丰硕成果。

这是一个追梦的时代，化学梦，中国梦。作为一名化学教育工作者，希望看到更多的热血青年，树立学习和研究化学的志向，愿今后有更多的“后浪”在我国的各项建设中成就自我，绽放光彩！你我均是追梦人，拼搏奋斗，最终定能实现梦想！

书中尚有不足之处，敬请读者赐教，谢谢！